尼山文库

NISHAN SERIES

儒家义理的历史衍化

朱汉民 著

山东教育出版社·济南

图书在版编目（CIP）数据

儒家义理的历史衍化 / 朱汉民著 . —济南：山东教育出版社，2023.3

（尼山文库）

ISBN 978-7-5701-2365-0

Ⅰ.①儒… Ⅱ.①朱… Ⅲ.儒学－研究 Ⅳ.①B222.05

中国版本图书馆CIP数据核字（2022）第199108号

责任编辑：岳思聪
责任校对：舒 心
封面设计：姜海涛
版式设计：吴江楠

RUJIA YILI DE LISHI YANHUA

儒家义理的历史衍化

朱汉民 著

主管单位：山东出版传媒股份有限公司
出版发行：山东教育出版社
　　　　　地址：济南市市中区二环南路2066号4区1号 邮编：250003
　　　　　电话：（0531）82092660 网址：www.sjs.com.cn
印　　刷：山东新华印务有限公司
版　　次：2023年3月第1版
印　　次：2023年3月第1次印刷
开　　本：710毫米×1000毫米 1/16
印　　张：21.5
字　　数：261千
定　　价：120.00元

（如印装质量有问题，请与印刷厂联系调换）印厂电话：0531-82079130

总序

　　为深入贯彻党的二十大精神，贯彻落实习近平总书记关于传承发展中华优秀传统文化系列重要讲话精神，落实《尼山世界儒学中心儒学传承发展"十四五"规划》有关部署要求，尼山世界儒学中心依托中心学术委员会，以学术顾问和学术委员为主体，组织编写出版了《尼山文库》。

　　一个民族的复兴，总是以文化的兴盛为强大支撑；一个时代的进步，总是以文化的繁荣为鲜明标志。以习近平同志为核心的党中央高度重视中华优秀传统文化的传承发展，始终从中华民族最深沉的精神追求看待优秀传统文化，从国家战略资源和文化软实力的高度继承优秀传统文化，从推动中华民族现代化进程的角度创新发展优秀传统文化，使中华优秀传统文化成为新时代新征程党和国家事业发展、实现第二个百年奋斗目标的重要力量。党的二十大报告提出"推进文化自信自强，铸就社会主义文化新辉煌"，就建设社会主义文化强国做出战略部署。深入学习贯彻党的二十大精神，坚持中国特色社会主义文化发展道路，增强文化自信，承担起举旗帜、聚民心、育新人、兴文化、展形象的使命任务，踔厉奋发，笃行不怠，推出更多增强人民精神力量的优秀作品，是《尼山文库》的使命担当。

　　文库汇编的作品展现了学术界近年来在中华优秀传统文化研

究方面的新理念、新观点、新贡献，着重阐释儒学在弘扬践行社会主义核心价值观中的重要价值，概括儒学在国际交流、传播以及对话中的积极作用，解读儒学在公益慈善文化中的智慧启示。选编内容包括专家们在学术会议上的发言、出版论著的序言、近期发表的学术论文，或论文论著精华摘要、核心观点摘编等，各自组成体系完备、结构完整的学术著作。我们力争在"十四五"期间，陆续推出40部学术著作。

文库的出版是建设世界儒学研究高地，打造文化"两创"新标杆的需要。2013年11月，习近平总书记在山东考察工作时提出，要加强对中华优秀传统文化的挖掘和阐发，努力实现中华优秀传统文化的创造性转化、创新性发展。十年来，山东立足丰厚文化资源，以高度的文化自觉扛牢中华优秀传统文化"两创"担当，不断激发文化创新创造活力。设立尼山世界儒学中心（中国孔子基金会秘书处）就是为了深入贯彻落实习近平总书记重要指示要求，努力打造世界儒学研究高地、儒学人才集聚和培养高地、儒学普及推广高地、儒学国际交流传播高地。山东省第十二次党代会明确提出"打造文化'两创'新标杆""深入推进尼山世界儒学中心建设"。在全国上下深入学习贯彻党的二十大精神，全面建设具有强大凝聚力和引领力的社会主义意识形态的时代背景下，编写出版这套丛书，有助于我们全面深入学习贯彻习近平总书记关于大力弘扬中华优秀传统文化的重要论述，坚守中华文化立场，做好为国家立心、为民族立魂的工作，传承和弘扬好以儒家思想为代表的中华优秀传统文化。

文库的出版是以文化人、守正创新，推动中华优秀传统文化与社会主义社会相适应的需要。习近平总书记强调，中华优秀传统文化是中华文明的智慧结晶和精华所在，是中华民族的根和魂，是我们在世界文化激荡中站稳脚跟的根基。出版这套丛书的宗旨在于立根铸魂，研究阐释中华文明讲仁爱、重民本、守诚信、崇正义、尚和合、求大同的精神特质和发展形态，阐明中国道路的深厚文化底蕴，展现中国人的宇宙观、天下观、社会观、道德观，展现中华文明的悠久历史和人文底蕴，承继中华优秀传统文化"观乎人文，以化成天下"的教化之道，更好构筑中国精神、中国价值、中国力量，坚定文化自信，增强中华文明的传播力、影响力，促进文化"两创"成果落在社会上、落在群众中、落在生活里。

文库的出版是推动世界不同文明交流互鉴，构建人类命运共同体的需要。海纳百川，有容乃大，编写出版《尼山文库》，继承中华优秀传统文化，弘扬时代精神，构建中国价值，绝不是拒斥外来文明，而是坚持不忘本来、吸收外来、面向未来，坚持"二为"方向、"双百"方针，坚持创造性转化、创新性发展。丛书倡导求实、严谨、活泼的文风，突出学术性、思想性、可读性，弘扬平等、互鉴、对话、包容的文明观，弘扬中华文明蕴含的全人类共同价值。

为天地立心，为生民立命，为往圣继绝学，为万世开太平，这是中国古代儒家知识分子的抱负，也是《尼山文库》的理想和期待。推进"两创"和"两个结合"需要久久为功、持续用力，希望更多的专家学者参与文库的编写，为建成社会主义文化强国共同努力奋斗！

是为序。

《尼山文库》编委会

2022年11月16日

自序

　　本文集以"儒家义理"为主旨，选录了本人所写有关不同历史时期的儒家义理之学的文章。为了更好地理解本书的主旨，首先在自序中对儒家义理作一个简要的考索。

　　儒家义理之学是从中国传统学术文化的主体——经学中发展起来的。在古代中国，经学居于传统学术文化的核心地位，它是有关古代社会的价值信仰、宇宙法则、伦理道德、典章制度等各个方面的文献依据与知识基础。经学的重要地位，使它成为古代学术文化的母体，从而衍生了所谓的义理之学。

　　什么是"义理"？考察先秦文献，在双字词"义理"出现之前，就已经出现了"义""理"的单字词。"义"是一个出现频率很高的词，是与正义、道义、德义相关的道德概念，涉及与人的道德相关的价值世界。"义"既可以是诸多道德准则的一种，如仁义礼智信"五德"之一，也可以是诸多德行的根本准则，如郭店楚简《性自命出》所说："义也者，群善之蕝也。"[①]最早见于典籍的"理"是动词整理、治理的意思，"与治国的'疆理天下'的重大事件相关"[②]。由动词的"理"转化出名词的"理"，就具有了客观法则的意义。对于古人来说，客观法则的"理"可以是

　　① 荆门市博物馆编《郭店楚墓竹简》，文物出版社，1998，第 179 页。
　　② 邓国光：《经学义理》，上海古籍出版社，2011，第 6 页。

自然法则，即所谓"万物殊理"①，也可以是社会法则，即所谓"故礼者，谓有理也"②。单字词的"义""理"出现以后，逐渐产生了将"义"和"理"合并连用的"义理"或"理义"。"理"与"义"连用可能是并列义，也可能是偏正结构，即或者是以"理"修饰"义"，或者是以"义"修饰"理"。

儒家后来普遍使用的"义理"，就是最为普遍的"义理"概念。对于以儒家经典为核心的儒者来说，读经的目的就是探求"义理"。《周易》是群经之首，先秦儒者希望能够探求圣人表达的"义理"，他们认为圣人作《易》时，"和顺于道德而理于义，穷理尽性以至于命"③。孔颖达疏云："以治理断人伦之正义。"这些论述充分体现出儒家义理观，即包括道义价值目标与治理国家法则，并能够将二者统一起来。

两汉时期确立了儒家经典在国家意识形态中的地位以后，如何从经典文献中探寻义理就成为儒家学者的历史使命。这时，与经学相关的义理考察就成为汉唐学者的学术追求，诸如"夫儒生之业，五经也，南面为师，旦夕讲授章句，滑习义理，究备于五经，可也"④，"其明经各试所习业，文、注精熟，辨明义理，然后为通"⑤。汉唐时期的儒家经师、学者，以研究经典的文辞章句为业，同时他们也意识到，研习经学的训诂章句，旨在"辨明义理"，即探明"义"的应然道义与"理"的必然法则。

---

① 陈鼓应注译《庄子今注今译》，中华书局，1983，第692页。

② （清）黎翔凤：《管子校注》卷十三《心术上》，梁运华整理，中华书局，2004，第770页。

③ 周振甫：《周易译注》，中华书局，1991，第281页。

④ （汉）王充：《论衡校注》卷十二《谢短篇》，张宗祥校注，郑绍昌标点，上海古籍出版社，2010，第256页。

⑤ 李林甫等：《唐六典》卷二，中华书局，1992，第45页。

宋代是儒家义理之学的成熟阶段，宋学兴起是一次学术范式的重要转型，这种学术范式发生转换的内在动力、思想根源是复兴儒学的社会政治功能。这种文化功能、社会使命是双重的：一方面要阐发儒学的道义价值内涵，激励儒家士大夫追求"道"的文化理想；另一方面，要推动儒学治理社会的实用功能，能够指导儒家士大夫在治国平天下活动中建功立业。所以说，宋学所追求的"义理之学"，其"义理"的含义包括了道义关怀的"义"与治理天下的"理"。其实，几乎所有宋学学派均追求内圣与外王、明体与达用、经义与治事、世道人心与经世致用、创通经义与革新政令的统一。当然，在宋儒所共同追求的"义理"中，也有着明显区分：一派认为"义"的道义应决定"理"的政治治理，另一派主张"理"的政治治理应统摄"义"的伦理道义。

　　考察两千多年的儒学史，其实也是考察儒家学者在不同历史阶段的义理思考和义理建构。义理之学均是通过注疏儒家经典而建构起来的学问，儒家经典源源不绝地为不同时代的"义理"提供最终的知识准则与权威依据。儒家学者普遍具有一种强烈的社会忧患意识与人文关怀，他们希望从经典中寻求人文世界的意义与天地宇宙的法则，以指导自己去建立普遍和谐的社会理想与追求积极人生的价值目标。所以，儒家义理之学所阐发的义理虽包括宇宙天地的本质与规律，但更为重要的特点与功能是指导人们参与齐家、治国、平天下的经世活动，当然，人们会将其意义提升到"参天地，赞化育"的天地宇宙的生生过程。

2022年5月6日于岳麓书院文昌阁

目录

第一辑　通论篇

儒学的多维视域

儒学究竟是一门什么学问？这个问题对于许多儒学或国学的研究者来说，并不是一个十分容易回答的问题。

记得二十多年前，我在北京参加一个儒学会议。在正式讨论之前，有学者建议：我们能否先给儒学下一个定义再讨论？大家认为这是一个好的建议。于是，到会的学者纷纷发表自己的意见。几个小时以后，参会学者就已经给儒学下了二十多种不同的定义。有的是从儒学的传统含义下定义，包括将儒学看作是仁学、礼学、内圣外王之学；有的是从儒学的现代学科含义下定义，包括将儒学看作文化哲学、政治学、伦理学、宗教学、教育学等。应该说，这些不同的定义都能够从不同的方面体现、表达儒学某一方面的学术主张和学科特点。但是，我们也会发现，任何一种定义，都不能完整表达儒学的丰富内涵。

事实上，儒学不是某一门具体的学科，它既不是一门传统的仁学、礼学、内圣之学或外王之学，也不是一门现代的哲学、伦理学、政治学、教育学、历史学等学科。儒学是全面涉及中国人的精神世界、文化价值、生活方式的文明体系，它广泛而深入地渗透到全体中国人和中国社会的信仰、道德、审美、政治、法律、经济、教育、习俗、心理、性格等各个方面。如果要给儒学下一个定义，似乎只能说儒学是一门涉及中国和东亚地区人民和民族的全体大用之学，是集中代表中华文明、东亚文明的价值体系与知识体系的综合性学科。

既然儒学是全体大用之学，现代学者以不同学科的多维视域，对儒学的某一方面的内涵、思想展开研究，应该是一件有意义和有价值的事情。因为任何一门现代学科的形成和发展，都是人类认识世界、建构知识体系的需要，是人类的认知水平进一步深化、系统化的结果。学科的分门别类，有利于人类知识体系的深入发展和完善。当代学者研究丰富多彩的客观世界，必须借助不同学科的多维视域。同样，现代学者研究儒学，从不同学科的视域出发，研究儒学中的信仰、道德、审美、政治、法律、经济、教育、习俗、心理、性格等各个方面，均有利于他们加深对代表中华文明、东亚文明的价值体系与知识体系的儒学的认识。

但是，我们应该知道，无论是传统学科还是现代学科的视域均是有限制的，我们不能受到学科视域的限制，将某一学科视域描述的儒学看作是儒学的全体。譬如，一个学者从政治学、政治文化学角度研究儒学，将儒学所有的思想、观念均归结为政治文化，对儒学做了泛政治化的论证，就会使儒学的道德意义、宗教意义全部被遮蔽。读者往往会将儒学所有的思想、观念均归结为政治文化，这不仅不能正确认识、理解儒学中的道德、教育、宗教等其他的思想、观念，还会对代表中华文明、东亚文明的价值体系与知识体系的儒学产生片面、狭隘的理解。确实有许多学者在研究儒学时，容易将某一学科视域描述的儒学看作是儒学的全体。克服这种学术上的片面、狭隘，就是要以不同学科的多维视域，来研究、思考这一全体大用之学的儒学。

当然，我们也注意到，主张以多维学科视域来研究儒学，并不是现代学者以多维学科来肢解、分化儒学，不能以现代学者、现代学科的傲慢与偏见，将儒学看作是肢解、分化的对象。实际的情况是这样的，作为全体大用之学的儒学，其本身具有信仰、道德、审美、政治、法律、经济、教育、习俗、心理、性格等各个方面的丰富内涵。我们之所以要以多维学科视域来研究儒学，正是因为作为全体大用之学的儒学本身就具有各种学科知识的丰富内涵，为了将它们挖掘出来，我们似乎只能以多维学科视域来研究儒学，否则，就不能全面地、正确地理解和把握作为全体大用之学的儒学。

我从事儒学的研究已有多年，曾经从几个不同的学科视域探讨儒学的思想文化特征。我认为从多维学科视域来研究儒学，对我们理解、解释中华文明价值体系与知识体系的儒学，是特别有帮助的。我在这些年来的儒学论著中，曾分别以经学、哲学、伦理学、政治学、教育学、人格心理学、文化地理学、科学技术等不同学科视域解读儒学。我深信，代表中华文明价值体系与知识体系的儒学，既是历史的存在，同时也是现实的存在。历史存在的儒学，是我们思考和研究的对象；现实存在的儒学，就不仅是我们思考和研究的对象，而且是我们选择、实践的价值与理念。

（《北京日报》，2015年1月11日理论版）

经典诠释与义理体认

我在从事中国哲学的研究过程中，逐步形成了对中国哲学学科的一些观点。

第一，中国哲学是一门既具有人类哲学普遍性，又有中国文化特殊性的学科。

中国哲学作为一门学科，通常被认为只有百年历史，在当代还受到身份"合法性"的怀疑。但是，我们仍然相信这个基本前提，即哲学是人类基于对宇宙、社会、人生等根本问题的关注与思考而建立的理论体系，它本是人类各民族的一种普遍精神现象，表达了人类的普遍精神需求。那么，作为五千年中华文明组成部分的中国哲学，其在历史上的重要性是毋庸置疑的。但是我们也得特别注意，我们的先贤是用一套自己的学术术语或科目，来表达中华民族对宇宙、社会、人生等根本问题的思考，并且建立了一套相应的理论体系。他们曾经以道学、玄学、义理之学、性理之学、身心之学、理学等学术科目，命名今天所谓的中国哲学。所以说，中国哲学存在于中国学术文化的脉络中，表达了人类文明的一种普遍性哲学精神。

第二，中国哲学以中国文化独特的方式建构起来，它的形态是一个历史的建构过程。

中国哲学并不是一种固定的学术形态（如诸子学、玄学、理学），而是一个历史的建构过程。中华文明在两千多年前的"哲学突破"时，就开始形成独立的哲学思考。从春秋时期开始，中国哲学的独特形态就一直处在具有内在理路的历史建构过程中，产生了先秦诸子、两汉经学、魏晋玄学、宋明理学、清代汉学等。只是到了近百年，原本具有内在理路而独立发展的诸子学、经学、玄学、理学，因为与西方的哲学相遇，故而有了一个让中国传统的道学、经学、玄学、理学与西方哲学作比较的机会。我们急切希望自己的"道学""经学""玄学""理学"获得一种人类普遍哲学的身份，于是开始了参照和类比西方哲学模式的中国哲学的重建。其实，西方哲学并不具有人类普遍哲学的身份，所以，与西方哲学的简单类比并不能让中国的玄学、理学轻易地获得一种人类普遍哲学的意义，当代学界对近代以西方哲学为蓝本而建立起来的中国哲学并不满意，这种研究模式使中国哲学学科缺少中国文化的特色。但也不是回归传统的"玄学""道学""理学""义理之学""性理之学"，这些传统学术的形式、内容和方法更是早已经存在，无须我们重建。我们相信，当代中国哲学的建构，应该是一种既坚持中国文化主体性，又积极参与全球化的文化交流和对话的哲学建构活动。

那么，这种中国哲学具有哪些中国文化的特殊性呢？它又是如何在历史中建构起来的呢？

首先，是经典诠释。经典诠释既能够体现中国哲学的文化特殊性，又是中国哲学能够实现历史建构的根本途径。先秦诸子既是"六经"的诠释者，又是中国哲学经典的创造者，汉代经学、魏晋玄学、宋明理学等思潮中均产生了中国思想史上最具思想创新性的哲学家，但是，他们的思想创新并不体现于独立撰写自己的理论著作，而是从事对经典的注释。譬如，孔子对"五经"的整理和诠释，王弼对《周易》《论语》《老子》的诠释，朱熹对《周易》《诗经》和"四书"的诠释，奠定他们哲学家地位的正是他们对这些古代经典的重新注释。他们通过诠释经典，最终建构出义理之学、玄学、理学的哲学体系。

其次，是义理体认。古代中国人建构哲学思想体系的出发点不是那个独立于人的宇宙存在，关注点也不是世界的普遍本质与规律，他们的思想出发点是实现天人合一的过程，其哲学关注点是人的参赞宇宙进程的实践活动。古代中国的哲学传统更为关注实现天人合一的生活实践与操作程序，而并不特别在意应如何认识宇宙世界的存在和本质，中国哲学传统的着重点不是世界是什么，而是人应该怎样。故而，中国古代哲学家通过诠释经典而建构义理，总是与他们的自我体认联系在一起的。譬如，王阳明的"心即理"的哲学形而上学，并不是建立在"我思故我在"的逻辑思辨的基础之上，而是他在"日夜端居澄默，以求静一"的实践工夫中体认出来的。王阳明在生活实践中体悟到并宣传"知行合一""致良知"的工夫论，故而才有对"心即理"的本体诠释。

上述看法只是我个人对中国哲学学科的一点浅见。多年来，我写下了一些关于中国哲学的文字，主要内容是关于中国哲人的经典诠释、义理体认，以及通过这种方式从事中国哲学的历史建构。我认为，中国哲人通过经典诠释、义理体认而建立的理论体系，能够充分体现中国人对宇宙、社会、人生的思考，使得中国哲学成为一种既有人类哲学普遍性，又有中国文化特殊性的知识体系。

所以，我将这些论著汇集出版时，命名为《经典诠释与义理体认——中国哲学建构历程片论》。这本论文集的第一辑主要涉及当代中国哲学的建构，后面四辑则是对中国哲学历史建构的探讨，涉及的时段主要有先秦、魏晋、宋明、晚清四个阶段。全书的主题就是通过对中国古代经典诠释、义理体认的研究，来探讨中国哲学的历史建构过程，并涉及当代中国哲学建构应该如何既坚持中国文化主体性、又积极参与全球化文化交流等问题。

（《历史文献研究》，2014年第2期）

义理之学简论

　　中国历来就有着源远流长而又独立发展的学术传统，但到了近代却遇到前所未有的严峻挑战。西方的文化知识与枪炮、商品一同涌入中国，使中国传统的经济结构、政治体制及学术文化不得不面临解构、重组的局面。中国传统学术形态就是在这种西学东渐的文化大潮中开始转型与重建的。从19世纪末到20世纪初，随着西方哲学思想传入中国，一些既有传统国学素养、又受到西方哲学影响的学者们开始致力于中国哲学的学科建设，其中比较著名且学术成就较高的有胡适、冯友兰、张岱年等人。因为中国传统国学中并无所谓哲学一科，有的只是诸子学、经学、玄学、理学等传统学术形态。那些从事中国哲学学科建设的学者所采取的方法是，以西方哲学的基本理念、框架为理论基础与思想方法，从中国传统国学中的诸子学、义理之学等形态中寻找与其类似的思想材料，并做出合乎西方哲学的范式、观念的解释，并将这种用以西方哲学为范本回溯性建构中国哲学的方式建立起来的知识体系称为中国哲学。

　　近百年来，中国哲学的学科建设过程，是一个不断以多元化西方哲学的话语来解读、裁剪中国传统学术，特别是其中的义理之学的过程。这样，所谓中国哲学就成为一种按西学的知识分类、学术范式建立起来的知识体系。其实，在中国传统学术体系中并无哲学一科，和西方哲学最接近的中国学术是所谓义理学或道术学。我们所采取的建立中国哲学的方式，往往就是用中国传统义理学、道术学史料来表达西方哲学的思想与问题。因此，这种中国哲学很容易成为脱离本土学术传统而依存于西方哲学的知识形态，这种知识形态自20世纪以来面临着严重的"合法性"危机。

对合法性危机的思考激发起人们的一种希望与期冀，那就是恢复对本土文化的自觉，重建中国哲学的主体性。因此，许多中国哲学学科领域的学者在倡导中国哲学"自己讲""讲自己"，希望建构一种有着民族自主性的中国哲学，在西方学术的话语霸权下保持住中国传统学术文化的精神生命。但是，如果我们坚持摆脱西方的话语霸权而重写一部"自己讲""讲自己"的中国哲学，那重写出来的就类似于冯友兰先生所说的《中国义理之学史》。

那么，与西方哲学比较，中国义理之学究竟有哪些重要的特征？

第一，它们的知识依据不同。西方的古典哲学之所以一直被称为知识之上的知识，就是由于西方人一直要求以各门具体的自然科学、社会科学知识为基础来构筑哲学体系，这样，各门具体学科知识就成为哲学的知识依据。这些自然科学、社会科学知识的内容、形式及方法决定和影响着哲学的思想内涵与知识形态。只要各门具体自然科学、社会科学领域中的思想观念、学术范式发生重大变革，就会导致哲学观念、体系、方法的变化与发展。

一个时代科学知识的发展就会引发这个时代哲学体系的演变。与西方哲学不同的是，义理之学是从中国传统学术文化的主体经学中发展起来的，即经学是义理之学的学术母体与知识依据。在中国古代，经学居于传统学术文化的核心地位，因为它是古代社会的价值信仰、典章制度、社会规范、意识形态等方面的文献依据与知识基础。经学的重要地位，使得它成为古代学术文化的母体。经学衍生出了一系列独立的学科——义理之学、考据之学、经济之学等。这些学科所包含的知识内容更是包括西方知识门类中的哲学、历史学、文字学、政治学、天文学、生物学、数学等。经学的学术文化形态决定了义理之学是一门诠释经典、阐发经典大义的学问，经学中所阐释的古代宗法政治内涵决定了义理之学的政治伦理为学术思考的核心。尽管每个时代的义理之学均具有各自不同的思想内容、价值观念和学术特色，如两汉时期的义理之学不同于魏晋时期，隋唐时期的义理之学不同于两宋，明代的义理之学不同于清代，但由于义理之学是注疏，是解释儒家经文的学问，故而决定了这些具有不同思想观念的义理之学都得依赖同样的儒家经典，都得通过探索圣人的本义，为其推崇的义理寻找合法的依据。经典作为知识的依据，总是源源不绝地为不同时代、不同内容的"义理"提供最终的知识准则与权威依据。

第二，追求意义与发现规律的思想旨趣不同。中国义理之学通过诠释经典而追问、寻求义理，是基于一种强烈的社会忧患意识与人文关怀，目的是希望从经典中寻求人生世界的意义，进而建立和谐社会，勾画积极人生的永恒目标。所以，所谓义理之学就是一整套关于如何建立和谐社会、勾画积极人生意义体系的理论。对意义的追求始终是义理之学的根本目的。尽管在中国的义理之学中，不乏人们对于宇宙起源、万物化生的思考，不乏对于天地万物之理的表达，也出现了一系列与西方哲学类似的关于宇宙本体、世界起源、万物主宰的概念与范畴，包括天道、太极、阴阳、理一、太虚等，但它们仍然主要是表达儒生们对社会、人生意义的追求，而不是对宇宙自然规律的探索。一方面，这些概念大多起源于中国早期文明人的各种活动，包括社会生产、两性生活、宗教巫术等，且这些概念被抽象为一种天地自然的根本之后，仍然必须落实、体现在社会伦常和人性人心之中，其实这正是为了将具有人文意义的人道上升为一种永恒意义的天道。另一方面，人们对这些天道、天理、太极的把握、表达，不是靠逻辑思考、语言规范而获得一种客观确证与普遍共识，而是靠每个人在生命体悟中达到一种精神满足的境界，这种体悟、境界是以实现人生意义为目的，而不是发现宇宙规律。西方哲学大不同于中国的义理之学。古希腊的哲人很早就表达了对神秘自然秩序的强烈兴趣，开始思考宇宙自然的"事实"，并希望通过探索来发现宇宙自然的普遍规律。古希腊哲学家亚里士多德认为，古往今来人们的探索，都应起源于对自然万物的惊叹与好奇。为了使这种对世界万物规律的发现具有客观真理性并达成一种普遍共识，西方人强调，在认识、表达世界万物的普遍本质与客观规律时，必须坚持思维的逻辑性与语言的规范性。所以，西方哲学中那些逻格斯、理念、形式、绝对观念、物质等概念范畴，均是客观对象化的存在，它们所表达的不是社会生活、个体生命的意义，而是天地世界、自然万物的普遍本质与规律。西方哲学赖以存在与表达的形式逻辑、规范语言，均是人们探索世界、发现规律的基本工具。

第三，身心实践与解释世界的知识形态不同。中国义理之学的基本任务主要不是建立一种描述、解释客观世界的概念体系，而是建立一整套关于人如何参与社会、改造世界的实践知识与行为规范。义理之学的基本前提、最终目标是将人之道上升为天之道，从而将指导人身心实践的义理扩展为支配宇宙世界的法则。义理之学所关注、阐发的义理，表面上看似乎是宇宙世界的本质与规律，但其实质主要是人人必须遵循的规范与法则。因为人与天本就是不分的，宇宙世界的发展从来就是一个必须由人类参与的所谓"参天地，赞化育"的生生过程。以经学为依托的义理之学不是为了解释世界，而是为了从圣人那里寻求实践的程序与规范。所以，《周易》的决事、《尚书》的垂范、《仪礼》的准则、《春秋》的义例等，它们蕴含的"义理"均是指导实践的程序与规范的"道术"。尽管儒家学者也从经典文本中演绎出一系列十分抽象的概念，诸如道与器、形而上与形而下、阴与阳、知与行、太极与万物、理与欲、极高明与道中庸等，但这些概念与西方哲学的"存在""理念""逻格斯"等有着很大的区别。最明显的就是这些抽象概念主要不是为了解释世界，而是为了指导人们思考与行动。如最抽象的"道"，本义是人在行动中的轨迹，形而上的"道"仍保持了这个原始意义，是指导人们实践活动的最高准则。其他概念也是如此，如《论语》中孔子答学生问"仁"，其各种回答没有一个是纯粹的定义，而是教学生在社会生活中如何实践仁，包括"己所不欲，勿施于人"，"己欲立而立人，己欲达而达人"，"克己复礼"，其"知仁"也就是"行仁"。而西方哲学既然将发现、描述客观世界的普遍本质与基本规律作为哲学研究的基本任务与主要内容，那么，这种哲学体系其实就是通过形式逻辑与规范语言来解释世界。西方哲学家运用一系列抽象的概念如"存在""逻格斯""理念"等，来表达宇宙世界的本质与规律，所以，西方哲学是借助一整套抽象范畴，运用逻辑规则来建立一种描述、解释世界的概念体系。

　　除了以上所述，中国传统义理之学与西方哲学还存在一系列相关的差别。如义理之学的理论基础是版本学、文字学、音韵学、训诂学等，而西方哲学的理论基础是自然科学、逻辑学、心理学。义理之学在诠释经典时强调学术的传承，而西方哲学更重视对旧哲学体系的批判与新哲学体系的建立。义理之学的目的是经世致用，有很强的社会功利性，西方哲学则更主张一种热爱知识的理性，等等。

　　指出中国义理之学与西方哲学的这一系列重大差异，并不是要在它们之间挖出一条巨大的鸿沟，否定人们将义理之学改造成中国哲学的可能性。人类精神文化本来就有着许许多多从内容到形式的共同点，哲学更是各民族文化中的普遍精神形态。西方哲学与中国义理之学也确实有着很大的相似性。中国义理之学所着重关注的"究天人之际"，与西方哲学研究、思考的宇宙普遍法则等重大哲学问题十分接近。正因如此，在近百年中国哲学学科的建构中，义理之学成为中国哲学历史资料的主要来源和知识解构的主要对象。老一辈学者张岱年、金岳霖均肯定存在一种"普遍哲学"，并认为中国的义理之学与西方的哲学均只是这种普遍哲学之下的一种特殊文化形态下的知识体系。但是，到目前为止，普遍哲学仍是一个"空类"，世界上只存在中国哲学、西方哲学、印度哲学等具体的哲学体系。由于西方文化的霸权地位，加之西方哲学体系相对完善，故而西方哲学常常在无形中充当了这个"空类"的普遍哲学的角色。所以，我们在重建中国哲学的主体性的过程中，不能不充分考虑并认真面对西方哲学的哲学问题和哲学语言，进而在中西哲学的比较和对话中，发现、确立并建构世界各民族认同的普遍哲学，从而对中国哲学的意义做出较准确的定位。我们要强调，应在中国哲学的主体性重建的宗旨下，来探讨义理之学的独特学术形态、学术问题、学术语言。这不仅能使我们反省20世纪中国哲学学科建设中出现的问题，也能使我们进一步思考在21世纪如何真正建立起一门来自中华的文化土壤，具有良好学术生态的，以及具有本民族精神、气质的中国哲学。一方面，它的思维方式、知识形态、价值取向是极具民族文化特色的，即完全是中国人用自己的语言来表达自己的哲学思想，而绝不是依傍于西方哲学，用中国的哲学史料去表达西方的哲学观念。另一方面，它所思考的问题是普遍哲学意义上的，这种自主性中国哲学亦能够为人类提供普遍哲学的精神财富，是属于全人类的"普遍哲学"。

（《武汉大学学报》（人文科学版），2007年第5期）

儒家人文教育论纲

一

儒家之道,"非天之道,非地之道,人之所以道也"(《荀子·儒效》)。儒家强烈的人文关切主要靠两种途径来实现:以道易天下和以道教天下。前者是治国平天下的社会政治活动,后者是著书讲学的文化教育活动。所以,儒家教育是一种人文教育。《周易·贲卦》云:"观乎人文,以化成天下。""人道设教"成为一切儒者的神圣使命。

儒家的人文精神体现在政治、教育两个方面,它们均是儒者对社会存在、人的境况的人文关怀。它们各有特点。一个儒生曾说:"达则兼善天下,穷则兼善万世。"(胡宏《知言》)显达者治国平天下,可以兼善天下;穷困者治学教书,则能兼善万世。可见,儒家人文教育更有其特殊重要的价值:它不仅关怀人类现在,它更关怀人类将来。

二

儒家人文教育本质上是社会本位的。儒家主张教育必须建立在人的社会群体生活的基础上。儒者相信"人生不能无群"。孔子将个人对社会群体的责任看成是先天给定的义务，《论语·微子》中有记载："鸟兽不可与同群，吾非斯人之徒与而谁与？"因此，儒家教育的根本任务，就是要在这个失去人文文化制约的社会群体中，建立起合乎"人道"的和谐秩序，形成一个"父子有亲，君臣有义，夫妇有别，长幼有序，朋友有信"的理想社会。这就是历代儒家学者所倡导的"明人伦"的教育宗旨。仅将教育作为传授具体知识、培养生存能力的手段，是偏离儒家人文教育精神的。

三

儒家将教育价值定位于"人道"化的社会群体，而要建设一个合乎道德理想的和谐群体，必须使每一个社会成员成为具有善良品格和道德素质的个人。所以儒家的教育目标始终是追求个体的完善。从这个意义上说，儒家人文教育所关注的重点，由人的社会转向社会的人。

所以，儒家人文教育具有鲜明的人本主义特色，那就是对个体发展的关注和对精神人格的重视。在儒家教育哲学中，充满着重视个人的人本主义精神。它所密切关注的问题，是人们如何将自我的内在道德潜能，发展为一种崇高的道德精神；如何在普通的日常生活中，将自己培养成为具有理想人格的君子圣贤；如何通过格物致知的个体修身，最终完成治国平天下的政治大业。

四

性善论是儒家对普遍人性的执着信念，它是儒家人文教育的思想前提、理论基础。

许多儒者都在认真论证人性善的命题。有人将性善论看作是一种经验归纳，希望从日常经验中归纳出人性善的结论；有人把其看作概念演绎，试图从人的类概念中推导出人性善的命题；也有人认为，人性善是一种"假设"，是儒家哲学的先验设定；还有人认为，人性善是一种"呈现"，是可以从人的日常中加以追溯的形而上的存在；等等。

然而，不管性善论的论证如何，其社会功能才是最重要的。历代的儒者均需要确立人性善的信念，因为这一信念的确立，能给儒家人文教育奠定一个重要的思想基础。儒家人文教育的理论与实践，需要建立在此性善论的基础之上。

儒家学者强调，教育并不是将某种外在的、强制性的人文规范、知识体系灌输给受教者，这些文化规范、知识体系均具有其内在的人性依据；教育不是学者被动地接受知识、价值观念的过程，而是启发学生独立探索、自我发现的过程。所以，儒家典籍总是用"自得之学""自诚明，谓之性""尽心知性""发明本心"等来论述其教育的特点和方法，这些教育特点和方法的依据即人性善的基本信念。这与西方人以"原罪""性恶"为基础，强调自我忏悔、灵魂拷问的精神惩罚是大不相同的，也与西方强调感性自我、快乐主义的人本意识大不相同。

人性善的基本信念，决定了儒家人文教育的理论特征和实践特色。

五

和人本主义教育观的一般特征相似，儒家人文教育的宗旨是教育人、培养人，恢复和发展人的内在潜能，完成和实现人的精神人格。

儒家性善论确立了关于人的内在潜能的信念，儒家教育者相信每一个人都具有价值自觉的潜力和成为圣贤的可能。教育只是引导受教育者恢复和发展这种潜能，使其自我的精神人格得到全面发展。

所以，尽管儒家教育立足社会群体，但是它和其他人本主义教育一样，表现出关注个人的潜能和发展，关注个人的责任和实现等一系列人本主义精神特征。孔子的"成人之教""为仁由己"，孟子的"自得之学""尽心、知性、知天"，张载的"大其心则能体天下之物"，程颢的"仁者以天地万物为一体，莫非己也"等，均体现出一种发展个体人格、弘扬主体精神、实现自我价值的人本主义精神特色。这一教育价值观念，使得儒家教育显示出浓厚的人文教育气息。

六

儒家教育的人文性，还表现在强调文化教育与人的生活实践的密切联系上。

儒家学者主张，人们在教育活动中所传授的一切道德、知识、技能等，均来自生活实践。因此教育也应该以人的生活实践的需要为目的，并在人的生活实践中获得验证。所以，儒家学者常常将知识教育、道德教育均归于人的生活实践教育。

儒家学者始终强调"知行统一"，《中庸》将教学过程概括为"博学之，审问之，慎思之，明辨之，笃行之"，宋儒将教学过程简化为致知、力行两个方面。在他们的教育思想中，"行"均是指人生活实践的过程。这种"知行统一"的观点，也指教学过程和生活过程的统一。这种"知行统一"论，否定了那些与生活实践无关联的知识学问，坚持生活实践是一切知识的本原。正如颜元在《习斋记余》中所说："读得书来，口会说，笔会作，都不济事，须是身上行出，才算学问。"

坚持生活实践为本的原则，强调文化教育与生活实践的紧密联系，这一切，均体现了儒家教育的人文特色。

七

儒家教育的人文性，除了表现为对和谐社会秩序的追求，也表现为对物质生产、物质生活的关注。所谓的"正德、利用、厚生"正体现了儒者的这种人文关怀。

"正德"，是指以德教为本的人文教育，希望能将社会成员培养成具有道德理性、善良品德的人。而"利用""厚生"，是指那些关乎国计民生、科学技术的知识技能的教学内容，它们直接涉及广大民众的基本生存需要，也涉及士农工商等各门知识技能的传授。这也是儒家人文教育的重要内容。奇怪的是，总有一些古代的儒者和现代的学者会忘记这一点。

因此，儒家教育是包括科技教育在内的，所不同的是，儒者没有西方的科学家所强调的对自然秩序的惊奇及为科学而科学的精神追求。儒者关注科技研究时，总是将它们纳入"经世""治事"的儒家价值体系中。所有天文、地理、数术、医学、农耕、技艺等不同门类的科技知识，因是经世之学，有致治之用，均属于"正德、利用、厚生"的范围，故受到了儒者的重视。

所以，不仅是儒家的道德教育体现出人文性，儒家的科技教育，也体现出浓厚的人文性。当然，这种具有人文性的科技教育，弱化了求真的科学精神及科技教育的独立发展。但是，它对于我们今天如何将人文教育与科技教育结合起来，仍有一些启示。

八

文化的保存、传递，需要借助于文字、书籍。所以，儒家学者要借助经学教育以传递其人文思想。

但是，经学教育的目的在于人的生活，对儒家学者来说，在于"明人伦"。而许多读书人却常常忘记这一点，逐渐使得经学教育书本化、教条化，这必然引起儒家学者对经学教育回归人文传统的渴望。

汉唐经学教育对传播儒家人文文化是有贡献的，但是，汉唐经学逐渐演变为一种烦琐的注疏、僵死的教条、远离人伦日用的知识，读书人沉溺于浩繁的章句训诂之中，逐渐背离了儒家的人文精神传统。两宋理学思潮的兴起，以复兴儒家人文精神为旗帜，体现在教育上，就是要恢复儒家人文教育传统。正如朱熹在《中庸集解序》中所说："秦汉以来，圣学不传，儒者惟知章句训诂之为事，而不知复求圣人之意，以明夫性命道德之归。"他向往的"圣人之意""性命道德之归"，也就是他力图重振的儒家人文精神，他批评汉唐时的章句训诂之学却背离了这一传统。

明清也是如此。宋明理学的思想体系本是为了复兴儒家人文精神，但它官学化后逐渐演变为一种烦琐的理论、僵死的章句，一种脱离生活实际的僵死知识。当理学教育逐渐走向脱离生活的知识化途径时，明清思想家、教育家对理学教育展开了批判，要求其回归儒学的人文传统，使教育和社会实际、个体实践保持密切联系，从而形成明清的实学教育。明清教育家倡导知识教育、道德教育均得与生活实践、社会功用保持密切的联系，强调"吾辈只向习行上做功夫，不可向言语、文字上著力"（见《颜元集》）。

儒学和儒家教育的发展动力，常常来自其内在的人文传统。

九

儒家人文教育永远是面向社会和人，即人的社会和社会的人。儒家人文教育的长处同其弱点并存。

儒家所认同的社会秩序是一种礼治秩序，表现为君臣父子、尊卑长幼的等级差别。儒家教育的基本职能，就是要求人们认同、遵循其秩序。这就使得历代统治者认识到：礼教是一种比刑法更有效地维持社会秩序、国家稳定的工具。礼教能够"化民成俗""绝恶于未萌"，故更受到统治者的重视，因此，儒家人文教育往往会蜕变为专制政治的统治工具。

儒家人文教育一旦蜕变为专制政治的统治工具，那么，它就不再有关注个体完善、人格独立等具有人本主义精神的教育理念。儒家人文教育演变成对人们进行纲常礼教的灌输、尊长顺上的训导，它必须满足主政者治世的需要。于是，儒家人文教育出现危机。

因此，儒家人文教育传统要想真正得到继承弘扬，它所维持的"人的社会"必须是由平等权利、独立人格的个体构成的社会；它所培养的"社会的人"才是能真正自我发展、完善的个体。

十

今天，许多教育家在讨论中国教育的国际化问题，他们在展望21世纪中国教育时，强调其国际化趋势：外语教学更加重要，外籍教师与留学生来中国工作和学习更加普遍，国际交流更加频繁，人们更关注人类的共同命运……

同时，许多教育家亦在讨论中国教育的民族化问题，他们反省中国近代以来，在教育方面因学欧美、学日本、学苏俄而出现的种种弊端，他们强调发扬中国的民族教育传统，能够克服照搬国外教育体制的不良后果。

令人欣慰的是，弘扬儒家人文教育传统，既具有使中国教育民族化的意义，又具有使中国教育国际化的意义。

儒家人文教育传统的恢复，无疑能够促进中国教育民族化。近代以来，西方科学主义思潮在中国文化教育方面产生了深远的影响。它固然促进了中国教育的近代转型，以适应近代中国经济、政治、文化发展的需要；也促进了中国教育与国际教育的接轨，顺应了教育的国际化趋势。但是，这也给中国教育带来了许多问题，诸如教书育人不能兼顾、分科教育的单一化、知识的片面化倾向等，使得中国教育失去其固有的民族特色和人文传统。重新倡导儒家人文教育传统，无疑是中国教育民族化的重要步骤。

对儒家人文教育的倡导，同样有益于中国教育的国际化。教育的片面知识化、商业化，以及失当的分科教育，已经成为全世界面临的普遍问题，引起国际关注。在由联合国教科文组织主持的"面向21世纪教育"国际研讨会上，组织者将"学会关心"作为21世纪教育的基本方向，他们希望教育学生关心他人，关心社会和国家，关心人类的生存条件，等等。而这一点，又和儒家人文教育有相通之处。那么，儒家教育的人文精神，不正是面向21世纪的人类教育的宝贵资源吗？

由此可见，教育的民族化与国际化并不矛盾，完全可以将二者统一起来。但是有一点应该强调：我们在提倡教育的民族化时，不能立足于狭隘的民族主义立场，而是要具有现代化、国际化的开阔视野。

（《求索》，1997年第1期）

第二辑　先秦篇

儒学与六经

六经与儒家子学的思想比较

先秦儒家之『师』与中国政教理念

亲缘选择是否印证着《孟子》之四端说？

儒学与六经

六经是儒学的思想源泉，是儒学的文化母体。这一普遍性看法有一定的道理，《史记》早就提出"夫儒者以六艺为法"。此说反映了一个重要事实：儒家学者是通过学习、效法六经中先王的政治智慧、伦理价值、礼乐文化，继承三代的思想文化传统，才创立了儒家学派。但是，我们还应该注意另一个事实，作为学派的儒家，是在春秋战国时期才逐步形成的，而作为经典的《诗》《书》《礼》《乐》《易》《春秋》，则是由一代代儒家学者不断收集、整理、诠释才逐步成型的。所以，我们应该进一步追问：是六经孕育了儒学，还是儒学衍生出了六经？儒学和六经究竟是一种什么关系？

一、儒家六经与三代文明

儒学与六经其实同时形成于春秋战国时期。如果要追溯文化渊源，二者均以三代文明为思想文化依据。一方面，儒家学派源于三代时期官师一体的王官贵族；另一方面，作为经典的《诗》《书》《礼》《乐》《易》《春秋》，也是由三代王官之学演变而成。也就是说，六经与儒学均以三代文明为母体，六经与儒学同源。

三代时期，学在官府，文化知识的主体是由王室贵族垄断的王官之学。春秋战国时期，文化下移，产生了脱离贵族文化垄断的诸子百家之学。诸子百家之学与夏、商、周王官之学是什么关系？这个问题引发了持续两千多年的学术思考和思想论战。许多学者认为，春秋战国诸子之学源于夏、商、周王官之学。班固早在《汉书·艺文志》中提出，儒家、道家、阴阳家、法家、墨家、纵横家、杂家、农家等均与三代王官之学有密切联系，三代职官有不同的专业知识，这种王官之学下移到民间就是春秋战国诸子之学。

儒学是指春秋时期由孔子创立的学派，其思想主张多源于三代王官之学。关于"儒"的起源，汉初即有史家讨论，认为"儒"直接起源于官师一体的"司徒之官"。据班固所著《汉书·艺文志》的解释，儒家学者"游文于六经之中，留意于仁义之际，祖述尧舜，宪章文武"，是因为他们与西周社会主要从事教化的"司徒之官"有密切关系。根据《周礼·地官·司徒》载，司徒之官即履行国家教化职能的官员。值得注意的是，这些教务之职与儒家教育学说之间确有着重要联系，如《周礼·大司徒》中"十二教"之职就与六经的礼乐教化思想十分接近，而且大司徒从事教化的内容是六德、六行、六艺合成的"乡三物"，这也是后来儒家倡导的社会政治的教化内容：

> 以乡三物教万民而宾兴之：一曰六德，知、仁、圣、义、忠、和；二曰六行，孝、友、睦、姻、任、恤；三曰六艺，礼、乐、射、御、书、数。①

---

① （汉）郑玄注，（唐）贾公彦疏《周礼注疏》卷十《大司徒》，收入《十三经注疏》，北京大学出版社，1999，第266页。

十分明显，儒家的思想理念即源于大司徒职务的相关职能。由此可见，儒家学派与司徒之职存在着思想和文化的渊源关系。

金文中的职官与《周礼》有许多相合处，这就证明《周礼》一书是有文献依据的，故而是我们考证儒家起源的重要文献资料。《周礼》中关于"司徒之职"的记载，确能揭示"儒家"起源。儒家源于西周时期被称为司徒及师、儒的教职人员，恰好反映出西周社会"学在官府""政教合一"的特点。

由此可见，儒家重视教育并整理六经，与三代文明有着紧密的联系。儒家学者从三代的王官之学及相关文献档案中收集、整理六经文本的做法，与"司徒""师儒"的思想传统、文化影响相关。儒家重视教育的思想和坚定教育的信念，与"司徒"的长期治理和教化的历史经验有关。"司徒""师儒"常讲的"有德行以教民者"，"有六艺以教民者"①，以及"三德""三行"等，成为儒学学派建构六经的主要思想和学术宗旨。所以，为了让三代文明能够长久地保留下来，儒家将西周贵族教育的礼、乐、射、御、书、数"六艺之学"，发展为儒家士人教育的《诗》《书》《礼》《乐》《易》《春秋》"六艺之学"，也就是将一种贵族的技能素质教育发展为士人的经典文化教育。

"儒"与三代文明有密切的渊源关系，同样，六经与三代时期的王官之学及相关文献档案有着密切的文化渊源关系。

六经作为经典体系成型于春秋战国时期，但是六经经文本身却来自上古的三代文明。孔子之前的漫长历史时期是中华文明的孕育时期，也被称为"前轴心文明"时期。这相当于历史文献记

---

① （汉）郑玄注，（唐）贾公彦疏《周礼注疏》卷二《大宰》，收入《十三经注疏》，北京大学出版社，1999，第40页。

载的从尧、舜、禹到夏、商、周的三代文明建构时期。这一时期正是华夏文明的奠基时期，华夏民族的物质文明、制度文明、精神文明均取得了重大进步。三代时期留下的许多文献典籍，成为上古三代文明的载体而保存下来。正如《尚书·五子之歌》中所载："明明我祖，万邦之君。有典有则，贻厥子孙。"①夏、商、周三代的天子、君王在治理天下时，注重保存记载历朝历代各种典章制度、政治经验、宗教信仰、道德观念等的文献典籍。三代文明遗留的"典"与"则"，就是孔子及其儒家学派建构六经的文献基础，六经与三代皇室文献档案的"典""则"有着文化传承、思想影响的渊源关系。

孔子及儒家学者一直特别关注三代文献档案的"典""则"，他们为了传承三代文明创造的思想传统、文化精华，倡导"述而不作"，从三代文明留下的浩繁档案文献中，以"司徒之官"的政治经验、思想视角挑选整理了体现三代君主道德理性、政治经验的典籍，即《诗》《书》《礼》《乐》《易》《春秋》。儒家学者强调这些典籍是三代先王留下来的，承载着先王的治世大法、恒常之道，故而将其称为"经"。

那么，孔子及其后学是如何通过整理三代王室的文献档案，从而创立中华经典体系的呢？

《周易》作为"群经之首"，由《易经》《易传》两部分构成，分别为三代王室的历史文献和春秋战国时期孔子及其后学的思想诠释。《易经》文本的来源十分悠久。早在新石器时代晚期，中国土地上就开始盛行各种占卜的巫术，而《周易》的筮占

029

---

① （汉）孔安国传，（唐）孔颖达疏《尚书正义》卷七《五子之歌》，收入《十三经注疏》，北京大学出版社，1999，第179页。

只是诸多占卜术中的一种，是根据蓍草的数字排列等变化来预测吉凶。与其他龟卜、骨卜等占卜形式相比较，筮占因在形式上的系统性、有序性、完整性而具有特殊的优势，获得了进一步演进发展的机会。殷周之际卦辞、爻辞文字符号的出现，使得每一卦、每一爻均有了确切而丰富的文化意义，蕴含着丰富的政治观念、道德思想、宗教信仰、哲学智慧。儒家学者从中选取特别具有思想价值的内容，加以整理和系统化，形成了《易经》的经文部分。

《书》是上古时期国家政治文献档案的汇编。早在上古时期，记载王朝君王言行的史官文化就很发达，《汉书·艺文志》载："古之王者世有史官，君举必书，所以慎言行，昭法式也。左史记言，右史记事，事为《春秋》，言为《尚书》。"①史官的记录分为记事与记言，故而留下分门别类的档案文献，这些记载君王言行的文献档案大量收藏在王室，向来为君王所重视。春秋战国文化下移，孔子和儒家学派在从事民间教育的时候需要教材，因此他们从这一类记载君王言行的"书"的文献档案中选取、整理出一部分，作为民间讲学之用。这就是后来所称的《尚书》。《孔子世家》载："孔子之时，周室微而礼乐废，《诗》《书》缺。追迹三代之礼，序《书传》，上纪唐虞之际，下至秦缪，编次其事。"②孔子收集、整理的《书》只是历朝历代众多"书"中的极少一部分，其标准就是"司徒""师儒"的"德行""六艺"，主要选取能够代表、体现三代先王王道思想

---

① （汉）班固：《汉书》卷三十《艺文志》，中华书局，1962，第1715页。
② （汉）司马迁：《史记》卷四十七《孔子世家》，中华书局，1982，第1935～1936页。

的诰言、誓词和大事记等。儒家学派认为这一部分文献代表了先王的政治理念、文化思想，故而是后世历代王朝必须学习、效法的经典。

三代时期的政治生活、社会生活均以"礼"为核心，特别是周公"制礼作乐"，进一步推动了西周礼乐文明的建设。所以，礼、乐一直是三代王官之学的重要内容，并保留在王室的档案文献中。"儒"在三代时是"司徒之官"和"师儒"，他们从事"六艺以教民"，故而特别重视礼教，熟悉关于礼的各种典籍。春秋战国时期，孔子及其弟子以三代礼乐文明为国家政治的典范，重视关于"礼"的文献收集和整理。现存的《周礼》《仪礼》，就是孔子及其门人收集、整理的"礼"的文献。《周礼》又名《周官》，主要内容是周王室官制和战国时期各国制度，并根据儒家政治思想作了一些修订。关于《周礼》一书的作者，意见不一，但可以确认其中包含大量西周礼制的文献，因为《周礼》的一些内容可以与西周青铜器铭文相互印证。《仪礼》简称《礼》，又称《礼经》或《士礼》，系从西周到春秋战国时期部分礼制的汇编，共17篇。《乐》没有保留下来，但和《礼》一样，是西周礼乐文明的文献记载。儒家学者推崇的《礼》《乐》文献，应该是三代文明特别是西周礼乐文明的文化遗存，具有深厚的历史文化基础。

《诗》也是如此。从来源来说，"诗"是西周礼乐文明的重要组成部分，周公"制礼作乐"包括"诗"，"诗"在贵族的政治社会生活中有着十分重要的地位，体现了西周王朝观风俗、重礼乐、崇教化的礼治精神。顾颉刚在谈到春秋战国时期诗与乐关系的变化时说："从西周到春秋中叶，诗与乐是合一的，乐与礼是合一的。"①先秦时期流行的"诗",后来能够被列为儒家经典,是孔子及其弟子对西周留下的大量诗歌不断收集、整理的结果。也就是说,儒家学者整理的《诗经》,同样是三代文明特别是西周礼乐文明的文化遗存。

《春秋》本来是中国古代第一部编年体史书,它按年代记载了春秋时期自鲁隐公元年(前722)至鲁哀公十四年(前481)的历史。三代史官文化发达,《汉书·艺文志》载:"左史记言,右史记事,事为《春秋》,言为《尚书》。"②可见"春秋"在当时是一类史书的通名。《墨子·明鬼篇》有"周之春秋""燕之春秋""宋之春秋""齐之春秋"的提法。《孟子·离娄下》亦载:"晋之《乘》,楚之《梼杌》,鲁之《春秋》,一也。"③以孔子及其弟子为代表的儒家主要形成于鲁国,鲁史素为儒家所特别重视,孔子整理了"鲁之《春秋》"。随着儒家影响的扩大,"春秋"也就逐渐成了鲁史的专名。孔子对鲁之《春秋》的整理,不仅仅是对历史的记录和对文献的整理,而是通过对鲁国的历史记录和文献整理,达到对西周礼乐文明的继承和弘扬的目的。

由此可见,《诗》《书》《礼》《乐》《易》《春秋》是孔子及其门人通过收集、整理形成的,其经文的文本原是三代时期王室的文献档案。与儒家源于三代王官一样,儒家经典渊源于三代的王官之学。

---

① 顾颉刚:《〈诗经〉在春秋战国间的地位》,载《古史辨》第三册下编,上海古籍出版社,1982,第366页。

② (汉)班固:《汉书》卷三十《艺文志》,中华书局,1962,第1715页。

③ (宋)朱熹:《四书章句集注·孟子集注》卷八《离娄章句下》,收入《朱子全书》第6册,上海古籍出版社,安徽教育出版社,2002,第360页。

二、诸子学派与经典诞生

春秋战国时期是古代中国的轴心文明时代，亦被称为"哲学突破"的时代，在这个时代，思想界、学术界和社会各界都在强烈地呼唤作为价值信仰、思想依据的"经"。

什么是"经"？"经"是具有普遍性、恒常性价值的重要典籍的特称。《释名·释典艺》释曰："经，径也，常典也，如径路无所不通，可常用也。"在儒、道、墨、法等诸子学派创立初期，还没有将某些书称为"经"的说法。但到了诸子学派进一步发展的战国时期，诸子各家学派的思想体系均已成熟，其中一个特别鲜明的标志，就是出现了代表各自价值体系、思想依据的重要著作，即形成了各自的经典体系。

墨子很早就提出圣王传道是通过"书之竹帛，镂之金石，传遗后世子孙，欲后世子孙法之也"[1]，但有一个矛盾的现象，就是墨家学派对儒家重视历史文献整理十分不满，《墨子·耕柱》载："公孟子曰：君子不作，术（述）而已。子墨子曰：不然，人之其不君子者……今之善者则作之，欲善之益多也。"[2]墨子学派主张"善者则作之"，所以，不重视对三代历史文献的研究和整理，这可能与墨家学派的成员大多已经是"农与工肆之人"的庶民社会身份有关。墨家学派不赞成从王官之学中寻求治国思想，而是针对现实社会问题建立自己的思想体系。墨子后学在编辑墨子的著作时，往往将墨子的著述称为"经"。《庄子·天下》载："相里勤之弟子五侯之徒，南方之墨者苦获、已齿、邓陵子之属，俱诵《墨经》，而倍谲不同，相谓别墨。"[3]这里出现

---

[1] 吴毓江：《墨子校注·贵义》，孙启治点校，中华书局，2006，第 687 页。

[2] 吴毓江：《墨子校注·耕柱》，孙启治点校，中华书局，2006，第 660 页。

[3] （清）王先谦：《庄子集解·天下》，中华书局，1987，第 290 页。

了《墨经》之名。因为《墨子》一书有《经上》《经下》《经说上》《经说下》，许多人以此为《墨经》。但是学界有不同意见，认为《墨经》还要加上《大取》《小取》，或者还要加上《兼爱》《非攻》等。不管《墨经》具体指的是哪些文献，均是墨家后学确立的墨子的著作，其目的是提升墨子及其著作的影响力。即如谭戒甫《墨辩发微·墨经证义》所说："大抵经名之起，疑尚在三墨晚年；其时弟子众多，龙象卓越，结集群议，尊以经名，且决定后之墨者俱诵此经。"[1]墨子后学确立的经典，体现出墨家学派对具有普遍、恒常价值的相关典籍的认同。

道家的代表人物是老子、庄子，和墨子的庶民出身不同，老子与王官之学有着密切的联系。《汉书·艺文志》载："道家者流，盖出于史官，历记成败存亡祸福古今之道。"[2]老子本人就是周室史官。但老子的道家思想与他作为史官记载的历史典籍不完全是一回事。他已经对人类历史的成败、存亡、祸福之变做了深入的思考，并探寻、论述了这一主宰人类历史的成败、存亡、祸福之道，最终由老子后学整理完成《老子》一书，后来又称《道德经》。《史记·老子韩非列传》载："老子修道德，其学以自隐无名为务……著书上下篇，言道德之意五千余言。"[3]最初，《老子》一书还不是以"经"命名。随着《老子》的逐步完善和地位的进一步提升，《老子》才被称为《道德经》，可见《道德经》是道家将《老子》这部书经典化以后的书名。

据《汉书·艺文志》载："法家者流，盖出于理官，信赏必

---

① 谭戒甫：《墨辩发微·墨经证义第二》，中华书局，1964，第 7 页。
② （汉）班固：《汉书》卷三十《艺文志》，中华书局，1962，第 1732 页。
③ （汉）司马迁：《史记》卷六十三《老子韩非列传》，中华书局，1982，第 2141 页。

罚，以辅礼制。"①理官在历史上是主持狱讼的官员，可见，法家与王官之学也有密切联系。但是，法家形成学派比较晚。由于战国时代社会动荡，政治秩序十分混乱，许多诸侯国君主为了加强统治，大力加重刑罚，故而形成了在国家治理中十分重视法治地位的法家。显然，法家的兴趣在现实中刑罚对国家治理的效能上，对整理历史典籍没有兴趣。法家的代表著作有《李子》《商君》《申子》《韩子》，均和三代文献没有直接关系，而是涉及具体的刑罚制度、君权之术，均是子学著作。后来法家为了张扬自己的学术主张，将创始人李悝的著作称为《法经》。所谓《法经》，其实就是李悝"集诸国刑典"②而成。《晋书·刑法志》载，李悝"撰次诸国法，著《法经》。以为王者之政，莫急于盗贼，故其律始于《盗》《贼》。盗贼须劾捕，故著《网》《捕》二篇。其轻狡、越城、博戏、借假不廉、淫侈逾制，以为《杂律》一篇，又以《具律》具其加减。是故所著六篇而已，然皆罪名之制也。商君受之以相秦"③。可见，李悝的《法经》被提升为法家的经典，完全是法家后学所为。

先秦诸子普遍崇拜上古时期的"圣王""圣人"，墨家学派提出："圣王之道，天下之大利也"④，"圣人之德，盖总乎天地者也"⑤。道家学派提出："圣人者，原天地之美而达万物之理。"⑥法家学派提出："圣人之所以为圣人者，善分民也。圣人不能

① （汉）班固：《汉书》卷三十《艺文志》，中华书局，1962，第1736页。

② 《唐律疏义》卷一，收入《四库全书》第672册，上海古籍出版社，1987，第25页。

③ （唐）房玄龄等：《晋书》卷三十《刑法志》，中华书局，1974，第922页。

④ 吴毓江：《墨子校注·节用上》，孙启治点校，中华书局，2006，第248页。

⑤ 吴毓江：《墨子校注·尚贤中》，孙启治点校，中华书局，2006，第79页。

⑥ （清）王先谦：《庄子集解·知北游》，中华书局，2012，第227页。

分民，则犹百姓也，于己不足，安得名圣！"①"谨修所事，待命于天。毋失其要，乃为圣人。"②尽管先秦诸子普遍崇拜"圣王""圣人"，但是他们并没有将圣王与传经联系起来。只有儒家将圣人崇拜和三代典籍结合在一起。儒家意识到，圣王传道的文献才是"经"，故而将圣王与传经联系起来。先秦儒家认为，真正的经典必须来自上古时期的先王，即唐、虞、夏、商、周时期的"圣王""圣人"之言。所以，先秦儒家十分崇拜上古时期的"圣王""圣人"。《论语》末篇《尧曰》称颂尧、舜、汤、武等圣王的"保民而王"，并指出"四海困穷，天禄永终"。子贡曾经问孔子："如有博施于民而能济众，何如？可谓仁乎？"孔子回答："何事于仁！必也圣乎！尧、舜其犹病诸！"③孟子也十分向往尧舜的圣人之道，提出："尧、舜既没，圣人之道衰。暴君代作。"④故儒家希望从"三代圣王"留下的文献中寻求普遍意义的大道，并且将这些载道的典籍称为"经"，这正是儒家之经产生的思想基础。

036

可见，在春秋战国时期的诸子百家中，只有孔子及其儒家学派是通过收集、整理三代时期的档案材料、历史文献来建立自己的经典体系和学术思想的。从传世文献和出土文献来考察，《诗》《书》《礼》《乐》《易》《春秋》就是经孔子及其弟子的整理才逐

① （清）黎翔凤：《管子校注》卷一《乘马》，梁运华整理，中华书局，2004，第102页。
② （清）王先慎：《韩非子集解》卷二《扬权第八》，钟哲点校，中华书局，1998，第45页。
③ （魏）何晏注，（宋）邢昺疏《论语注疏》卷六《雍也》，收入《十三经注疏》第10册，北京大学出版社，2000，第91页。
④ （宋）朱熹：《四书章句集注·孟子集注》卷六《滕文公章句下》，收入《朱子全书》第6册，上海古籍出版社，安徽教育出版社，2002，第330页。

步成型，并被合称为六经。也就是说，在夏、商、周的"前轴心时代"，六经建构的主体即儒家士人还没有产生，只有官师一体的王官贵族；被视为有着恒常价值和普遍意义的载道之"经"也没有产生，只有被皇室收藏的各种文献档案。中华原典的《诗》《书》《礼》《乐》《易》《春秋》虽然有着十分久远的历史文化渊源，但是它们定型为六经的经典体系，却是孔子及其后学建构起来的。

由此可见，经是春秋战国时期诸子百家产生以后才出现的。尽管其他学派也与三代王官之学有一些联系，但他们并不重视对三代文献的研究整理，往往是脱离三代留下的珍贵文献档案，来建立自己独立的学术思想体系。道、墨、法诸家的宗师们针对现实问题而提出自己的学说，各家学派的弟子们均将本学派创始人的重要原创典籍称为经。唯独儒家学派有一种华夏文化的自觉意识，主动从三代文献中寻求历史智慧、价值理念、文化传统，进而整理出代表华夏思想文化传统的经典。

三、儒学与六经的相互生成

如上所述，在春秋战国以前，既无六经，又无儒学；春秋战国以后，六经与儒学同时产生。从文化渊源角度来考察六经与儒学，它们均是三代文明的产物；从思想建构角度来考察六经与儒学，二者则是一种相互生成的关系。

为什么说六经与儒学的思想、学术的历史建构是一种相互生成的关系？我们可以从两个方面来理解。

一方面，六经原典的思想文化孕育、滋养了儒学。儒家学派是通过整理学习上古文献、深受三代文明的道德精神和人文理性的影响而形成的，没有三代历史文献的礼乐文化、政治理念、价值信仰的浸染，也就没有儒者，没有"游文于六经之中，留意于仁义之际，祖述尧舜，宪章文武"①的儒家学派。春秋战国时期，以孔子为代表的儒家以"述而不作"为宗旨，从三代文明留下的浩繁档案文献中汲取思想营养。《史记·孔子世家》载："孔子布衣，传十余世，学者宗之。自天子王侯，中国言六艺者宗于夫子，可谓至圣。"②孔子等早期儒家通过不断学习这些文献典籍，即从《诗》《书》《礼》《乐》《易》《春秋》经文的原始文献典籍中获得精神文化的源泉。强调典籍是三代圣王留下来的，并以六经典籍为自己的思想来源、学术基础、信仰依据，从而形成了以三代礼乐文明为文化母体的儒家学派。

另一方面，儒家学派建构了六经的经典体系。三代文明留下的浩繁档案文献、王官之学，恰恰是由于儒家士人的收集、选择、整理、诠释，才最终演变为中华文明的经典，故可以说儒家是六经的建构主体。也就是说，没有儒家学者对六经的原始形态即三代文献档案的收集、选择、整理、诠释，就没有六经的经典化，更不可能产生代表三代文明的六经体系。在孔子及其儒家学派整理这些经典之前，这些典籍不过是三代时期的巫史、王官留下的各种文献档案。这些典籍的文献形式包括各种典章、公文、档案、实录等，其思想内容则是各类芜杂的政治经验、宗教信仰、社会观念。这些具有深厚华夏文化使命感和强烈社会关怀的思想革新精神的儒家学者，坚持以三代文明留下来的历史文化为出发点，从浩繁的文献档案中选取、整理出一些思想精华的典籍，整理成可供时人学习文化、建设文明的经典文本，即

---

① （汉）班固：《汉书》卷三十《艺文志》，中华书局，1962，第1728页。

② （汉）司马迁：《史记》卷四十七《孔子世家》，中华书局，1982，第1905页。

《诗》《书》《礼》《乐》《易》《春秋》。为了将这些经典与治理天下、文化建设的现实需求结合起来，儒家对这些原典做出了创造性的诠释，使六经的文化传承和时代创新结合起来。孔子赋予六经一系列新的价值和意义，他说："六艺于治一也。《礼》以节人，《乐》以发和，《书》以道事，《诗》以达意，《易》以神化，《春秋》以义。"[①]"入其国，其教可知也。其为人也温柔敦厚，《诗》教也。疏通知远，《书》教也。广博易良，《乐》教也。洁静精微，《易》教也。恭俭庄敬，《礼》教也。属辞比事，《春秋》教也。"[②]"经"之所以能够在后世继续发挥作用，就在于它承载了儒家赋予的思想意义和建构的价值体系。所以也可以说，是孔子及其儒家学派创建了六经的经典体系。儒家学派的最大特点，就在于他们通过六经的建构，自觉地完成了六经作为"恒常之道""治世大法"的思想创造和文化建构。

由此可见，六经与儒学是一种相互生成的关系。首先说《周易》。孔子对《易》有着浓厚的兴趣，帛书《要》篇为我们提供了孔子晚年"好《易》"的新证据："夫子老而好《易》，居则在席，行则在囊。"[③]《易》为卜筮之书，孔子晚年对《易》产生兴趣，他的弟子感到不解，孔子意识到这可能也会让后人感到困惑。据《要》载，子赣曰："夫子何以老而好之乎？"夫子曰："君子言以矩方也。前祥而至者，弗祥而巧也。察其要者，不诡其德。《尚书》多疏矣，《周易》未失也，且有古之遗言焉。予非

①（汉）司马迁：《史记》卷一百二十六《滑稽列传》，中华书局，1982，第3197页。

②（汉）郑玄注，（唐）孔颖达疏《礼记正义》卷五十《经解》，收入《十三经注疏》，北京大学出版社，1999，第1368页。

③陈松长、廖名春：《帛书〈二三子问〉、〈易之义〉、〈要〉释文》，见《道家文化研究》第三辑，上海古籍出版社，1993，第434页。

安其用也。"子赣又问:"夫子亦信其筮乎?"孔子回答说:"史巫之筮,向之而未也,好之而非也。后世之士疑丘者,或以《易》乎?吾求其德而已,吾与史巫同涂而殊归者也。"[1]可见,孔子对《易经》原始文本的态度和见解是"不安其用而乐其辞",即不沉迷于卜筮,而是深入思考和追求其"德义"。他提出《易》乃"古之遗言焉",这一"古之遗言"就是指周文王通过《易经》原始文本而表达的德义。在孔子看来,"文王仁,不得其志以成其虑。纣乃无道,文王作。讳而辟咎,然后《易》始兴也"。孔子为"求其德"而阅读、整理了《易经》,其结果是双重的。一方面,孔子从《易经》的"古之遗言"文本中吸收了大量的人文价值和生活智慧,即所谓"吾求其德而已",《易经》的许多观念正是儒家学派的思想基础、学术依据。另一方面,孔子在阅读、学习这些历史文献的同时,整理了这些"古之遗言"的原始文本,并且对这些经文做出了创造性的诠释,使《易经》的"德义"更加理性化、系统化,故而这些"史巫之筮"成为后来儒家学者崇尚的《易经》。孔子及其后学通过对经文的整理和诠释,使得原来是"卜筮之学"原型的筮占符号和卦辞爻辞,最终成为儒家学者普遍崇尚的"群经之首"。可见,《周易》与儒学是一种相互生成的"共生"关系:一方面,孔子能够从《易经》的"古之遗言"文本中获得"德义"的精神营养,儒学许多重要的哲学智慧、价值观念、思维方式得益于原本是"卜筮之学"的《周易》;另一方面,那些原本只是为考察、证明卜筮灵验而保留下来的文献档案资料,经过孔子及其他儒家学者的文献整理、思想

---

[1] 陈松长、廖名春:《帛书〈二三子问〉、〈易之义〉、〈要〉释文》,见《道家文化研究》第三辑,上海古籍出版社,1993,第434～435页。

提升，其学术价值、思想内涵均发生了质的飞跃，没有儒家学者的整理、诠释，《周易》就不可能成为经典。

再说《尚书》。孔子及其他儒家学者编纂《尚书》的过程，也体现了儒学与《尚书》的一种相互生成的"共生"过程。一方面，孔子及其门人通过对上古先王留下的文献典籍的学习，获得了先王在政治、道德方面的王道思想和政治智慧。唐、虞、夏、商、周先王的"以德配天""民为邦本"等道德思想、政治理念，为儒家学派提供了一整套关于治理国家、平定天下的指导思想，奠定了儒家治学、讲学的思想基础。另一方面，孔子和儒家士大夫通过收集唐、虞、夏、商、周代的部分诰言、誓词等政治文献，将对后世君王有借鉴、告诫、警示作用的文献整理出来作为重要经典，希望后世君王从中学习治国、修身的指导思想、伦理观念，以及各种历史文化知识，这就是《尚书》产生的历史因缘。可见，儒家学者主要通过对三代王朝档案文献的学习，从而形成了自己的治国理念，《尚书》原典中丰富的政治观念为儒家学派奠定了思想基础。所以，成型的只有数十篇文献的《尚书》成为经典，是儒家学者根据自己的思想立场、政治视域而建构起来的。

041

同样，孔子编纂《礼》《乐》的过程，也体现出儒学与《礼》《乐》的一种相互生成的"共生"过程。孔子及其后学本来就是西周礼乐文明陶冶出来的士人群体，故而又是礼乐文化的继承者。孔子之所以反复强调"生，事之以礼；死，葬之以礼，祭之以礼"①，就是因为他们是一个浸润西周礼乐文化的士人群体。

---

① （宋）朱熹:《四书章句集注·论语集注》卷一《为政章句下》，收入《朱子全书》第6册，上海古籍出版社，安徽教育出版社，2002，第76页。

他们的思想体系就是建立在礼乐文化的基础上，他们的学术体系就是围绕礼乐文化而展开的。可以说，没有西周礼乐传统，就没有儒家学派。同样，没有孔子等儒家学者整理三代的礼乐文献，也就没有《礼》《乐》经典。《史记·儒林列传》载："《礼》固自孔子时而其经不具，及至秦焚书，书散亡益多，于今独有《士礼》，高堂生能言之。"①《周礼》《仪礼》作为学校教学的内容，主要是提供与儒家价值思想相契合的一整套规范系统，包括中国古代的礼仪制度、政治制度。它们是后人学习了解中国古代的礼制、学制、封国、职官、田赋、乐律、刑法、名物、占卜等人文知识的重要典籍。

另外，与西周礼乐文明相关的还有《诗经》。《诗》本来就是礼乐文化的产物，是礼乐文化的重要组成部分。一方面，儒家士人群体受到了西周时期诗歌的陶冶，特别是诗歌又与周公礼乐文明有紧密关系，"诗"已经成为他们个人素养、社会交往、政治生活的重要组成部分。在先秦儒家文献中，儒家学者常常在自己的社会交往、政治生活和文章写作中引用《诗》，可见诗歌对儒家士人群体的重要影响。另一方面，儒家是《诗经》的收集、整理者，是编定合乎儒家价值理念的《诗经》的完成者，对《诗经》的经典化起到了重要的推动作用。关于孔子如何整理《诗》，他自己有简略的叙述："吾自卫反鲁，然后乐正，《雅》《颂》各得其所。"②而司马迁对孔子编《诗》有更详细的论述："古者《诗》三千余篇，及至孔子，去其重，取可施于礼义，

---

① （汉）司马迁：《史记》卷一百二十一《儒林列传》，中华书局，1982，第3126页。

② （魏）何晏注，（宋）邢昺疏《论语注疏》卷九《子罕》，收入《十三经注疏》，北京大学出版社，2000，第133页。

上采契后稷，中述殷周之盛，至幽厉之缺，始于衽席，故曰《关雎》之乱以为《风》始，《鹿鸣》为《小雅》始，《文王》为《大雅》始，《清庙》为《颂》始。三百五篇孔子皆弦歌之，以求合《韶》《武》《雅》《颂》之音。礼乐自此可得而述，以备王道，成六艺。"①《诗》的编纂经历了一个由"三千余篇"到"三百余篇"的简化过程，经孔子编订的《诗经》只有305篇，分为《风》《雅》《颂》三大类，主要是从周初至春秋中期的作品。孔子对《诗》的文化价值、教育功能提出了一系列新的见解。孔子说："《诗》三百，一言以蔽之，曰：'思无邪。'"②《诗》可以兴，可以观，可以群，可以怨。迩之事父，远之事君，多识于鸟兽草木之名。"③"不学诗，无以言。"④孔子所云的《诗》继承了西周文明以"诗"作为礼乐文化的内容，他更进一步提升了《诗》的道德意义、政治意义，赋予了其各种人文价值，其"诗教"就具有了经典教育的意义。故而也可以说，没有《诗》的礼乐教育传统，就没有儒家学派，同样，没有孔子等儒家学者的整理，也就没有能够体现儒家道德意义、政治意义的《诗经》。儒学和《诗经》也是在相互生成中获得新的意义。

最后，谈谈《春秋》与儒学的相互生成关系。《春秋》是如何产生的？学界历来有不同看法。自孟子以来，儒家就把孔子与

①（汉）司马迁：《史记》卷四十七《孔子世家》，中华书局，1982，第1936页。

②（魏）何晏注，（宋）邢昺疏《论语注疏》卷二《为政》，收入《十三经注疏》，北京大学出版社，2000，第15页。

③（魏）何晏注，（宋）邢昺疏《论语注疏》卷十七《阳货》，收入《十三经注疏》，北京大学出版社，2000，第269～270页。

④（魏）何晏注，（宋）邢昺疏《论语注疏》卷十六《季氏》，收入《十三经注疏》，北京大学出版社，2000，第261页。

《春秋》紧紧地联系在了一起。孟子说："世衰道微，邪说暴行有作，臣弑其君者有之，子弑其父者有之。孔子惧，作《春秋》。《春秋》，天子之事也，是故孔子曰：'知我者其惟《春秋》乎！罪我者其惟《春秋》乎！'"又说："孔子成《春秋》，而乱臣贼子惧。"①孟子肯定孔子"作《春秋》"，"作"是什么意义？后来有学者解释是孔子"笔削"《春秋》。《春秋》是周朝一种比较普遍的编年史，各诸侯国均将自己的编年史命名为《春秋》。而后来成为儒家经典的《春秋》是鲁之《春秋》。其实，鲁之《春秋》应该是鲁国史官所为，但是孔子作了"笔削"的整理工作，赋予了鲁之《春秋》许多新的道德意义和政治意义。《史记·孔子世家》载："孔子在位听讼，文辞有可与人共者，弗独有也；至于为《春秋》，笔则笔，削则削，子夏之徒不能赞一辞。"②《春秋》之所以成为儒家经典，主要是由于《春秋》经孔子"笔削褒贬"，"垂空文以断礼义"③。这种"褒贬""礼义"充分体现出儒家的人文价值取向，后代儒生学习《春秋》，就是要从历史叙述中领悟这种价值取向。可见，孔子及其儒家学派是《春秋》经典文本的制作者、确立者。孔子创立的儒家学派的道德观念、政治思想，也离不开包括《春秋》在内的各种史官记载的历史文献，这些历史文献记载了夏、商、周三代先王在政治、道德方面的王道思想和政治智慧，是儒家产生的文化基础和思想渊源。正如《汉书·艺文志》所云："古之王者世有史官，君举必书，所以

---

① （宋）朱熹：《四书章句集注·孟子集注》卷六《滕文公章句下》，收入《朱子全书》第6册，上海古籍出版社，安徽教育出版社，2002，第332页。

② （汉）司马迁：《史记》卷四十七《孔子世家》，中华书局，1982，第1944页。

③ （汉）司马迁：《史记》卷一百三十《太史公自序》，中华书局，1982，第3299页。

慎言行、昭法式也。"①其实，这些史官留下的"春秋"类史书，恰恰是儒家思想的源头。儒学和《春秋》史书也是一种相互生成的关系。

（《天津社会科学》，2017年第1期）

---

① （汉）班固：《汉书》卷三十《艺文志》，中华书局，1962，第1715页。

六经与儒家子学的思想比较

孔子创建了以"六艺"为核心的"经学"体系，又开创了"六经以外立说"的儒家"子学"体系。《四库全书总目》云："自六经以外立说者，皆子书也。"[①]在汉代确立的典籍和知识的分类中，诸子百家的著作和学说属于"子学"。而在子学的二级分类中，儒家位列诸子学之首。

儒学既然是六经之学，为什么又是诸子之学？六经与"诸子"除了典籍形式的不同，二者在思想旨趣方面的差异是什么？

一、六经以外的立说：儒家子学

从刘歆《七略》到班固《汉书·艺文志》，在他们所确立的中国典籍和知识的分类中，儒家典籍被分到"六艺略""诸子略"两个不同部类中。这种典籍分类法似乎隐含着一个知识学分类的矛盾："儒学"到底是"六艺之学"还是"诸子之学"？梁启超在作于1902年的《论中国学术思想变迁之大势》一书中，对

---

① （清）永瑢等：《四库全书总目》卷九十一《子部总叙》，中华书局，1965，第 769 页。

《汉书·艺文志》的分类法提出了质疑："《艺文志》亦非能知学派之真相者也。既列儒家于九流，则不应别著'六艺略'；既崇儒于六艺，何复夷其子孙以侪十家？其疵一也。"[①]梁启超的质疑是有一些道理的。作为中国传统学术形态的儒学，为什么要被分割到两个不同的知识部类中去？

但是，刘歆、班固所确立的典籍和知识的分类确实又有其道理。特别是他们对经学、子学的分类，更是为后代学者普遍接受，后来的中国典籍和知识的基本分类就是经、史、子、集的四部分类，儒学仍然被分在经部、子部及史部、集部的不同部类中。

儒家建立经学是为了全面总结、继承夏、商、周三代的文明体系。孔子自称对上古文献"述而不作"，这一学术宗旨所表达的恰恰是儒家建立经学的特点和要求。三代礼乐文明、典章制度是"先王""圣人"创造出来的，故而谓"作"；儒家通过整理、传播六经，以继承三代时期先王、圣人创造的华夏优秀文化传统，所以只是"述"。"述而不作"的学术宗旨催生了儒家的"经传"之学，"经"就是指三代先王、圣人创造出来的原典，"传"则是后世儒家、士人对"经"的传播、传递，"经传"合起来就是经学。

儒家不仅有"作"与"述"的"经传"体系，还有"自六经以外立说"的文献，即儒家子学的典籍。应该说，经学、子学的区分本来就是十分明显的，即所谓"官"与"私"的区别。"六艺"原本为"官书"，只为王官撰修、保存和传播。"子书"本为

---

① 梁启超：《论中国学术思想变迁之大势》，上海古籍出版社，2006，第18页。

"私书"，则是为私人聚徒讲学而撰修，主要由私学弟子记录、编纂、保存、传播。其实，人们在先秦时期就将这些不同性质的典籍做了区分，它们作为典、册的竹书，在形制上就因尺寸大小不同而区别明显。可见，刘歆《七略》、班固《汉书·艺文志》的典籍和知识分类又有其明显的合理性。

孔子是开创春秋战国讲学的第一人，《论语》是其"自六经以外立说"的第一本儒家子学著作，主要由孔门弟子编纂、保存、传播。正如蒋伯潜先生所说："弟子纂述其师说以成专书，始于《论语》，《论语》一书，如不别立书名，则亦可题曰《孔子》矣。"[①]在汉代确立的经学体系中，《论语》逐步被提升为"经"，并且与其他五经一样设立博士。宋代以后，《论语》被列为四书之首。从最初的思想内容和典籍形式来看，《论语》应该是儒家子学的第一本书。班固《汉书·艺文志》认为："《论语》者，孔子应答弟子时人及弟子相与言而接闻于夫子之语也。当时弟子各有所记。夫子既卒，门人相与辑而论纂，故谓之《论语》。"[②]班固认为"论"即编撰、编订之义，"语"则是"夫子之语"，即孔子通过与学生谈话而"立言"。尽管后来还有一些对《论语》书名的新的解释，但班固的解释还是比较准确的，由此也体现了《论语》作为儒家子学著作的特点。我们可以考察《论语》书名为什么要用"语"字。班固以"孔子应答弟子时人及弟子相与言而接闻于夫子之语也"说"语"，体现的正是子学著作的特点。六经的经文是对三代圣王的国家政典、经世大法的记录，而诸子学的典籍则是对民间士人和弟子们一道论学、讲

---

① 蒋伯潜：《诸子通考》，上海古籍出版社，2013，第4页。
② （汉）班固：《汉书》卷三十《艺文志》，中华书局，1962，第1717页。

学之语的记录。所以，春秋战国时期留下了大量"语""论"等一类的子学著作。与六经典籍不同，子学著作的基本特点是民间士人的独立立说，而这些以"语""论"形式立说、论证的著作和典籍，被统称为"子学"。儒家不仅有《论语》，还有《孔子家语》《新语》等记录私人讲学的子学著作。宋以后，许多儒家学者讲学的著作被称为"语录"，亦是这一类子学著作的延续。还有很多没有以"语"命名而直接以"子"命名的书，如《子思子》《孟子》等，仍是记录儒家学者讲学的"语"书。另外，其他诸子学派的著作也是以"子"命名。所以先秦的诸子学著作往往可以被称为"百家语"。《史记·秦始皇本纪》中记载秦时焚书，"非博士官所职，天下敢有藏《诗》、《书》、百家语者，悉诣守、尉杂烧之"①，这里所说的"《诗》《书》"即六经，"百家"则是"诸子"。我们可以看到，从儒家的《论语》到司马迁的"百家语"，应该说"语"是诸子书的通称之一。与"作""述"的"六经之学"相区别，"语"是诸子针对各种问题发表自己议论和见解的讲学记录。

049

与"语"接近的是"论"。儒家诸子在其大量著作中，又均是以"论"的文体，发表自己对问题的看法。"语"字的本义是谈论、议论、辩论。许慎《说文》云："语，论也。"但是，作为文体的"语""论"又有一些区别。"语""论"均是"立言"，"语"是记录诸子与弟子的议论而"立言"，"论"则往往是诸子自己对某些问题的议论而"立言"。《论语》《孟子》主要是"语"，而《荀子》主要是"论"，如《荀子》中有《天论》《礼论》《乐论》等。另汉代贾谊有《过秦论》，王充有《论衡》。王

---

① （汉）司马迁：《史记》卷六《秦始皇本纪》，中华书局，1982，第255页。

充在《论衡·对作篇》中，解释自己《论衡》之"论"的含义："非作也，亦非述也，论也。论者，述之次也。五经之兴，可谓作矣。《太史公书》、刘子政《序》、班叔皮传，可谓述矣。桓君山《新论》、邹伯奇《检论》，可谓论矣。"①可见，"作""述"的著作属于"经""传"，而"论"的著作则是诸子所著的"子学"。

儒学本来就是春秋战国时期诸子百家中兴起最早、规模最大、影响最深的一个学派，孔子去世后，儒分为八。《韩非子·显学》记载："自孔子之死也，有子张之儒，有子思之儒，有颜氏之儒，有孟氏之儒，有漆雕氏之儒，有仲良氏之儒，有孙氏之儒，有乐正氏之儒。"《荀子·非十二子》中，记载了荀子极力称颂子弓之儒，猛烈批判子思之儒、孟轲之儒、子张之儒、子夏之儒、子游之儒的内容，亦反映了儒家内部分派的事实。他们也按照老师"自六经以外立说"的私人讲学的方式，留下了大量被列为"子书"的著作。《汉书·艺文志》中，著录了大量孔门弟子的子学著作，其中大多是以"子"学书命名。《汉书·艺文志·诸子略》的"儒家类"，著录了许多孔子后学的著作，包括《子思》23篇、《曾子》18篇、《漆雕子》13篇、《宓子》16篇、《景子》3篇、《世子》21篇、《李克》7篇、《公孙尼子》28篇、《孟子》11篇、《孙卿子》33篇、《芈子》18篇等。这些著作大多以"子"命名，即使其中一些著作没有以"子"命名，其实也是子书，因为它们也是儒家诸子与弟子的讲学记录。《汉书·艺文志》在自注中对这些书的作者身份做了介绍，如子思名伋，为孔子孙；曾子名参，孔子弟子；宓子名不齐，字子贱，孔子弟子；

---

① 黄晖：《论衡校释》（附刘盼遂集解），中华书局，1990，第1180～1181页。

漆雕子为孔子弟子漆雕启之后；景子说宓子语，似宓子弟子；世子名硕，为七十子之弟子；李克为子夏弟子；公孙尼子为七十子之弟子；孟子名轲，子思弟子；孙卿子即荀况，齐国稷下祭酒；芈子名婴，七十子之后。[①]

由于秦始皇"焚书坑儒"及战乱等各种原因，除了如《孟子》《荀子》等少部分传世儒家诸子著作，《汉书·艺文志·诸子略》著录的孔子后学的子学著作大多没有保留下来。幸运的是，人们在一些新出土的文献中发现了大量孔子后学的子学著作。1993年，在湖北荆门市郭店战国楚墓出土的竹简中，有字简730枚，经整理得1.3万余字，其中包括儒家文献11种14篇，分别为《缁衣》《鲁穆公问子思》《穷达以时》《五行》《唐虞之道》《忠信之道》《成之闻之》《尊德义》《性自命出》《六德》各1篇，《语丛》4篇。经当代学者考证，这些文献应为《子思子》《公孙尼子》《世子》等孔子后学的子学著作。另外，一部分七十子及七十子弟子的著作保留在儒家的经典的传、记著作中，如《小戴礼记》之《缁衣》《中庸》《坊记》《表记》等，被认定为出于《子思子》，《小戴礼记》之《乐记》出于《公孙尼子》，《小戴礼记》之《大学》《曾子问》出于《曾子》。

综上，从孔子开始，儒学发展出了一个子学的学术类型和典籍部类，并一直延续下来。尽管两汉确立了儒家"五经"在中国学术史、文化上的正统地位，但是，两千多年来，儒家学者一直作为思想主体，继续对各种历史和现实的问题进行独立思考并表达自己的看法，从事相关的讲学论学等工作。他们也留下了大量表达独立思想的著作，这些著作后来主要被列入"子部"的典

---

① （汉）班固：《汉书》卷三十《艺文志》，中华书局，1962，第1724～1725页。

籍。也就是说，儒家在"经学"的学术体系之外，还建立了一个"子学"的学术体系。

二、思想主体的转换：由君而士

儒家子学的特点不仅体现在与文献类型相关的学术形态上，追根溯源还与这些文献思想主体的不同有关。与儒家经典相比，儒家子学的思想差别首先体现为思想主体的转换。六经是以三代先王为思想主体，而儒家子学以儒家士人为思想主体，所以，"语""论"只是儒家诸子学的典籍形式特征。思想主体的差异，导致两种文献体例在思想内容方面产生重大差异。

六经是夏、商、周三代时期天子、国君治理国家、天下而遗留下来的王室档案、国家政典，制定这些档案、文献、政典的是居于天子、国君之位的王者，故而六经的思想主体是天子、国君。而儒家子学是春秋战国时期在民间讲学的普通士人的"立说"，编撰这些典籍、文献的是民间士人。从六经到儒家子学，思想主体即由有位有权的天子、国君，转换为独立思考的民间士人。

首先讨论六经的思想主体。六经的思想主体是天子、国君，因为六经本来就是"王官之学"，即均是天子、国君治理国家过程中留下的文献和档案，人们记录、留下这些文献档案以为后世君王治国提供借鉴。显然，三代君王是这些文献和档案记录的主体，而君王身边的史官则是这些文献和档案的执笔者。六经的主要内容与记录君王言行的史官文化有关，中国上古时期的史官文化很发达，正如《汉书·艺文志》所说："古之王者世有史官，君举必书，所以慎言行，昭法式也。左史记言，右史记事，事为

《春秋》，言为《尚书》。"①史官的记录分为记事与记言，故而留下分门别类的档案文献，这些记载君王言行的文献档案大量收藏在王室，为后来的君王治理国家提供了政治教科书。《周易》《尚书》《春秋》等经典就是史官记载唐、虞、夏、商、周各朝代的天子、国君治理国家的经验的历史文献和档案。

因此，六经的思想主体是天子、国君，六经记载的治理国家的政治经验、典章制度，均是站在天子、国君的视角和立场，故而必然会以王官之学的形式保留下来。儒家学者也总是强调，六经均是与有权位的"圣王"有关，包括尧、舜、禹、汤、文王、武王、周公等。六经记言、记事的主体主要是天子、国君。在《尚书》各篇均是"人君辞诰之典，右史记言之策"，故而其"言"、其"行"均是人君、王者思想的表达。如《尚书·甘誓》记载夏朝君王启之言："嗟！六事之人，予誓告汝：有扈氏，威侮五行，怠弃三正。天用剿绝其命，今予惟恭行天之罚。"《尚书·盘庚中》记载商王盘庚说："明听朕言，无荒失朕命。呜呼！古我前后，罔不惟民之承。保后胥戚，鲜以不浮于天时。"《尚书·泰誓下》记载周武王之言："呜呼！我西土君子，天有显道，厥类惟彰。今商王受，狎侮五常，荒怠弗敬。自绝于天，结怨于民。"这都是站在夏、商、周三代天子、君王的视角、立场的讲话，表达了居于君王之位的先王的思想和意志。

儒家诸子的思想主体是"士"。在夏、商、周三代时期，天子、国君与大夫、士均是建立在血缘关系基础上的贵族阶层，他们共同主导了三代政治共同体的思想文化。春秋战国时期，作为西周贵族社会中最低等级的士流落民间，成为社会中的平民阶

---

① （汉）班固：《汉书》卷三十《艺文志》，中华书局，1962，第1715页。

层，他们拥有西周贵族才有的文化知识。还有许多平民社会中的成员，因为努力学习而进入士的群体。战国时代的许多诸侯王因争霸的需要，形成了一种养士的风气。士有明显的双重性。一方面，士大多来源于西周贵族社会，他们的思想总是和君王治理的土官之学有一些内在联系；另一方面，春秋战国时代的士虽然已经演变为平民，但仍然是一个相对独立的阶层。孟子说："无恒产而有恒心者，惟士为能。"所以，他们的政治思考又具有超越现实政治权力的独立立场。春秋战国时期诸子并起，其实就是那些演变为平民的士推动的文化思潮所导致的。胡适认为："诸子自老聃、孔丘至于韩非，皆忧世之乱而思有以拯济之，故其学皆应时而生。"①诸子之学的兴起是由于春秋战国时代出现的政治、社会问题，这些已经脱离贵族统治集团的士人为了解决这些问题，提出了不同的解决方案，形成了儒家、道家、阴阳家、法家、墨家、纵横家、杂家、农家不同学派。尽管这些不同学派的思想观念、救世方案不同，但是他们均是具有独立立场的士人的政治思考和价值追求。

早期儒学就是诸子之学。儒家诸子的代表著作有《论语》《子思子》《孟子》《荀子》，其文体形式、思想内容已经不完全是站在国君、王官的立场，而是士人集团针对春秋战国历史时期的现实政治、社会问题，提出的自己的系统思想和治国方略。如奠定儒家学派思想基础的《论语》，本来就是孔子及其弟子在具体的历史情境中，就现实中的社会、政治问题作出"应世随感"的思考与讨论。皇侃曾说，"夫圣人应世，事迹多端，

---

① 姜义华主编《胡适学术文集·中国哲学史》（上），中华书局，1991，第598页。

随感而起，故为教不一"，"然此书之体，适会多途，皆夫子平生应机作教，事无常准"。①由此可见，《论语》显然不同于《易》《书》《礼》《诗》等六经那样"皆先王之政典也"②。《论语》具有"事迹多端，随感而起"的个人讲学论学的特点，其思想的主体是儒家士人，故而就其思想特点、文献类型来说应该属于子学。孔子去世后，作为民间学术的儒家学派又进一步分化为子张之儒、子思之儒、颜氏之儒、孟氏之儒、漆雕氏之儒、仲良氏之儒、孙氏之儒、乐正氏之儒，并且留下了《子思》《曾子》《漆雕子》《宓子》《景子》《世子》《李克》《公孙尼子》《孟子》《孙卿子》《芈子》等著作。孔门弟子继承了孔子"事迹多端，随感而起"的讲学论学特点，这些著作的思想主体、文献类型更是具有子学的特点，故而均直接以"子"名书。

儒家子学记载的是儒者个人对国家治理、社会秩序、个体人格的独特思考，均是站在儒者个人的视角、立场形成的，故而儒家子学完全是以个人讲学的方式被弟子记录和传播下来。在《论语》《子思》《曾子》《漆雕子》《宓子》《景子》《世子》《李克》《公孙尼子》《孟子》《荀子》《芈子》这一些重要著作中，记录了儒家诸子作为民间士人的"事迹多端，随感而起，故为教不一"的思想特点。孔子在讲学中坦诚地表示自己"非生而知之者，好古，敏以求之者也"，"三人行，必有我师焉。择其善者而从之，其不善者而改之"。他作为士人在国家政治体系中的地位完全取决于国君，只能是"用之则行，舍之则藏"（《论语·述

---

① 皇侃：《论语义疏》卷一《论语义疏自序》，收入《儒藏》（精华编，四书类论语属），北京大学出版社，2005，第 9 页。

② 章学诚：《文史通义校注》卷一《易教上》，叶瑛校注，中华书局，2005，第 1 页。

而》）。在儒家的子学著作中，常常可以读到君主、儒者的对话，但是真正的思想主体是儒家士人，而君主则是被教育、批评、指导的对象。《孟子·梁惠王上》记载：

> 梁惠王曰："寡人之于国也，尽心焉耳矣。河内凶，则移其民于河东，移其粟于河内。河东凶亦然。察邻国之政，无如寡人之用心者。邻国之民不加少，寡人之民不加多，何也？"孟子对曰："王好战，请以战喻。填然鼓之，兵刃既接，弃甲曳兵而走，或百步而后止，或五十步而后止。以五十步笑百步，则何如？"曰："不可。直不百步耳，是亦走也。"曰："王如知此，则无望民之多于邻国也。"

《孟子》通过对君王的批评和指导，表达了士人的思想和意志。

儒家子学的思想主体是儒家士人，其思想视角具有鲜明的个体士人的特点。儒家士人还有一个特别突出的特点，就是不仅能够关注社会政治问题，还能够关注个体生命问题，能够独立地表达出儒者对生命意义、个体人格的独特思考。后来，儒家士人还提出了一系列关于心性情的系统理论。《论语》记载了孔子对生活理想的独特看法，即"吾与点也"的理想生活："莫春者，春服既成，冠者五六人，童子六七人，浴乎沂，风乎舞雩，咏而归。"（《论语·先进》）这种生活理想、生命境界与社会政治没有关系。儒家思孟学派特别强调个体人格、终极关怀等问题，建构了一系列心性思想、人格哲学的系统理论。这恰恰体现出士人作为思想主体的特点。

三、核心价值的改变：由治而道

儒学所建构的价值体系是由"道""治"构成的，二者有着密切联系，但又有着相对独立性。先王的六经与士人的子学，由于作者的政治身份、思想主体不同，故而二者的思想核心有了很大差异，如果说六经的思想核心在君王之治的话，那么，儒家子学的思想核心则是追求天下有道。

当然，无论是三代的先王，还是春秋战国时代的诸子，他们均有许多共同点。譬如，他们均有非常强烈的政治忧患意识，也有非常务实的政治功利追求，因而他们均关心建立、维护一个和谐、长久的政治秩序，希望完成国家治理的目标。也就是说，他们都关心"治"。与此同时，他们也均意识到道德、民意在国家治理中的重要性，故而在追求政治功利之"治"的同时，也表现出对政治治理原则之"道"的追求。但是，如果进一步比较六经原典与儒家诸子，可以发现二者之间的显著区别：六经原典以"治"为目标，而儒家诸子则以"道"为目标。

毫无疑问，六经是以天子、国君治理国家的政治经验与典章制度为主体而建构的，且以王官之学的方式保留下来。所以，六经一般是与君王权位有关的国家治理的政治文献。六经记言、记事的对象主要是天子、国君，其思想目标、主要内容是与国家治理有关的王官之学。六经记载的是先王之治的政治经验。夏、商、周三代君王为了征服和统治天下，维持对国家的有效治理，往往离不开以霸道为特征的"以力服人"，这既包括对外族的军事征讨、暴力征服，又包括对部族内部的强权统治、严酷刑罚，即使那些被看作"圣王"的天子也是如此。六经经文中有大量的相关记载。如殷王盘庚说："我乃劓殄灭之，无遗育，无俾易种于兹新邑。"(《尚书·盘庚中》)对不忠的人要赶尽杀绝。武王伐商时对作战不力的也要杀掉:"尔所弗勖,其于尔躬有戮。"(《尚书·牧誓》)三代先王还建立了"五辞""五刑""五罚""五过"的刑罚原则,落实下来"墨罚之属千,劓罚之属千,剕罚之属五百,宫罚之属三百,大辟之罚其属二百,五刑之属三千"(《尚书·吕刑》)。国家治理必须讲效率,而三代先王形成严酷刑罚、暴力征服相结合的霸道治理方式显然是有效率的。

夏、商、周三代先王在王朝更替、历史变革的过程中意识到,除了依赖暴力和天命,统治者的德性、被统治者的民意在维护国家的治理秩序、维持王朝祚命方面居于重要地位。儒家推崇一些具有这种政治理性的"先王",如尧、舜、禹、汤、文、武、周公等,他们是能够推行王道的有德者。特别是周人从商的覆灭中认识到"天命靡常",意识到必须"敬德""保民"才能够维持王朝祚命。《尚书·召诰》记载太保召公之语:"呜呼!天亦哀于四方民,其眷命用懋,王其疾敬德,相古先民有夏。"《尚书·蔡仲之命》中有:"皇天无亲,惟德是辅。"特别是西周王朝看到了人民的武装倒戈,才使自己打败了商王朝,故而他们把民意与天命联系起来,将民意的力量理论化为天命。周召公提出:"我受天命,丕若有夏历年,式勿替有殷历年,欲王以小民受天永命。"(《尚书·召诰》)皋陶将天人关系概括为:"天聪明,自我民聪明。天明畏,自我民明威。"(《尚书·皋陶谟》)他们相信天与民相互通达。所以,统治者强调以真心善待民众,认为"天惟时求民主"(《尚书·多方》),"民之所欲,天必从之"(《尚书·泰誓上》),"天视自我民视,天听自我民听"(《尚书·泰誓中》)。这些敬德、保民思想,开启了春秋战国时期儒家子学的仁政、民本思想。

六经所记载的三代先王的政治思想，无论是刑罚、暴力的霸道治理方式，还是敬德、保民的"王道"治理方式，其目的都是一样的，就是建立王朝的统治、延续王朝的祚命。也就是说，在六经的政治思想中，三代先王的思想核心、政治使命并不是"德"，也不是"民"，而是维护王朝的治理、延续王朝的祚命的"治"。我们不妨看看这些"先王"自己的表述。周召公说：

> 我不可不监于有夏，亦不可不监于有殷。我不敢知，曰有夏服天命，惟有历年；我不敢知，曰不其延，惟不敬厥德，乃早坠厥命。我不敢知，曰有殷受天命，惟有历年；我不敢知，曰不其延，惟不敬厥德，乃早坠厥命。今王嗣受厥命，我亦惟兹二国命，嗣若功。（《尚书·召诰》）

召公不仅辅助周武王灭商，而且从殷商的灭国中，意识到"不可不监于有殷"，"惟不敬厥德，乃早坠厥命"。显然，周作为统治者，维护王朝的治理、延续王朝的祚命，正是这些王公贵族所要确立的政治目标。他们之所以"能保惠于庶民，不敢侮鳏寡"，并非为了一种合乎道德的政治理想，而是基于维护王朝的"享国"。他们担心的是："自时厥后立王，生则逸。生则逸，不知稼穑之艰难，不闻小人之劳，惟耽乐之从。自时厥后，亦罔或克寿。或十年，或七八年，或五六年，或四三年。"（《尚书·无逸》）对人民反抗，对国祚不长的担心、惊恐，才是这些先王倡导敬德、保民的精神动力。

儒家诸子继承了三代先王的敬德、保民思想，作为一个独立的士人集团，其思想超越了某一具体王朝及其统治秩序，有时甚至超越了具体的政治集团或社会阶层的利益诉求，而追求一种体现社会共同体的秩序、理想的境界，也就是他们所说的"道"。与三代先王的思想核心、政治使命是维护王朝的治理、延续王朝祚命的"治"不同，儒家诸子的思想核心、政治使命是社会共同体的秩序、理想的"道"。所以，尽管儒家士人集团十分推崇三代先王，以他们的国家治理为政治典范，但是，儒家士人与三代先王的思想核心是大不一样的。在三代先王眼中，君王的权力与王朝的祚命是最重要的；而在孔子及其门人那里，"天下有道"才是最重要的。孔子这样表述自己的政治使命和文化使命："天下有道，丘不与易也。"（《论语·微子》）儒家学者通过建构"子"的学术形态，来解决春秋战国时代出现的"天下无道"的政治社会问题。虽然六经与儒学紧密相连，但由于儒家子学著作主要是"六经以外立说者"，故而其最能够代表儒家学术创新、思想锋芒。儒家士人希望通过"天下有道"的文化理想和政治理想，来建立一种新的人伦关系、国家秩序。这一个"道"表达了儒家士人理想的价值体系、社会次序，它永远超越于国君的政治权力之上。儒家的这些思想，是通过《论语》《子思子》《孟子》《荀子》等系列子学著作来表达的。

从儒家诸子之学所欲解决问题的意识来考察，儒家建立子学也表现出非常强烈的社会忧患意识和非常务实的政治功利追求。这种社会忧患意识和政治功利追求最终走向"道"的实现。这里仍然引孟子与梁惠王的一段对话：

> 孟子见梁惠王。王曰："叟！不远千里而来，亦将有以利吾国乎？"孟子对曰："王何必曰利？亦有仁义而已矣。王曰：'何以利吾国？'大夫曰：'何以利吾家？'士庶人曰：'何以利吾身？'上下交征利而国危矣。万乘

之国，弑其君者，必千乘之家；千乘之国，弑其君者，
必百乘之家。万取千焉，千取百焉，不为不多矣。苟为
后义而先利，不夺不餍。未有仁而遗其亲者也，未有义
而后其君者也。王亦曰仁义而已矣，何必曰利？"（《孟
子·梁惠王上》）

梁惠王的政治思想，和三代时期的君王一样，考虑的是非常务实
的政治功利即"利吾国"，因为他的政治立场、政治目标就是维
护君王的权力与王朝的祚命。而孟子的政治立场、政治目标则是
继承孔子"天下有道"，即追求"仁义而已"。从孟子与梁惠王的
对话中可以看出，子书记载的儒家士人的政治思想已不同于六经
记载的"先王"的政治思想，已经由"先王"的以"治"为目的
转化为儒家士人的以"道"为目的。

　　所以，尽管民本思想源于六经记载的"先王"的政治思想，
但是，"先王"的"保民"思想是因为鉴于有殷的"早坠厥命"，
而儒家诸子的民本思想是基于"天下有道"。所以，只有儒家士
人才能够提出这一系统的以民为本的民本政治思想。他们坚持一
切政治权力的依据来源于人民。孟子说："民为贵，社稷次之，
君为轻。是故得乎丘民而为天子，得乎天子为诸侯，得乎诸侯为
大夫。"（《孟子·尽心下》）《荀子·大略》载："天之生民，非
为君也；天之立君，以为民也。"君王总是凭借上天获得政治权
力，但是"天之立君"最终目的是为了人民。"民贵君轻"是中
国古代最精彩的民本思想命题之一，其核心理念是，在追溯政治
权力来源的意义上，人民的重要性要高于国家政权，更要高于君
主。他们强调只有人民才是国家体系的基础，政治稳定的条件。
作为统治者要认识到人民的重要性，即如孟子所说："得天下有

道，得其民，斯得天下矣。得其民有道，得其心，斯得民矣。"（《孟子·离娄上》）这一套系统的民本思想，只有这种能够超越某一具体王朝和政治集团利益，努力追求体现社会共同体之"道"的儒家士人才能够提出。

由于六经和子学的思想有较明显的差异，故而儒家需要将二者的思想整合起来。儒家学者早就发明了一种将六经和子学结合起来的学术形态，就是"传记之学"。通过传记之学，儒家学者将"经""子"两种学术形态整合为一个有机的整体。

（《中国哲学史》，2017年第1期）

先秦儒家之"师"与中国政教理念

儒学也被称为"儒教",但是这个"教"不是宗教,而是教育,因为推动儒家文化传播的主体不是僧侣而是"师"。要理解儒教文化,首先需要了解分析"师"的身份及其意义。所以,我们必须在追溯"师儒"的基础上,进一步探讨早期儒家代表人物关于"师"的基本理念,特别是在分析其"师道"与"师法"的基础上,进一步解构儒教之"师"的意义,阐发中国传统的政教文明。

一、"师儒"溯源

从先秦儒学产生的时候开始,"儒"与"师"就是不可分割的一体关系。并且,"儒"的学术传承、思想发展又总是与儒者作为"师"的身份分不开。那么,"儒"的学术与"师"的身份之间的渊源关系究竟是如何建立起来的?

要追溯春秋时期形成的儒家,古代史家往往是从西周时代的王官制度寻找其渊源,从那里找到"儒"与"师"的文化渊源关系。班固在《汉书·艺文志》中论述先秦诸子与西周王官之间的关系时,认为儒家渊源于司徒之官,他说:"儒家者流,盖出于司徒之官，助人君顺阴阳明教化者也。"①根据诸子出于王官论，班固认为儒家就是出于司徒之官，儒家重视教育的思想传统，其实源于司徒之官在西周时期从事教化的历史经验。司徒之官作为西周朝廷的教官，履行着国家的教化职能。尽管这只是"儒"的起源说法之一，但是它能够比较充分地揭示儒家文化的特质，历来得到学界的肯定比较多，本文也认同这一观点。

《周礼》记载的"师""儒"，其实就是在各邦国、乡里从事教育的司徒之官。郑玄解释说："师，诸侯师氏，有德行以教民者。儒，诸侯保氏，有六艺以教民者。"②郑玄解释《周礼》的"师儒"，"师"即相当于司徒之职中的"师氏"，"儒"即当于司徒之职中的"保氏"。"师氏""保氏"的司徒之职，与后来产生的儒家思想接近，即所谓"以三德教国子：一曰至德，以为道本；二曰敏德，以为行本；三曰孝德，以知逆恶。教三行：一曰孝行，以亲父母；二曰友行，以尊贤良；三曰顺行，以事师长"③。"儒"的教育职责包括"六艺""六行"，也就是说，"师""儒"原就是司徒之官中在各邦国、乡里从事教育的职官，他们所传授的"三德""三行""六艺""六仪"等，正是儒家学派倡导的学术思想和教育思想。可见，儒家起源于西周时期的"师""儒"，既体现出西周社会"学在官府"的特点，也反映了原始儒家与学官之间的密切联系。

但是，从政教制度、思想观念来说，春秋战国时期的儒家

---

① （汉）班固：《汉书》卷三十《艺文志》，中华书局，1962，第1728页。

② （汉）郑玄注，（唐）贾公彦疏《周礼注疏》卷二《大宰》，收入《十三经注疏》，北京大学出版社，1999，第40页。

③ （汉）郑玄注，（唐）贾公彦疏《周礼注疏》卷十四《师氏》，收入《十三经注疏》，北京大学出版社，1999，第348页。

之"师"，与西周时期的司徒之"师"，又存在着很大的区别，他们的政治身份、教育理念均发生了许多重要变化。从西周上溯到整个"三代"时期，都遵从"君师"一体的政教体系。天子既代表"天"来治理天下百姓，同时还要代表"天"来教化天下百姓。由于天子不可能一个人来治理、教化天下，需要委派百官帮助他治、教天下，这才有《周礼》中各种官职的设定。西周时期的"师儒"等司徒之官，恰恰也是"官"与"师"的身份合为一体，主要是行使教育的职责。

到了春秋战国时期，伴随着天子失去对天下治教的能力，各诸侯考虑的完全是如何快速地富国强兵、称王称霸，故而更为崇拜和提倡穷兵黩武的霸道，不会对时间长、效果慢的人文教化有任何兴趣。而流落民间的"师儒"出身的士人群体关注教育，他们希望通过整理三代文献，以《诗》《书》《礼》《乐》培养传承先王之道的士君子，继续履行"以贤得民""以道得民"的"师儒"之职。但是，这些儒家士人与西周的"师儒"又有很大的不同，最突出的区别是，春秋战国时期"治""教"分离，诸子不可能代表君王行使教化之职，儒家学派虽然仍然从事教育与学术，但他们不具有西周时期作为司徒之职的"师儒"身份，而完全是作为民间知识人而具有"子"的身份。儒家教育还有一个明显改变，就是教育对象的变化。夏、商、周时期的政治是政教合一的贵族政治，能够接受教育的只有贵族子弟，所以，西周的"师儒"等司徒之职，完全是其贵族政治体系的组成部分。而春秋战国时期儒家士人的教育对象已经下移到民间的普通平民，孔子开创私人讲学，以"有教无类"为原则，并不在意来学者的社会政治身份。儒家将教育对象由贵族成员转变为普通平民，是中国政治史、思想史上的一个巨大转变，由此开启一个新时代，推动了中华政教文明的发展与转型。

二、《论语》中"师"的双重意义

春秋之始，西周确立的"君（官）师一体"的政教形态逐渐解体，由于许多在民间从事知识创造与文化传播的士人，并不具有西周教育官员"师"的身份。所以，春秋初期许多士人虽然承担"师"的教育功能，但是在当时并没有被称为"师"。

孔子是最早从事民间教育与学术的教育家，后来还被称为"万世师表"。但是，有一个值得注意的历史现象，在《论语》的记载中，开创私人讲学的孔子从没有以"师"自称或者是被弟子以"师"称呼。为什么作为儒师之祖的孔子，在《论语》中没有被称为"师"呢？其原因当然与当时的习惯有关。在春秋时期私学初起的年代，按照人们习惯上的称呼，"师"仍然保留其学官的惯例。《论语》中出现的"师"，其中不少就是源于西周的职官名，如数次出现的"士师""乐师"就是如此。而从事私人讲学的孔子，门人并不称他为"师"，显然在人们的习惯中只有官学才有"师"。李纪祥注意到这一现象并作出解释，他认为："孔子之时代，则'师'乃是'四代学制'中之'官名'，孔子非官方体制中之任职'师'者，于鲁国所任诸职，亦与'师'无关；故其教四方来学者，只可以视为系私人性质。四方来学孔子者，亦以'子'、'夫子'敬称、尊称孔子。"①这就是孔子没有被称为"师"的直接原因。

虽然孔子在世时没有被称为"师"，但是，孔子赋予了

---

① 李纪祥：《孔子称"师"考》，《北京师范大学学报》（社会科学版）2012年第4期。

"师"一种不同于原来仅仅是作为学官名称的崭新意义，而这恰恰是孔子在后来被儒者尊为"师"的重要原因。《论语·为政》记载："温故而知新，可以为师矣。"毫无疑问，孔子在这里定义的"师"，具有一系列全新的意义。自汉至清的许多经学家，他们通过字句诠解、文献互证、义理建构的方式，从教学、尊德、治事等不同角度诠释"师"的意义，"师"被诠解为学问之师、德性之师、治事之师。历代歧解虽建立于不同的学理预设之上，然皆旨在说明儒者何以为师，并因之以建构理想中的师道。[①]应该说，孔子开启了"师"在人类社会中具有的知识传授、人格教育、文化传承方面的身份和意义的先例。可见，后来的儒家学者通过诠释孔子的"温故而知新，可以为师矣"，进一步强调"师"的社会身份、教育职责、文化功能。这样的"师"，其实就是从文化传承（温故）与文化发展（知新）的意义上，确立了其在精神文化传承和发展方面的新意义。

与此相关，孔子在关于什么是"师"的其他论述中，继续淡化"师"的官职身份，强化"师"作为一般文化人或教育者的意义。譬如《论语·述而》中记载孔子的说法："三人行，必有我师焉！择其善者而从之，其不善者而改之。"显然，这里的"师"与学官更没有关系，他就存在于普通的民间社会中，是一切能够帮助"我"在知识、精神方面成长的人，这个人，我们均可以尊其为"师"。

可见，孔子突破了"师"官职身份的局限，对"师"作了广泛的诠释。尤其值得注意的是，孔子表彰的士君子一类的人物，

---

① 陈峰：《〈论语〉"温故而知新"章诠释与儒家师道的建构》，《湖南大学学报》（社会科学版）2018年第4期。

其实就具有这一种"师"的含义。《论语》中有大量君子、小人之辨的言论，孔子推崇的君子，均是具有仁、智、勇及礼乐修养的人，他们是普通人学习、效法的榜样。他们具有这些文化修养和品德素质，与其先天血缘、政治地位、个人财富没有关系，而只与其是否自觉提升自己的文化知识、道德修养有关系。这一些君子往往就是现实社会中传播文化知识、道德精神的"师"。孔子认可"君子博学于文，约之以礼"（《论语·里仁》），特别强调"士志于道"（《论语·雍也》），孔子心目中的士君子必须传承道、文、礼，其实这正是"师"的责任和标识。

由此可见，《论语》记载的"师"具有上述双重意义，即三代传统作为教育职官的"师"与春秋战国作为民间社会具有教育功能的"师"。这一观念一直影响着早期儒家内部的不同学者流派。孔门弟子中一些人将"师"看作是承担知识创造、文化传播的士人，进一步提出了"师道"的理念。另一些人则强调"师"服务于朝廷政治的文教职官身份，相应提出了"师法"的观念。

三、孟子挺立"师道"

以孟子学派为代表的早期儒家学者，进一步推动了"师"转型为非职官的民间士人身份，自觉担负起传承与创新华夏文明的历史使命。他们强调新时代的"师儒"应该是具有独立人格的士君子，从而推动了"师"身份的历史转型。这一切，集中体现于孟子开始挺立的一种表达士人精神独立性的"师道"理念。

在孔子关于士、师的思想基础上，孟子更加强调儒家士人作为民间的文化人的"师"身份，并且开始以"师"称呼这些民间授徒的儒者。这样，《孟子》中从事私人学术授受的儒家士人，正式获得了原来只是王官之位的"师"的称号。本来在三代先王时期，"君"与"师"应该是一体的，但是春秋战国时期诸侯争霸，统治者只想称王称霸而无意于为师兴教，"有德行以教民"，"有六艺以教民"的责任落在了民间士人身上。孔子虽然不是"君"，但是他是具有文化道德、崇高威望的"圣"，故而具有实质的"师"身份。所以，尽管孔子自己从不以"圣"自诩，说："圣则吾不能，我学不厌而教不倦也。"子贡解释说："学不厌，智也；教不倦，仁也。仁且智，夫子既圣矣。"（《孟子·公孙丑上》）《孟子》引用子贡之语，肯定"夫子既圣"，其实也是强调孔子能够具有三代圣王一样的重要地位，他不但可以以"师"的身份教化万民，还可以教化后世的万民。所以孟子称赞孔子说："圣人，百世之师也。"（《孟子·尽心下》）可见，在孟子的心目中，"师"与天子之位或王官之职完全没有直接关系，而是指那些"仁且智"的圣人与士君子。

孟子进一步指出"师"与"道"的紧密关系。孟子认可的"师"不是朝廷体制之内的"司徒"或"师儒"，而是与"道"相连的，即只有那些传道者方可被称为"师"。他说："曾子、子思同道，曾子，师也。"（《孟子·离娄下》）曾子、子思是同道的授受关系，这是建立在"道"之传承上的师生关系，完全不同于庙堂之上政治依附的君臣关系。由于孟子提出"师"要承担传承"道"的责任和使命，明确将"师"的身份和"道"的使命联系在一起，故而推动了"师道"理念的形成。因为年代的关系，孟子未能从学于孔子门下，但是孟子坚持认为自己是传承了孔子之道，他将自己与孔子的关系也看作同道关系，故而称孔子为师。孟子说："圣王不作，诸侯放恣，处士横议，杨朱、墨翟之言盈天下，天下之言不归杨则归墨。……我亦欲正人心，息邪说，距诐行，放淫辞，以承三圣者。岂好辩哉？予不得已也。能言距杨、墨者，圣人之徒也。"（《孟子·滕文公下》）孟子明确将自己的"正人心，息邪说，距诐行，放淫辞，以承三圣"看作是"圣人之徒"的卫道之举，肯定自己是孔子之徒。可见，他肯定"师"的根本依据就是传承"道"，他认为自己继承了孔子之道，故而以"私淑"弟子尊孔子为"师"，他说："予未得为孔子徒也，予私淑诸人也。"（《孟子·离娄下》）孔子所传"圣人之道"，也是孟子坚守的儒家文化理想之道，可见"师道"的授受关系，可以跨越时间和空间的局限。

在孟子这里，"师"传承的"道"既可以是"亲炙之者"的直接授受关系，也可以是精神传承的间接关系。故而孟子还可以将三代时期的"先圣"也看作是"师"，进一步提出"百世之师"的观念。他说："圣人，百世之师也。伯夷、柳下惠是也。故闻伯夷之风者，顽夫廉，懦夫有立志；闻柳下惠之风者，薄夫敦，鄙夫宽，奋乎百世之上。百世之下，闻者莫不兴起也。非圣人而能若是乎？而况于亲炙之者乎？"（《孟子·尽心下》）在孟子看来，"圣人"作为一种人格典范，就是代表文化价值的"道"，他能够教化一切"顽夫""懦夫""薄夫""鄙夫"，甚至能够教化"百世之下"的后人，故而能够充分表现出"师"的教育功能。

孟子将"师"与"道"联系起来，因而这一种"师"往往也是最广义的。当儒家士人进入朝廷体制内成为士大夫时，他们在庙堂之上"引君当道"，其实也可以看作履行"师"的责任。儒家的政治理想是三代的王道，即要求君王不仅应该有治理国家的能力，还要具有泛爱百姓的德性。那么，如何使那些争强逞霸的君王也能够自觉追求德性？儒家强调士大夫应该首先承担起"引其君以当道"的责任，应该能够以"师"的身份来教育君王。面对有权有势的君王，孟子特别强调儒家士人的"师长"身份和"师道"尊严，他说："君子之事君也，务引其君以当道，志于仁而已。"（《孟子·告子下》）孟子坚持自己必须以传道者"师"的身份，参与到君王主导的政治事务中。他对齐国君王说："我非尧舜之道，不敢以陈于王前。"（《孟子·公孙丑下》）在朝廷的政治体制之内，君王与儒士是君臣关系，作为臣的儒者必须服从君王的权力，但是儒者承担了"尧舜之道"，故而具有"师"的人格力量和"道"的精神权威。即使拥有王权的君王与承担道义的儒者之间产生冲突，儒者仍可以拥有"师"的尊严而毫不畏惧强大的王权，保持自己的独立人格，保持"道"的精神信仰。孟子说："居天下之广居，立天下之正位，行天下之大道。得志，与民由之；不得志，独行其道。富贵不能淫，贫贱不能移，威武不能屈，此之谓大丈夫。"（《孟子·滕文公下》）虽然"引其君以当道"会有很大的风险，但是孟子相信"师道"的精神人格力量，远远过于君王这一类权势者，所以他说："说大人，则藐之，勿视其魏巍然。"（《孟子·尽心下》）孟子坚持士师具有独立于王权政治的人格尊严，对儒者承担"师"的责任具有明确的自觉意识。孟子坚持要"引其君以当道"，特别强调儒家士人在庙堂之上，仍然必须坚持自己"师"的身份，即在君王面前仍然要保持自己的独立人格，这确实是儒家士人的"师道"尊严的最高表现。

071

由此可见，早期儒家是以"师"来承担自己的政治责任和文化使命的，这在孟子挺立的"师道"理念中得到了最充分的体现。孟子对"师道"的信念，一方面是传承了上古三代奠定的政教一体的文明理念，体现出将教育纳入国家治理中的思想传统；另一方面又体现出轴心文明时代的"哲学突破"，以"师道"的独立人格和超越精神，表达出教育对价值理想、文明发展的推动作用。可见，孟子强调儒者必须承担起"师道"的责任和情怀，不仅是将"教"的文化功能融入"政"的国家治理中，更是希望建立一个合乎文化价值即"天下有道"的理想世界。

四、荀子倡导"师法"

孔子之后儒分为八，由于《论语》记载的"师"有不同意义，所以孔门后学关于"师"的理解也有很大的差别。例如早期儒家孟子一派推崇"师道"，荀子一派推崇"师法"。这里所谓"师道"与"师法"的差别，不仅体现为"道"与"法"的差别，还体现为二位所说的"师"。在过去论述早期儒家的"师道""师法"思想时，人们很少注意二者之间的差别。

在春秋战国时期，"师"一直保留着两重意义：其一，指王官体制内掌握文化教育权力的职官之师；其二，指春秋战国时期，在民间社会从事文化知识传播的教育者，他们往往是非职官身份的士人。《荀子》一书关于"师"的论述很多，其意义比较复杂，但是其中绝大多数均是继承上述的第一种意义。荀子对"师"的政治功能和政治地位，均有特别强调。所以，荀子所说的"师"，首先是指三代时期治教合一的圣王。他说：

> 圣也者，尽伦者也；王也者，尽制者也。两尽者，足以为天下极矣。故学者，以圣王为师，案以圣王之制为法，法其法，以求其统类，以务象效其人。（《荀子·解蔽》）

荀子强调"以圣王为师"，因为圣王是国家制度、社会伦理的创建人、主导者。在《荀子》一书中，存在大量"君师"的说法，就是指这一种治教合一的圣王，因为他们既是掌握政治权力的天子诸侯，又是推广礼法教化的师长。如《王制篇》云"上无君师，下无父子，夫是之谓至乱"，《正论篇》云"诸侯有能德明威积，海内之民莫不愿得以为君师"。所以，荀子在论述"礼有三本"的思想时，将"君师"与天地、先祖并列，他说："故礼，上事天，下事地，尊先祖而隆君师，是礼之三本也。"（《荀子·礼论》）我们要注意，荀子所说的能够作为礼之本的"师"，主要是"君师"一体的"师"，而不是后来人们常常讲的"天地君亲师"中并列的"师"。所以，荀子认可能够成为礼之本的"师"，是确实能够像"制礼作乐"的文王、武王、周公一样的"师"。荀子认为："礼者，所以正身也；师者，所以正礼也。无礼，何以正身？无师，吾安知礼之为是也？礼然而然，则是情安礼也；师云而云，则是知若师也。"（《荀子·修身》）能够"正礼"的"师"，当然是"圣王"之师。

除了"圣王"之师，荀子所说的"师"，还可能指在朝廷担任礼仪制定与教化类职官的"师"。荀子主要受上古政治传统的影响，他所指的"师"首先是指王官体制内掌握礼乐制度与教育的礼官一类。当然，由于这一类"师"是王官体系中掌握礼乐的教育者，他们往往会有更好的知识、道德条件。我们来看荀子对"师"的一个定义式的论述，他认可的"师"有四个条件：

> 师术有四，而博习不与焉。尊严而惮，可以为师；耆艾而信，可以为师；诵说而不陵不犯，可以为师；知微而论，可以为师。故师术有四，而博习不与焉。水深而回，树落则粪本。弟子通利则思师。《诗》曰："无言不雠，无德不报。"此之谓也。（《荀子·致仕》）

一方面，荀子继承西周时期朝廷体制内的"师"，特别强调"师"服务于朝廷的政治功能和职官身份，故而没有将拥有广博的知识作为为"师"的根本条件，反而将"尊严而惮"的政治权威性看作为"师"的根本条件，可见荀子更为关注和强调"师"的政治身份。另一方面，荀子也主张"师"应该具有"知微而论""通利则思"的知识、道德条件，认为"师"必须能够对他人的成长有益。从后一方面来讲，荀子的"隆师"肯定了"师"的文教意义。

春秋战国时期的"师"具有双重意义。荀子所言的"师"，首先是一种依托于政治体制的职官身份，因为作为职官身份的"师"也必须具有知识、道德条件，其文教之"师"的意义必须依托于其职官身份。关于这一点，特别体现在他提出的"师法"概念上。在《荀子》一书中，多次出现了"师法"的提法。荀子一直强调，人类社会为了限制人"无度量分界"的天然性情而制定了礼仪法度，但是谁能够拥有这一重要的政治权力？荀子认为，这一切均是由被人们称为"师"的人制定出来的，所以荀子提出了"师者，所以正礼也"（《荀子·修身》），"师法"概念与此密切相关。荀子"师法"中的"法"应如何理解？不能仅从字面上以"法度"解释之。人们会问究竟是什么法度，其实这里所谓的"法"，就是指恰当适宜的礼义制度。古籍中常常说的"礼义"，义者，宜也，也是礼义法度的意思。《礼记·乐记》有："是故先王本之情性，稽之度数，制之礼义。"这里的先王"稽之度数"，就是指"师法"。

可见，所谓"师法"，其实就是由"师"制定的礼义法度。荀子反复强调："有师法者，人之大宝也；无师法者，人之大殃也。人无师法，则隆性矣；有师法，则隆积矣；而师法者，所得乎情，非所受乎性，不足以独立而治。"（《荀子·儒效》）能够为国家制定礼义法度的首先是圣王，或者是"师儒"，他们既然能够以礼乐德行教民，他们当然就是掌握礼乐制度、制定权力的"师法"。所以荀子强调尊师，他说："国将兴必贵师而重傅"，"国将衰必贱师而轻傅"（《荀子·大略》）。他之所以把是否贵师看作是关系国家兴衰的重大政治问题，就在于"师"在荀子看来具有重要的政治身份并有特别重要的政治功能，国家的礼乐制度均是通过他们掌握的"师法"而建构起来的。荀子强调："故非礼，是无法也；非师，是无师也。不是师法，而好自用，譬之是犹以盲辨色，以聋辨声也，舍乱妄无为也。"（《荀子·修身》）一个国家如果没有"师法"，缺乏君师、师儒所制定的礼义法度，社会政治制度就会混乱。

在儒学史上，荀子有这样的特点，在政治领域，他坚持礼乐制度的制定和实施是实现王道理想的根本途径，并寄希望于"君师""师法"；在学术领域，他主张经学的研究和传播，在经学史上有着重要地位。清代汪中评价荀子在经学史上的地位："六艺之传赖以不绝者，荀卿也。周公作之，孔子述之，荀卿子传之，其揆一也。"①其实，荀子既是先秦儒家六艺之学的集大成者，同时也是汉代经学的开拓者。荀子不仅全面论述了儒家六经的思想特点，他指出："故《书》者，政事之纪也；《诗》者，中声之所止也；《礼》者，法之大分，类之纲纪也。故学至乎《礼》而止矣。夫是之谓道德之极。《礼》之敬文也，《乐》之中和也，《诗》《书》之博也，《春秋》之微也，在天地之间者毕矣。"（《荀子·劝学》）而且荀子是最早直接将上述

---

① 汪中：《述学》，《四部丛刊》初编集部，上海书店，1989，影印本。

典籍称为"经"的儒家学者。

在荀子看来，要维持中国政教形态的稳定与和谐，必须坚持两个最重要的权威。第一是"君师"，他们为了防止社会动乱争夺，能够制定出一整套礼乐制度约束人的自然性情，他们依据这一套制度治理国家社会。第二是经典，圣王、君师制定的礼乐制度，需要通过这些《诗》《书》《礼》《乐》等文献典籍保存下来，这些文献典籍既是"三代先王之政典"，又是儒家推荐给后代君王治国的经典。所以说，三代先王制定礼乐制度的"师法"，与汉代儒家学者通过解释经典而建构典章制度的"师法"，其政治功能是完全一致的。荀子说："修六礼，明十教，所以道之也。"（《荀子·大略》）在荀子看来，经教与礼教其实就是同一件事。所以，荀子往往将先王制定礼乐制度与士人解释传记经典这两种"师法"联系起来，他说："学恶乎始？恶乎终？曰：其数则始乎诵经，终乎读礼；其义则始乎为士，终乎为圣人。"（《荀子·劝学》）荀子将诵经、传经这些以"教"为中心的活动，与顺人心、行礼治等以"政"为中心的活动统一起来，这恰恰是政教相通的儒教文明的理想状态。荀子对儒家不同经典的文献特点作过概括，对礼的重要性有特别的关注，所以他会将"始乎诵经，终乎读礼"与"始乎为士，终乎为圣人"联系起来，可见礼的地位更加特殊。我们应该注意荀子的一个说法："《礼》《乐》法而不说，《诗》《书》故而不切，《春秋》约而不速。"（《荀子·劝学》）他讲的"《礼》《乐》法"与他多次讲到的"师法"，其实是一样的意思，即均指礼是制约民性、防止争斗的规范性法度。这一规范性法度既可能来自先王制定礼乐制度的"师法"，也可能来自儒家学者通过解释经典而建构典章制度的"师法"，而后者恰恰是汉代经学研究、传授的一个十分重要的概念。

中华儒教文明独有的政教相通理念，使得"师"在中国历史上具有特别重要的地位。儒家是中国传统政教形态的奠定者，儒家政教思想的特色可以通过对"师儒"的溯源得到解释。特别是先秦儒学史上出现的"师道""师法"观念，同样也是源于儒家与"师儒"之间的血缘关系。儒学史上最有代表性的学术形态汉学与宋学，就分别以"师法"与"师道"作为其学术创造与文化传授的主要方式。汉学的"师法"体现出汉儒为现实政治服务的经世传统，宋学的"师道"表达出宋儒的文化使命。汉学的"师法"演变为宋学的"师道"，推动着中国传统学术思想的发展，同时也推动着中国传统政教形态的改革。

（《社会科学战线》，2021年第10期）

亲缘选择是否印证着《孟子》之四端说？

无论孟荀、程朱陆王甚或其他儒道，中国思想史上不同派别间的争讼，毫无疑问是在易遭忽视的基础性共识之上进行的。演化论思想的派别生态也与此相同：无论是基因选择论者还是群体选择论者，两者均以亲缘选择为自然界利他行为的重要起因与基础性共识。本文的核心问题是：亲缘选择是否印证着孟子的四端说？亲缘选择是一条影响深远的自然法则，也是当代伦理学不得不面对的重要课题。若可确定它对四端说有着印证效能，将对当代孟学有着重要意义。经由对此问题的分析，本文以有条件的否定为结论。然而，亲缘选择尽管难以引为四端说的印证，却仍对孟子伦理学体系的其他方面有着一定的佐证价值。

一、亲缘选择与孟子四端说的关系

首先有两个问题需要回答：第一，亲缘选择是什么？第二，为何有必要分析它和四端说的印证效能？

《孟子·公孙丑上》篇记载孟子之说"人之有是四端也，犹其有四体也"。演化论思想家也会赞同此说。诚如孟子所论，人类的身体属性犹如其心理本性，两者没有截然之分：根据演化论，两者均是演化的产品。而亲缘选择是自然界利他本性的根本。施惠于他者总是有成本的，而根据丛林法则的表面逻辑，支出自身有限资源以惠及他者的有机体，久而久之必遭其他唯己利是图的有机体取代。但这个理论预设显然与实证证据不符：自然界种种有机体的利他行为是板上钉钉的事实，而常见于真社会性昆虫的为巢捐躯行为，更是利他之极。在提出亲缘选择以化解上述理论和实证间的矛盾上，生物学界泰斗如霍尔丹、哈密尔顿和道金斯都奉上了不同的贡献：霍尔丹是亲缘选择语言表述的首提者；哈密尔顿为此提供了形式化的数学表述；道金斯将亲缘选择纳入了自私基因的理论框架并在科普层面上加以普及，解释了自私之基因如何能造出具备利他行为能力的有机体。

若要理解矛盾是如何得以化解的，首先要理解何为"适合度"。适合度是生物学界的"货币"，指的是某基因未来成功繁殖的概率。某有机体越是适应它所处的生长环境，它的生存力就越强。但从某个基因的"视角"观之，有机体自身的生存力之强弱并不重要，重要的是生存力作为有机体繁殖力算式的输入参数：从基因的"视角"而言，一个既健康又高度适应它所处的环境但没有繁殖能力的有机体是没有任何价值的，其适合度为零，除非通过利他行为能提升其他携带同序基因的有机体——比如其子孙——的适合度。因此，根据哈密尔顿的形式模型，就任何一项利他行为而言，基因尽管是自私的自我复制者，但只要施惠者的成本低于受惠者以基因共享比率系数（或者"亲缘系数"）折算后的收获，这种行为就能得以演化、得以代代保存。照此道理，有机体施惠于他者的意愿程度将随着亲缘之远（近）而减弱（增强）。其他条件不变时，某雌性哺乳动物会相对不愿意喂养一个陌生幼崽，更愿意喂养同胞兄弟姐妹所生之幼崽，最愿意喂养自己所生之幼崽。而真社会性昆虫的利他行为之所以超越哺乳动物，恰是因其个体间平均基因共享比率高于哺乳动物。可见，无论是哺乳动物相对较发达的亲情还是蜂类姊妹间将近"无一物非我"的巢内高度合作状态，亲缘选择是自然界种种利他现象的生物性根本。这条法则是许多动物——包括我们智人在内——之生物性利他本能的最重要源泉。

那么，为何有必要分析亲缘选择与孟子四端说的关系呢？四端说是孟子伦理体系的核心，近年来，中外诸多学者指出了孟子伦理体系的生物学基础。汉学家方面，华霭仁早在1994年就称孟子"对于人类生活的生物基础以及宇宙之可当作生物圈有着敏锐的认识"[1]；2005年，孟旦认为儒者与生物学家一些"基本立场……是共持的，而其中首要的即是：利他行为起于家内，而后向外扩展"[2]（就生物学家们而言，这"基本立场"正是因亲缘选择而立）；2012年，任博克坚持认为"早期儒家伦理最有特色之处，是它始终热衷于伦理规范上的努力及人类之'正当'社会角色的同时，亦惊人且重申不倦地对于自然性、对于人类经验的生物性乃至嗜欲性等方面表现出深刻的连贯性"[3]。江文思承认《孟子》少数片段[4]之中"天"似是某一种有意向、目的

① Irene Bloom, "Mencian Arguments on Human Nature（Jen-hsing），" *Philosophy East and West*，44.1（1994）；51–52. 除有注明译者，它处译文皆属笔者自译。

② Donald J. Munro, *A Chinese Ethics for the New Century：The Ch'ien MuLectures in History and Culture，and Other Essays on Science and Confucian Ethics*，（Hong Kong：The Chinese University of Hong Kong Press，2005），p.50.

③ Brook Ziporyn, *Ironies of Oneness and Difference*，（New York：State University of New York Press，2012），p.90.

④ 譬如《孟子·公孙丑下》："夫天未欲平治天下也；如欲平治天下，当今之世，舍我其谁也？"又如《万章上》："曰：'天与之。''天与之者，谆谆然命之乎？'曰：'否。天不言，以行与事示之而已矣。'"

和行动能力的干预者①，但与此同时，在"天"的定位问题上，他和孟旦都一致认为，《孟子》一书也允许一种更优越的自然主义解读，孟旦更是认为这个解读的优越性在于其"符合演化生物学"，因此才会免遭21世纪读者的"去其糟粕"。②李泽厚先生对孟旦上述论点并非全无异议③，但鉴于"生物自然本性（……如婴儿、动物亲子爱）……有……生物因素、遗传基因的强力支持"，他亦能以"我很高兴'吾道不孤'"④赞叹之。这些例子字里行间表露的似是孟子"非由外铄我也，我固有之"（《孟子·告之上》）之四端的某种演化生物性质。

不止汉学家关注到了演化科学公认的生物性本能，如亲缘选择为根基的亲子爱本能，与早期儒家伦理、孟子四端说的关联性。中国学者蔡蓁也发现了演化生物学"对孟子的规范模型起到一定的辩护作用"⑤，但她随后明智地承认这个辩护是"有限度的"⑥，而王觅泉更是对这个有限性作了具体论述，并提出了两点非常有分量的质疑。这两点质疑的主要效能在于削弱亲缘选择对于四端说的印证力，而专就第一点而言，它似是对四端说起到了一定的证伪作用。那么，亲缘选择究竟该因其可印证四端说而

---

① James Behuniak, "*Naturalizing Mencius*," Philosophy East and West, 61.3（2011）: 501-504.

② Munro, *A Chinese Ethics for the New Century*, p.61.

③ 李泽厚：《关于〈有关伦理学的答问〉的补充说明（2008）》,《哲学动态》2009 年第 11 期，第 26 页。

④ 李泽厚：《关于〈有关伦理学的答问〉的补充说明（2008）》,《哲学动态》2009 年第 11 期，第 30 页。

⑤ 蔡蓁：《进化论伦理学视野下的孟子》,《复旦学报》（社会科学版）2014年第 3 期。

⑥ 蔡蓁：《进化论伦理学视野下的孟子》,《复旦学报》（社会科学版）2014年第 3 期。

以"吾道不孤"赞叹之，还是该因其可证伪四端说而悲叹之？当然，是赞是悲，取决于个人派别站队，但梳理清楚亲缘选择与四端说之关系的必要，似已了然。接下来，本文将简述王觅泉所提之两点质疑，继而审思如下的问题：对这两点质疑，有没有合乎《孟子》文本的可行回应？

二、两点质疑

第一点质疑与《孟子》"性"概念的外延界限紧密相连，故而先需对此进行分疏。在"性"的议题上，孟荀之间的分歧不止于两者对"性"之实质属性的看法，而亦在于两者对"什么才算是'性'"的看法，即在于"性"概念的外延。这一点早由清儒戴震阐明，今已广为人知。依戴震之见，孟子之谓"性善者，论人之性也"[①]。相反，"程子朱子见于生知安行者罕睹，谓气质不得概之曰善，荀扬之见固如是也。特以如此则悖于孟子。"[②]由是观之，不同于荀子、扬雄之言"性"，孟子性善论之"性"则是专指人的独有特性而言。冯友兰、徐复观、张岱年、劳思光等诸多当代学者肯定此说时[③]，依据的往往是《离娄下》的"人之所以异于禽兽者几希，庶民去之，君子存之"或者孟子对告子的修辞式反诘"然则犬之性犹牛之性，牛之性犹人之性与？"(《孟子·告之上》)此处暂不必对此两段赘加剖析，关键是，根据这种解读，作为四端之首、人性之本的恻隐之心，应该是人类"之

---

① （清）戴震：《孟子字义疏证》，中华书局，1982，第34页。

② （清）戴震：《孟子字义疏证》，中华书局，1982，第35页。

③ 冯友兰：《中国哲学史新编》（上卷），人民出版社，2001，第366页；徐复观：《中国人性论史》（先秦篇），华东师范大学出版社，2005，第100～101页；张岱年：《中国哲学大纲》，中国社会科学出版社，1982，第184～185页；劳思光：《新编中国哲学史》，广西师范大学出版社，2005，第122页。

所以异于禽兽者"的独有特征。我们可将此解读称为"《孟子》人性外延的狭窄解读",下文缩称"狭延性解"。

那么,第一点质疑可如此概述:根据"狭延性解",作为仁之端,恻隐之心是人类所独有,但根据亲缘选择,恻隐之心则是人禽所共有。王觅泉写道:"如果把亲属之间的情感以及相应的行为当作是'仁义'的一项基本内涵,那么我们就不能说动物是完全没有仁义的。或许有些(例如蜂、蚁)没有仁义之'心',但至少有仁义之'行'。至于'禽兽'(大致相当于鸟类和哺乳类动物),则不仅有仁义之'行',甚或有仁义之'心'(即情感)。"[1]显然,无论是四端之一的恻隐之心还是四德之一的仁,它们在禽兽身上的存在与"狭延性解"是相矛盾的。恻隐之心在禽兽身上的存在是亲缘选择的理论预设,并且是一条有压倒性实证支撑的理论预设。作为"四德之首……四德的根本"(冯友兰语[2]),"仁"之为禽兽所共有,对于四端说而言,已然大成问题。更有甚者,其余三德之存在于禽兽身上,亦有一定证据支撑。对于这一点,戴震也颇有见地:

> 闻虫鸟以为候,闻鸡鸣以为辰,彼之感而觉,觉而声应之,又觉之殊致有然矣,无非性使然也。若夫鸟之反哺,雎鸠之有别,蜂蚁之知君臣,豺之祭兽,獭之祭鱼,合于人之所谓仁义者矣,而各由性成。[3]

由于戴震以上列举的动物行为(分明源自亲缘选择的"鸟

---

① 王觅泉:《进化论伦理学视野下的孟子人禽之辨》,《天津大学学报》(社会科学版)2016年第十八卷第3期。

② 冯友兰:《中国哲学史新编》(上卷),人民出版社,2001,第367页。

③ (清)戴震:《孟子字义疏证》,中华书局,1982,第28页。

之反哺"与"蜂蚁之知君臣"的除外）或许是其他演化机制（如"互惠利他"）的产品，所以此处不加详论。但无论由何种机制演化而来，这些行为仍可视为"仁"外其余三德在禽兽身上的体现。同理，这跟"狭延性解"是相矛盾的。总之，只要接受"狭延性解"，亲缘选择之于四端说，似属证伪而非印证。

第二点质疑关乎孝悌与亲缘选择的关系。首先有一点需要辨析的，是四端和四德的区别。在孟子看来，区别人和禽兽的"几希"者，并非人之异于禽兽者，而是人之所以异于禽兽者，是火始然、泉始达的前提而非其既成状态，是扩充前的良能，即四端。四德则是这四端经过实践、扩充后所发展出的成熟德目。在孝悌方面，孝行、悌行的实例比比皆是，孝悌作为四端发展出的成熟德目显然是存在的。那么，一个十分关键的问题是：孝悌必然是从某一个"端"发展而来的吗？在孟子看来，答案是肯定的。根据《孟子·告子上》所表达的观点，人的孝行、悌行必须是顺着"水之就下"而成，而非由"戕贼"某种"杞柳之性"而成。据此，孝悌必须是隐含于人性之四端中。

问题是，与亲代对子代的抚爱现象不同，孝悌缺乏源自亲缘选择的深层生物学依据，而主要是文化层面的现象。这个事实，近些年引起了儒学界的关注。如张祥龙指出，"孝心"不存在于动物身上，尽管是人类近亲黑猩猩。① 又如杨泽波指出，相对于"动物界中普遍存在"的"爱其亲"而言，"悌心"也就"没有这么简单……单纯借助动物的特性，依靠伦理自然主义，无法充分证明

---

① 张祥龙：《家与孝——从中西间视野看》，生活·读书·新知三联书店，2017，第 93～94 页。

人为什么会有悌心"①。孝悌缺乏生物学依据的深层原因，与亲缘选择密切相关，这一点早由王觅泉揭示：

> 按照亲缘选择理论的逻辑，人类亲代与子代之间的关系存在相反方向的不对称性：子代成熟以后，倾向于在自己的子代，而非自己的亲代身上投入更多，以使自己的子代能够生存和繁荣下去。至于同辈子女之间，虽然有血缘同胞之亲情，但同时也存在某种程度的竞争，倾向于为自己和自己的子代谋求更多的资源。……以直接增加自身适合度。②

如第一节所述，人类长者的平均直接适合度或低下（男）或为零（女），仅从基因的"视角"而言，人类前辈的可用性不高，其适合度远低于同辈和下辈。正因此故，于包括人类在内的二倍性动物身上，亲缘选择是不大可能将事亲等孝行塑造成自发性本能的。至于从兄等悌行，重要的是，某个体与自己子代的平均共享基因比率是50%；而与同辈兄弟姐妹的子代，这个比率则仅为25%。于是，从基因的"视角"观之，平均而言，施惠于上辈不如施惠于同辈，施惠于同辈又不如施惠于自身下辈或者直接利己。这就是亲缘选择的不平等性的演化逻辑。需着重声明的是，上、同、下辈之间的这种不平等性是生物意义上的实然，而并非道德意义上的应然，并且是就亲情的本性自发性而言，与尊卑无关。

085

---

① 杨泽波：《儒家生生伦理学对休谟伦理难题的破解》，《社会科学》2018年第10期。

② 王觅泉：《进化论伦理学视野下的孟子人禽之辨》，《天津大学学报》（社会科学版）2016年第18卷第3期。

然而，孟子不大承认这种不平等性的实然，遑论其应然。譬如《尽心上》："孟子曰：'人之所不学而能者，其良能也；所不虑而知者，其良知也。孩提之童无不知爱其亲者，及其长也，无不知敬其兄也。亲亲，仁也；敬长，义也。'"似是将孝悌二者视为处于同等关系的自发性本能。又如《离娄上》之"孟子曰：'道在迩而求诸远，事在易而求诸难。人人亲其亲、长其长，而天下平。'"焦循注曰："尔，近也。道在近而患人求之远也，事在易而患人求之难也"[1]。在这里，亲亲（孝）、长长（悌）两者，同被孟子视为近而易之事。这是否意味着孟子无视以上所述之不平等性，将孝悌视为一种同等的自发性本能，因此将四端说置于与亲缘选择相冲突的境地？下一节将对于本节所提的两点质疑的可能回应作一番审视。

三、关于孝悌的质疑：可能回应及相关评价

我们从第二点质疑起，逆序做出回应。[2]上述第二点质疑又可细分为两个子问题：一是亲缘选择不大可能将孝悌塑造为人类本性，这个子问题被称为"本性塑造问题"；二是根据亲缘选择的逻辑，孝悌两者彼此间自发性的强度应是不平等的，而非同为"近而易"，这个子问题可称之为"孝悌平等问题"。那么，我们能否将这两者视为对四端说的伪证？

对于"本性塑造问题"，我们或许可做出这样的回应：亲缘选择的确是哺乳类动物演化史上利他行为的主要动力源，但并非塑造利他本性的唯一可能演化机制。除了亲缘选择，当作人类道

---

① （清）焦循：《孟子正义》，沈文倬点校，中华书局，1987，第 508 页。

② 此处需要澄清：本文所称"第二点质疑"，王觅泉原非专就四端说而提出，而是就孟子"人禽之辨"和亲缘选择的关系而提出。

德本性塑造者而被提出的演化机制包括但不限于：互惠利他[1]，基因群体选择[2]，文化群体选择[3]及性选择[4]等。也许孝悌本性便是由上述机制（而非亲缘选择）演化而成。然而，这样的回应自身也面临一些困难。孝悌两者，纯粹当作行为而非本性而言，完全是有可能出现：在社会奖惩制度的规范之下，任何一种逆着生物本性的行为（不分善恶）都有可能在文化层面上得到短期的固定。[5]但我们不妨进而斟酌：上述选择机制究竟能否（逆着亲缘选择地）将孝悌两者塑造成本性？

就孝方面而言，我们没有什么理由认为上述机制在淡化或者抵消人类个体（来自自然选择）的利己、利子本性时，会形成对于父母的显著偏向性。但这种偏向性恰是《孟子》所讲之"仁"本性的重要特性："仁之实，事亲是也"（《孟子·离娄上》）；"亲亲，仁也"（《孟子·尽心上》）；"未有仁而遗其亲者也"（《孟子·梁惠上》）。问题是，无论是"为了"个体间的"和气生财"（互惠利他），"为了"制约群内竞争以提升群际竞争（基因群体选择、文化群体选择），还是"为了"展现某个体作为潜在性配偶的善心（性选择），这些机制塑造的是一种不分亲疏的、并非

---

① Robert L. Trivers, "The Evolution of Reciprocal Altruism," *The Quarterly Review of Biology*, 46.1（1971）: 35–57.

② Elliott Sober and David Sloan Wilson, *Unto Others: The Evolution and Psychology of Unselfish Behavior*,（Cambridge: Harvard University Press, 1998）.

③ Henrich Joseph, "Cultural Group Selection, Coevolutionary Processes and Large-scale Cooperation," *Journal of Economic Behavior & Organization*, 53.1（2004）: 3–35.

④ Miller Geoffrey F, "Sexual Selection for Moral Virtues", *The Quarterly review of biology*, 82.2（2007）: 97–125.

⑤ Robert Boyd and Peter J. Richerson, "Punishment Allows the Evolution of Cooperation（or Anything Else）in Sizable Groups", *Ethology and Sociobiology*, 13.3（1992）: 171–195.

无条件但仍适用于一切同种的仁爱本性，即一种更靠近"仁者爱人"（《孟子·离娄下》）的泛爱本性，而非"亲亲，仁也"（《孟子·告子下》）的偏爱本性。如此，所塑造出之仁爱，实乃更近于孟子所驳斥的"爱无差等，施由亲始"（《孟子·滕文公上》）之仁爱。除非某已知或未知的演化机制可通过某种未知的方式造就对上辈呈显著偏向性的仁爱本性，否则只好承认亲缘选择的确对于四端说之"孝"论构成挑战。

然而，承认亲缘选择构成挑战不等于抛弃这一理论，"证伪"一词也欠妥帖。依笔者之见，根据以上所举之考虑，我们不得不调整我们对四端说之某些诠释的认识和置信度。孝道及其相应行为作为文化现象的存在是不可否认的，这种行为甚至可以为由衷而发的（向上辈）偏向性情感所驱动。这种偏向性情感是从以下两个来源获得的：一是道德主体所下的后天功夫；二是社会生活和教育对道德主体的熏陶作用。

就后天功夫而言，孝心是来自类似万百安所称"情感性扩充"的过程："孟子论动机和情感，认为任何正常的人已经具备了部分正当的动机和情感，但同时认为我们必须继续获取……那些我们此时所缺乏的动机和情感反应（直到成圣为止）。这个过程即情感性扩充。"[1]情感性扩充是成熟道德主体的修养功夫，目的在改造自己的自发性情感反应，使道德主体能够达到"从心所欲，不逾矩"（《论语·为政》）的圣人境界。就社会生活和教育而言，孝心则是来自类似于杨泽波的"伦理心境"，即社会生活经验，以及教育"结晶"而成"后天而先在"本性

---

① Bryan W. Van Norden, *Virtue Ethics and Consequentialism in Early Chinese Philosophy*,（Cambridge：Cambridge University Press，2007），p.236.

的过程。①这些诠释一方面将孝心情感之偏向性的塑造归结为以"心之官则思"为代表的个体后天修养作用，另一方面则归结为"孝""教"二字的互训互通关系（《孝经·开宗明义》中有"夫孝，德之本也，教之所由生也"），即社会和教育的后天熏陶作用。如此，依靠道德主体及社会的后天塑造作用，孝心作为一种自发性情感本能，并非自身即"不学而能"的"良能"，而是先天生物遗传赋予之恻隐之心的扩充结果。换言之，孝心虽根植于"仁之端"但并非全是它的产品，故而这两种四端说诠释与亲缘选择无直接冲突。然而，四端说也另有一类纯粹先天的诠释，即将孝心视为上天所赋且已然完备的本性。例如王阳明《传习录》曰："见父自然知孝，见兄自然知悌，见孺子入井自然知恻隐，此便是良知，不假外求。"②如此对"不假外求"的四端说的诠释，迫使我们降低了对亲缘选择的置信度。

就悌方面来说，也许情况稍微乐观一些。这是因为根据四端说，敬长等悌行源自"义"："义之实，从兄是也"（《孟子·离娄上》）；"敬长，义也"（《孟子·尽心上》）。这是区别于源自"仁"的孝行。正因仁义两端于四端说的理论体系中是分立的，故而基于亲缘选择的第二点质疑，在悌行方面是无效的。《公孙丑下》篇有"内则父子，外则君臣，人之大伦也。父子主恩，君臣主敬"。《梁惠王上》篇更有"未有义而后其君者也"。将此两段与四端说统合起来便可知，对于孟子而言，从兄敬君之为美德，并非源自亲缘选择之恻隐本性的扩充结果，而是另一种本性的扩充结果，即"外则君臣"的羞恶本性。至于羞恶本性的塑造

---

① 杨泽波：《孟子性善论研究》，中国社会科学出版社，1995，第76页。

② （明）王守仁：《王阳明全集》，吴光等编校，上海古籍出版社，2011，第7页。

问题，即"羞恶本性是通过何种演化机制得以造就"的问题，此恐超本文题目范围。同时，仁义的分立也能化解上述平等性问题，因为上文所举之不平等性，是亲缘选择的理论预测，而亲缘选择是起作用于恻隐之心的。

综上所述，亲缘选择对孟子四端说的确构成了挑战。然而，这种挑战也达不到"证伪"的程度，而无非是迫使我们调整对于四端说的某些解读的置信度：纯粹"不假外求"的解读是站不住脚的，我们的解读必须重视文化的熏陶作用，才可化解亲缘选择构成的挑战。同时，就我们目前所论的内容而言，很难确定亲缘选择对四端说有着印证效能。

四、关于人禽共性的质疑：可能回应及相关评价

根据上文所简述的"狭延性解"，恻隐之心不应该是禽兽与人共享的特性，而是人的独有特性。但亲缘选择强有力的理论预测，以及种种证据表明动物是具备恻隐之心的。四端说的捍卫者可做出何种辩护呢？我们先从坚持"狭延性解"的立场来运思。这一类回应的共同长处是其更加直接、更加通顺地合乎"狭延性解"的文本依据，如"牛之性犹人之性"（《孟子·告子上》）等。那么短处何在？

第一条可能的回应，是坚持认为人性的独特之处就是具有扩充能力。就恻隐的案例而言，扩充能力即将人禽共有的利己利子生物本能引导向其他对象（比如上辈和非亲属同种）身上的能力。照此解释，人禽两者同现恻隐行为的事实就不成问题，因为人禽间之相异处不在于共有的起初恻隐对象，而在于能（人）否（禽）进行扩充以转移恻隐对象。然而，即使我们避而不谈海豚救人等跨物种利他行为是否构成一种"扩充"的问题，以扩充能

力主体为人的独特性，显然与孟子的原意相违。孟子提出"民之归仁也，犹水之就下"（《孟子·离娄上》）及"孺子将入于井，皆有怵惕恻隐之心"（《孟子·公孙丑上》）等，恰是指出人皆有之的本性已具备不可磨灭的向善端绪，而并非仅仅具有扩充能力者才具备。为了保持"狭延性解"，这样的回应牺牲的是孟子性善论的核心宗旨。这样的缺陷不可用"短处"来形容，故而迫使我们直接放弃这条回应。

另外一条可能的回应，是认为禽兽固然有恻隐之行，但没有恻隐之心，因此"仁之端"仍可视为人类独有特性，为禽兽所无，这与"狭延性解"是相符的。然而，非母子间的利他行为（比如友谊等）均是由"征用"原本为了协助哺乳类母子间亲情而塑造的心理和神经结构才得以实现。[①]这也就意味着，早在猿类演化为人类之前，定向性的恻隐之心是存在于（至少）哺乳动物中的。如此，从实证的角度，神经解剖学显示的是从猿类到人类的连贯神经结构的演化；而从理论的角度，亲缘选择提供了认为亲情的演化应该是连贯的理由。

091

若欲逆着这些理论性、实证性的双重理由而坚持这样的"禽兽有行而无心"的观点，回应者需要的是某种特殊理由，以解释为何实况偏离了理论预测，比如像水之"激而行之，可使在山"（《孟子·告子上》）这样的特殊理由。或许人科动物演化过程当中出现了某种质的飞跃，使得人类顿获感受性，而其他动物则是

① 可参见 Moll, Jorge et al., "Human Fronto-mesolimbic Networks Guide Decisions about Charitable Donation," *Proceedings of the National Academy of Sciences of the United States of America*, 103.42（2006）: 15623-15628.Preston Stephanie D., "The Origins of Altruism in Offspring Care", *Psychological Bulletin*, 139.6（2013）: 1305-1341.Burkett et al., "Oxytocin-dependent Consolation Behavior in Rodents", *Science*. 351.6271（2016）: 375-378.

查尔莫斯意义上"有行而无心",全无感受性的"哲学僵尸"。[①]或许有人会抗拒在"感受性"和"恻隐之心"的"心"之间画等号的做法。尽管刨除某有机体是否拥有感受性的问题,"心"也仍要理解为某种心理驱动者,我们同样没有理由认为人类和其他哺乳类的心理结构之间存在着断绝式的不连贯性。回应者所需之不连贯性既与理论和实证相违背,冒着遭到奥卡姆剃刀割除之风险,又与孟子"人之所以异于禽兽者几希"的命题不尽相符。为了守护"狭延性解",这个代价可以说是昂贵的。假若既不愿付此代价,又不愿放弃"狭延性解",似乎只能咬紧牙关承认四端说与亲缘选择是相冲突的。

最后,我们来审视基于放弃"狭延性解"的回应。当然,《尽心下》之"君子不谓性也"名章是回应这条的主要文本依据,此处全引于下:

> 孟子曰:"口之于味也,目之于色也,耳之于声也,鼻之于臭也,四肢之于安佚也,性也,有命焉,君子不谓性也。仁之于父子也,义之于君臣也,礼之于宾主也,智之于贤者也,圣人之于天道也,命也,有性焉,君子不谓命也。"

口目耳鼻之性即程瑶田所称"与生俱生之性",并且就此"与生俱生之性"而言,"遂己所成之性恒易……性易遂,则必过乎其则"[②],故而君子对此"口目耳鼻之性"下价值判断,以之为不

---

① David J. Chalmers, *The Conscious Mind: In Search of a Fundamental Theory (Philosophy of Mind)*, (Oxford: Oxford University Press, 1996), pp. 94-99.

② (清)焦循:《孟子正义》,沈文倬点校,中华书局,1987,第992页。

该扩充之"命"。仁义礼智之性则是孟子四端说之性，并且就此"四端说之性"而言，"遂己所成之性恒难……性难遂，则必不及乎则"[1]，故而君子对此"四端说之性"下价值判断，以之为应该扩充之"性"。孟子这种重划词语界限以达到伦理目标的手法是否妥当，此处不必追诉，但的确有证据显示：人们越是相信人的本性是善的，就越会表现出亲社会性行为[2]。这或许是孟子终获正统地位的诸多理由中的一个。关键是，在这一章，孟子间接承认君子做出价值判断之前，存在着人禽共有的"性命复合之性"。更准确地说，孟子此章间接承认的，是人确有不该扩充的、"兽性"的一面，未必是旨在承认禽兽确有"人性"的一面。无论如何，正是这个字里行间的"性命复合之性"，阐释了禽兽共有仁义礼智四端的可能性，这也足以化解四端说与亲缘选择的矛盾。这一次，化解矛盾的代价又是什么？

第一，禽兽与人共有仁义礼智四端的解读固然可化解四端说与亲缘选择的矛盾，但禽兽与人共有四端毕竟仅仅是"君子不谓命也"一章所容许的可能性，是我们诠释者为了化解矛盾而做出的有效推理，但并非孟子明说的观点。这在一定程度上脱离《孟子》原经原文而立论，算是一种代价。第二，以仁义礼智为人禽共有属性，同上文讨论之下"孝"的情况相似，人禽之间在道德执行力上的落差，更多要以智性及社会规范为举足轻重的引导。这是因为，我们即便跟着（比如说）牟宗三认为，四端蕴含着某种超验的"本

---

① （清）焦循：《孟子正义》，沈文倬点校，中华书局，1987，第993页。

② Batson C D, et al., "Critical Self-Reflection and Self-Perceived Altruism: When Self-Reward Fails," *Journal of Personality and Social Psychology*, 53.3（1987）: 594-602.Robert H. Frank, et al., "Does Studying Economics Inhibit Cooperation," *Journal of Economic Perspectives*, 7.2（1993）: 159-171.

体论觉情"①而非全是形下的情感端绪，也需要解释为何（在抛弃"狭延性解"的前提之下）人的道德执行力迥别于禽兽。

是人的智性使然吗？《离娄上》："孟子曰：'仁之实，事亲是也；义之实，从兄是也；智之实，知斯二者弗去是也；礼之实，节文斯二者是也。'"亲缘选择不仅直接关乎仁之端，也不排除人的智性与禽兽迥别，因此人可"知斯二者弗去是"，而禽兽则不可。这也是戴震的理解："人以有礼义，异于禽兽，实人之知觉大远乎物则然。"②"智"虽是四端之一，但以此为人"大远乎物"之根，恐有夺取四端结构中"仁"该有的引领地位之嫌，如朱熹所说："仁者天地生物之心，得之最先，而兼统四者。"③那么人禽两者道德执行力之迥别，是"礼"这样的社会规范使然吗？恐与"智"同理：虽然诠释者可凸显《孟子》一书中散见的那些重视社会规范的片段，如"不以规矩，不能成方员"，"礼之实，节文斯二者是也"等。但"礼"同样不该篡夺"仁"的主导地位：欲以"礼"为人之"大远乎物"处，就难以否认是对《孟子》原文的"戕贼"。总之，这两种放弃"狭延性解"的解读固然可化解四端说与亲缘选择的矛盾，但也伴随着不可接受的代价——与孟子原意相差太远。

最后，还有一条可能的回应值得讨论，这一条也同属放弃"狭延性解"的回应类别。根据这一条回应，人禽两者依然共享着仁义礼智四端，但是两者间道德执行力之迥别则是源自人禽所共享之"恻隐之心"强（人）弱（禽）上的差异。这一条回应不

① 牟宗三：《牟宗三先生全集》第 7 册，联经出版事业公司，2003，第308 页。

②（清）戴震：《孟子字义疏证》，中华书局，1982，第35 页。

③（宋）朱熹：《四书章句集注》，中华书局，1983，第239 页。

涉及"仁"之主导地位遭篡夺的问题。这条回应的另一个优点是，它与不同动物在恻隐方面之实际行为呈现强弱不一的事实相符：平均而言，哺乳动物对自生新生儿的抚育倾向相对较强；而有鳞目（即蜥蜴、蛇等）中，抚育自生新生儿的行为少之又少①，更何况对其他同种的恻隐。并且人类的利他行为的确为其他有脊椎动物所罕有。②

另值得一提的是，根据这个"强弱之分"的解读，四端也必须有形下情感端绪的层面。假若纯以四端为超验本体，就很难看出强弱之分如何产生，因为超验本体自身是统一的，所以这条回应与四端的纯粹形上解读是不相容的。如果坚持认为四端有形上层面，就可循两条理路来解释不同有机体道德执行力不一的状况：要么同一"端"既有形上层面，又有形下层面，而强弱之分只呈现于形下的情感端绪层面；要么某有机体四端之外的其他形下属性决定它"本体觉情"的清浊。后一条理路无论能否行得通，并非孟子的进路，四端自身是充足的。"有是四端而自谓不能者，自贼者也。"（《孟子·公孙丑上》）假若坚持四端有形上层面的论点，前一条理路是行得通的，且与亲缘选择无直接冲突。我们终于找到了一个与亲缘选择相符的四端说解读。

---

① Craig M. Lind，et al.，"Vasotocin Receptor Blockade Disrupts Maternal Care of Offspring in a Viviparous Snake，Sistrurus Miliarius，" *Biology Open*，no.6（2017）：284–289.

② Adrian V. Bell，et al.，"Culture rather than Genes Provides Greater Scope for the Evolution of Large-scale Human Prosociality，" *Proceedings of the National Academy of Sciences of the United States of America*，106.42（2009）：17671.

结语

此处适宜回顾原来的问题：亲缘选择是否印证着四端说？根据上文分析，亲缘选择不可视为四端说的印证，相反，在四端说所有可能的解读之中，仅有少数与亲缘选择相符。将扩充功夫视为纯粹向内而"不假外求"的解读，均是不相符的。保留"狭延性解"的解读，均是不相符的。不接受（至少）"仁之端"为人禽共有的解读，均是不相符的。将四端视为纯粹超验而没有任何形下层面的解读，均是不相符的。本文不能排除这些不相符的解读的其中一个，实乃最接近孟子四端说之原旨。但正如上一节所阐述的，基于放弃"狭延性解"的，"仁之端"强弱不一且既属形上又属形下的四端说解读，是与亲缘选择相符的。然而，我们可以确定的是，亲缘选择远非印证着四端说，它反倒迫使我们对于相当大一部分四端说的可能解读，降低置信度，甚或直接放弃。提倡和赞赏亲缘选择对于孟子伦理印证效能的学者也未必是错的，但可以确定的是，这个印证效能需在四端说之外去寻找，比如差等之爱的应然与可行性。

（《湖南大学学报》（社会科学版），2021年第3期，与马兆仁合著）

第三辑　汉代篇

天人三策：儒生与帝王的共识与盟约

在中国政治史和思想史上，西汉时期董仲舒提出"天人三策"是一个重大的标志性事件。董仲舒为汉武帝呈上的天人三策，是君臣之间的庙堂应对，还是师生之间的传道解惑？对于此，历来就有不同的解读。其实，我们还可以有另外一种解读，即天人三策还可以理解为西汉时期士大夫与帝王之间为开启政治合作而展开的一场对话，从天人三策到《春秋》大义，其实表达了以董仲舒为代表的儒家士大夫与以汉武帝为代表的帝王之间，在开展政治合作过程中达成的思想共识与政治盟约。

一、儒家士大夫与汉朝君王寻求合作

西汉的国家制度是承秦朝而来，秦帝国的迅速灭亡，给了汉代帝王一个严重的警告并提供了深刻的借鉴，即不能完全依赖法家思想治理国家。西汉初年，朝廷逐渐意识到法家思想的严重缺陷，特别是汉武帝以来，汉代国家实力空前强盛，急需建立一个与强大帝国相适应的思想文化体系。显然，这一套思想文化体系必须要能够满足汉帝国的国家治理、社会秩序、思想统一的政治需要，而儒家倡导的王道政治、礼乐文化、纲常伦理等一系列国家治理思想，恰恰能够在一定程度上满足这一时代的需要。许多儒家士大夫看到了这一千载难逢的机会。因此，儒家士人希望通过共同倡导儒家学说，与汉代朝廷建立一种新的合作关系，以达到这一目的。那些有机会接近帝王的儒家士大夫利用各种机会，向当朝的帝王推广其儒家学说。汉初以来，就有叔孙通、陆贾、申公、贾谊、韩婴、董仲舒、胡毋生、辕固生等向君王宣讲儒学，他们在争取与君王合作的同时，其儒学思想也做出了相应的改变，即改变春秋战国时期民间士人儒学的思想视角和价值立场，建立一个帝王与士人均能够接受的儒学形态。叔孙通对汉高祖说："夫儒者难与进取，可与守成。"①贾谊《过秦论》也是从"攻守势异"的角度劝说汉文帝采用儒家学说。显然，汉代的儒者为了取得与帝王合作的机会，他们的价值体系、思想观念发生了变化，在依然保留儒家的基本政治理念的同时，由高调理想主义的"道"转变为现实功利主义的"治"，这是儒家士大夫寻求与君王合作的做出的重要调整和付出实际代价。

汉武帝以后朝廷开始推行"罢黜百家，独尊儒术"的政策，但是两汉的国家制度、治理方法仍然是王霸并用、儒法兼容。许多学者曾经以"阴法阳儒"来描述帝王政治的文化特征，即将帝王推崇儒家的仁政、德治看作是一种政治上的手段，用以欺骗、愚弄被统治者。我们认为这一种观点是偏激的，也是非历史的。其实，汉王朝的"罢黜百家，独尊儒术"，可以看作是以汉武帝为代表的帝王与以董仲舒为代表的儒家士大夫在开展政治协商、政治合作的基础上，达成的思想共识与政治盟约。所以，我们可

---

① 司马迁：《史记》卷九十九《叔孙通列传》，中华书局，2013，第3278页。

以进一步考察汉武帝与董仲舒之间一场关于天人三策的对话。他们的对话，表现出了帝王和儒家士大夫之间协调王道霸道，从而实现儒法之间的互补，最终达成国家治理的思想共识，并以这些思想共识为基础而共同制定政治盟约。

两汉以来确立了中国传统政治形态。这是一种什么样的政治形态？主流的观点将其确定为君主政治，或者说是中央集权的君主专制政治。因为自秦以后，传统中国就确立以君主为核心的中央集权的政治制度。但是，我们会发现中国传统政治体系并不完全是按照君主的意志建构起来的，还有另外一种强大的力量在左右着政治制度的设计，政治治理的实施，以及政治趋势的发展，那就是儒家士大夫的文化主导力量。所以，钱穆先生曾经将中国传统政治形态确定为士人政治，认为中国古代的行政权力和国家治理的大权其实是掌控在以宰相为首的士人集团手中。①钱穆先生对中国传统政治的独特见解，拓展、加深了我们对中国传统政治形态的认识和理解。

应该说，汉以后的中国传统政治形态，既不完全是君主专制，也不完全是士人集团掌控，而应该将其理解为君王与士大夫通过政治妥协、政治合作而建构起来的政治共同体。传统中国确实建立了君主的世袭制度和以君主为核心的中央集权的政治制度，但是，如果没有士大夫的政治参与、思想主导，就不可能成功地建立起限制君权的权力制衡，选贤与能的人才选拔等的政治制度，也就没有中国传统政治形态强大的国家治理能力，中华文明形态也就不可能在人类文明史上如此强大并延续达两千多年之久。

---

① 钱穆：《国史新论》，东大图书公司，2005，第69页。

先秦儒家学者本来是从事民间讲学的士人群体，有着儒家士人的独立思想。由于他们执着地希望与君主合作，以进入到王朝的权力体系中，参与国家治理的政治活动，这样，源于民间讲学的儒学，就具有了演变为官学或意识形态的可能性。我们知道，从上古封建制的贵族政治解体，到中古建立起君主与士大夫的政治合作，经历了数百年的艰难摸索，一直到汉武帝独尊儒术以后，君主与士大夫共同治理国家的政治制度、治理结构才得以逐渐定型。

我们可以将汉武帝采取"罢黜百家，独尊儒术"的政策，推崇儒家经学作为王官之学的重大历史事件，看作是汉代士大夫与君主在谋求政治合作过程中，努力追求思想共识与政治盟约的结果所做出的努力。这里，我们要进一步从汉武帝与董仲舒之间关于天人三策的一场对话，探讨帝王与士大夫的政治盟约是如何建立起来的。

二、"天人三策"的政治协商

西汉建元六年（前135），太皇太后窦氏驾崩，具有开拓精神、宏伟抱负的汉武帝全面掌握政治大权，他急切盼望能够在内外政策上进行一系列变古创制、更化鼎新。元光元年（前134），汉武帝令郡国举孝廉，策贤良，他在当年策贤良文学诏中向董仲舒问"道"。董仲舒就武帝在天道、人世、治乱等三个方面的问题，一一从容作答，史称"天人三策"。

天人三策从表面上看是汉武帝向董仲舒策问治国大略，但实质上却是君主、儒生寻求文化共识、政治协商的对话，其目的是确立君主与儒家士大夫合作的政治盟约。文化共识的对话者、政治盟约的制定者均是汉武帝与董仲舒，他们分别代表着帝王与儒生，他们需要通过对话建立文化思想的统一与共识，通过合作而实现政治治理与国家强盛。所以说，汉武帝与董仲舒的关系是多重的：其一，他们是君臣关系，汉武帝拥有帝王的政治权力，董仲舒承担臣下的政治义务，所以这首先是一场君臣之间关于治国方略的庙堂应对；其二，他们是师生关系，董仲舒是拥有知识权力的儒师，汉武帝则是急于获得长治久安之道的求教者，所以也可以看作是一场师生之间关于天人之际重大问题的传道解惑；其三，还可以将这场对话看作是一种寻求政治合作的协商，汉武帝与董仲舒分别代表帝王与儒生，他们为了实现汉朝国家强盛、长治久安，均以尊重对方权力为前提而开展政治对话与政治合作。

从政治建构的视角来看，汉武帝与董仲舒的第一种、第二种关系是表面的、外在的，第三种关系才是实质的、历史的。汉武帝与董仲舒的天人三策之所以实质上是一种政治合作关系，是因为帝王与儒生本来就各有自己的利益、立场、权力和观点。如果他们各执自己的立场和权力，显然不能够真正维持好他们君臣与师生的双重关系。所以，汉武帝与董仲舒双方均以一种政治协商与政治合作的态度，希望通过对话而建立一种共识或盟约。汉武帝并不因为掌握了政治权力而认为自己也掌握了文化资源的天人之道，他愿意听从、遵循董仲舒的文化权力，即他所掌握的天人之道。汉武帝《制》曰：

> 朕获承至尊休德，传之亡穷，而施之罔极，任大而守重，是以夙夜不皇康宁，永惟万事之统，犹惧有阙。故广延四方之豪俊，郡国诸侯公选贤良修洁博习之士，欲闻大道之要，至论之极。今子大夫袖然为举首，朕甚

嘉之。子大夫其精心致思，朕垂听而问焉。①

汉武帝表达了自己"欲闻大道之要，至论之极"的恭敬态度，也就是承认、尊敬儒生董仲舒的文化权力。同样，董仲舒也并不因为自己掌握了文化权力而否定帝王的政治权力，他愿意服从、遵循以汉武帝为代表的中央集权的帝王政治权力。他对汉武帝表示：

> 臣闻天之所大奉使之王者，必有非人力所能致而自至者，此受命之符也。天下之人同心归之，若归父母，故天瑞应诚而至。《书》曰"白鱼入于王舟，有火复于王屋，流为乌"，此盖受命之符也。周公曰"复哉复哉"，孔子曰"德不孤，必有邻"，皆积善累德之效也。②

董仲舒肯定汉代朝廷能够建国，是因为有"非人力所能致而自至者"的"天意"合法性，所以他愿意服从、遵循汉武帝的政治权力，并且愿为这一政治权力的长治久安而效力。显然，当汉武帝与董仲舒双方均愿意尊重对方权力而不偏执于自己单方面的权力时，他们才有可能开展政治协商与政治合作。

既然双方已经确认了对方的权力和利益，这就要看董仲舒提出的方案和条件。董仲舒明确表示自己尊重、服从帝王的政治权力，他在与汉武帝共同致力于汉帝国长治久安的基础上，进一步提出自己主张的治国方略、大道之要。他强调要传承三代先王的王道政治，通过"更化"而确立德治、教化作为汉代

---

① （汉）班固：《汉书》卷五十六《董仲舒传》，中华书局，1962，第2495页。
② （汉）班固：《汉书》卷五十六《董仲舒传》，中华书局，1962，第2500页。

的治国之道。他说：

> 故汉得天下以来，常欲善治而至今不可善治者，失之于当更化而不更化也。古人有言曰："临渊羡鱼，不如退而结网。"今临政而愿治七十余岁矣，不如退而更化；更化则可善治，善治则灾害日去，福禄日来。《诗》云："宜民宜人，受禄于天。"为政而宜于民者，固当受禄于天。夫仁谊礼知信五常之道，王者所当修饬也；五者修饬，故受天之祐，而享鬼神之灵，德施于方外，延及群生也。①

董仲舒特别强调，汉代通过"更化"而确立的德治、教化的治国之道，其实来源于尧、舜、禹"三圣相受"之道，也是夏、商、周代代相传之道。其旨意是强调儒家士大夫之道的权威性，既有文化的权威，也有政治的权威，因为尧、舜、禹、文、武均是"圣王"。他说：

> 夏因于虞，而独不言所损益者，其道如一而所上同也。道之大原出于天，天不变，道亦不变，是以禹继舜，舜继尧，三圣相受而守一道，亡救弊之政也，故不言其所损益也。繇是观之，继治世者其道同，继乱世者其道变。今汉继大乱之后，若宜少损周之文致，用夏之忠者。②

董仲舒在此特别指出，他给汉武帝提出的治国方略、大道之要，

---

① （汉）班固：《汉书》卷五十六《董仲舒传》，中华书局，1962，第2505页。
② （汉）班固：《汉书》卷五十六《董仲舒传》，中华书局，1962，第2518～2519页。

其实有着十分久远的来源，是尧、舜、禹"三圣相受"之道，也是夏、商、周一直贯彻、执行的"三代先王之道"。

董仲舒不仅为汉武帝提出了经世治国的大道之要，还进一步提出了相关的方略和条件。为了保证汉帝国能够稳定而长久地坚持德治、教化的治国之道，他要求汉武帝必须独尊"六艺之科、孔子之术"，他说：

> 《春秋》大一统者，天地之常经，古今之通谊也。今师异道，人异论，百家殊方，指意不同，是以上亡以持一统；法制数变，下不知所守。臣愚以为诸不在六艺之科孔子之术者，皆绝其道，勿使并进。邪辟之说灭息，然后统纪可一而法度可明，民知所从矣。[1]

他还提出应在教育制度上确立对儒家士人的培养，在政治制度上让儒家士人进入国家官僚队伍，这样才能够确保后代的帝国政治继续与儒家士大夫开展政治合作，共治天下。他说：

105

> 夫不素养士而欲求贤，譬犹不琢玉而求文采也。故养士之大者，莫大乎太学；太学者，贤士之所关也，教化之本原也。今以一郡一国之众，对亡应书者，是王道往往而绝也。臣愿陛下兴太学，置明师，以养天下之士，数考问以尽其材，则英俊宜可得矣。今之郡守、县令，民之师帅，所使承流而宣化也；故师帅不贤，则主德不宣，恩泽不流。[2]

① （汉）班固：《汉书》卷五十六《董仲舒传》，中华书局，1962，第2523页。
② （汉）班固：《汉书》卷五十六《董仲舒传》，中华书局，1962，第2512页。

这一系列主张，可以看作是董仲舒对汉武帝开展政治合作、建立政治盟约而提出的合作条件或盟约条款。他提出，汉武帝必须采纳他的合作条件，在政治制度上确立儒生在体制内的地位，并进一步实行"量材而授官，录德而定位"的儒生选拔方式，这样才能够保证汉帝国的长治久安。

既然董仲舒给汉武帝提出了这些重要的政治合作条件和建议，那么如何保证他们建立的政治盟约能够有效地执行呢？董仲舒为了确保他和汉武帝的政治盟约是有效的，必须找到一个双方均认可、敬畏的监督者，来强力推动和监督执行这一政治盟约，他找到了这个有力量的监督者——"天"。所以，董仲舒在其天人三策中，首先就确立了"天"的崇高权威。他强调说：

> 臣谨案《春秋》之中，视前世已行之事，以观天人相与之际，甚可畏也。国家将有失道之败，而天乃先出灾害以谴告之，不知自省，又出怪异以警惧之，尚不知变，而伤败乃至。以此见天心之仁爱人君而欲止其乱也。自非大亡道之世者，天尽欲扶持而全安之，事在强勉而已矣。强勉学问，则闻见博而知益明；强勉行道，则德日起而大有功：此皆可使还至而有效者也。①

董仲舒特别指出，儒生和帝王的政治合作是建立在"天人相与之际"的基础上，故而"天"会通过天瑞、谴告的方式，来监督帝王一方对政治盟约的执行，以保证董仲舒提出的政治合作条件能够有效地达成，特别是保证尧、舜、禹和夏、商、周一直贯彻、

----

① （汉）班固：《汉书》卷五十六《董仲舒传》，中华书局，1962，第2498～2499页。

执行的先王之道能够得以继承和延续。

我们注意到，在汉武帝、董仲舒的天人三策对话过程中，“天”并不是政治对话的参与者，而始终是这一政治盟约的公证者、监督者、裁决者。在董仲舒《春秋》公羊学的话语体系中，他多次表述了“《春秋》之法”，君、民、天是这样一种关系：“《春秋》之法：以人随君，以君随天。……故屈民而伸君，屈君而伸天，《春秋》之大义也。”[①]这里出现了“屈民”“伸君”“屈君”“伸天”几个十分重要的概念。说到这里，人们自然会问：与先秦时期的“天”相比较，董仲舒所说的“天”发生了什么样的重大变化？到底应该如何理解这一段话中的“天”？

在儒家话语体系中，“天”具有“天神”与“义理”双重含义。在三代时期的六经原典中，“天”的主导意义是宗教性的“天神”，但是那些具有人文理性的先王又在努力探索“天”背后的“义理”意义；在春秋战国早期儒家的思想中，“天”的“义理”意义凸显而成为思想主导，而其“天神”的意义已经淡化。我们会发现，在两汉的主流思想文化中，“天”似乎回归三代时期，呈现为“天神”的主导意义，董仲舒似乎在强化对“天神”作为人格神的崇拜和信仰，而儒家“义理”只能够通过“天神”的意志而间接地表达出来。董仲舒说：“天者，百神之大君也。事天不备，虽百神犹无益也。”[②]显然，这里的“天”是一个具有情感和意志的、人格化的神灵。董仲舒心目中的“天”，还与人一样具有喜怒哀乐的不同情感：“天亦有喜怒之气、哀乐

---

① 张世亮、钟肇鹏、周桂钿译注：《春秋繁露·玉杯第二》，中华书局，2012，第30页。

② 张世亮、钟肇鹏、周桂钿译注：《春秋繁露·郊语第六十五》，中华书局，2012，第536页。

之心，与人相副。"①他认为"天"的情感会通过自然现象表现出来，他以喜气、怒气、乐气、哀气来描述"天"的情感变化。同时，"天"也是一个具有意志的大神，总是会通过自然界的万物生长来表达它的仁爱，譬如董仲舒说："五谷食物之性也，天之所以为人赐也。"②可见，在以董仲舒为代表的汉儒这里，"天"似乎重新成为"天神""天意"的人格神，与夏、商、周三代时期的宗教信仰一致。这一点，反映了儒家士大夫文化在与王朝政治文化结合时，其精神信仰发生了重要变化，他们不再将儒家政治伦理归结为人类的普遍情感心理，归结为士人的精神追求。这一种主体性道德精神对士大夫精英群体或许有一定效力，但是要对拥有极高政治权力的帝王发挥作用是很困难的。对于拥有无限权力的帝王来说，让他们能够遵循政治盟约的最有力的精神压力是具有人格意志的"天"，也就是董仲舒在天人三策中所说的"国家将有失道之败，而天乃先出灾害以谴告之，不知自省，又出怪异以警惧之，尚不知变，而伤败乃至"。

所以，虽然董仲舒将"天"宗教化为"天神""天意"的人格神，但其最终目标还是汉代政治体系中的人。对于迫切盼望与朝廷合作的《春秋》公羊学家来说，他们固然要借助人们对"天神"的崇拜以"伸君"，即将"三纲"提升为天道以致"屈民而伸君"；同样，他们要借助于人们对"天神"的崇拜以"屈君"，即所谓"屈君而伸天"。这就是董仲舒的"《春秋》之大义"。

---

① 张世亮、钟肇鹏、周桂钿译注：《春秋繁露·阴阳义第四十九》，中华书局，2012，第445页。

② 张世亮、钟肇鹏、周桂钿译注：《春秋繁露·祭义第七十六》，中华书局，2012，第599页。

三、天人三策的历史意义

由此可见，汉武帝与董仲舒的天人三策，确实是西汉时期士大夫与帝王为开启政治合作的一场对话。董仲舒提出的"《春秋》之法"的整体方案，表达了儒家士大夫的政治理念和合作构想。为了实现儒家士大夫与帝王的合作，一方面董仲舒必须首先肯定"屈民而伸君"，这是实现政治合作的前提条件。另一方面，董仲舒又要求"屈君而伸天"，这样才能够保证董仲舒提出的政治盟约能够有效地执行。在董仲舒与汉武帝的政治盟约中，"以人随君"与"以君随天"，"屈民而伸君"与"屈君而伸天"是一个整体。

历史事实证明，汉武帝接受了董仲舒提出的合作条件，并且遵循了其在天人三策中提出的政治盟约及其相关条款。汉武帝很快推动、实行了独尊儒术的文化政策，建立了以儒家经典为核心的博士制度；同时建立和完善了以儒家思想为主导的太学和地方官学体系，完善了儒生的体制化培养和选拔的机制。这一切，有效地确立了政治化、制度化的儒学的地位，奠定了中华儒教文明的基础。后来历代朝廷也按照汉武帝奠定的政治形态和文化模式，尊重、服从儒学价值体系及相关的文化权力，以维护儒教文明的稳定和发展。

在中国政治史上，汉武帝与董仲舒讨论天人三策是一个重大标志性事件，其蕴含的历史意义本来就是多维的。我们当然可以将其看作是君臣之间的庙堂应对，也可以看作是儒学师生的传道解惑，但是我们更可以将其看作是帝王与儒者之间的政治盟约。汉武帝与董仲舒之所以能够通过天人三策而达成思想共识，是与他们之间的君臣关系、师生关系有关。作为君臣关系，董仲舒为汉武帝提供了最重要的治国方略；作为师生关系，董仲舒向汉武帝传授了最深刻的天人之道；但是，我们更应该将汉武帝与董仲舒看作是政治合作关系，拥有最高政治权力的帝王与拥有文化权力的儒生最终实现了具有国族建构目标的政治合作，从而为汉朝的国家强盛、长治久安奠定了基础，也为中华儒教文明的成型奠定了坚实的基础。

（《孔子研究》，2018年第4期）

论董仲舒的人性论建构

董仲舒作为从原始儒学到汉唐儒学转型的关键人物，其人性论思想备受世人关注，学术界出现了性善论[1]、性未善论[2]、性善情恶论[3]、性三品说[4]等多种观点，众说纷纭。一些学者认为董仲舒的思想承接孟轲，[5]有些认为其人性思想的精神是荀学，[6]有些则认为是兼综孟、荀。[7]董仲舒的人性论为什么会引来如此众多的争论？其人性论建构结构如何？我们如何才能探寻其思想的真相，从众多的解说中还原作者本来的意图呢？陈寅恪先生认为，"盖古人著书立说，皆有所为而发；故其所处之环境，所受之背景，非完全明了，则其学说不易评论"，因此要对距今数千年的哲学家的思想进行正确的评价，"必神游冥想，与立说之古人，处于同一境界，而对于其持论所以不得不如是之苦心孤诣，表一

① 陈玉森：《董仲舒"性三品"说质疑》，《哲学研究》1980年第2期。
② 周桂钿：《董学探微》，北京师范大学出版社，2008，第90页。
③ 施忠连：《董仲舒主张性善情恶论》，《北方论丛》1986年第1期。
④ 商聚德：《试论董仲舒人性论的逻辑层次》，《中国哲学史》1998年第2期。
⑤ 冯友兰：《中国哲学史新编》（中），人民出版社，2007，第70～71页。
⑥ 金春峰：《汉代思想史》，中国社会科学出版社，2006，第155页。
⑦ 张实龙：《董仲舒学说内在理路探析》，浙江大学出版社，2007，第99页。

种之同情，始能批评其学说之是非得失，而无隔阂肤廓之论"。①
我们如要确切了解董仲舒的人性论思想，只有沿着其人性论的内
在线索，深入探析其理论建构的思路，并在其思想体系建构的政
治与时代背景下观照，才有可能还原其本来面目。

一、以"正名"为方法的人性论论证逻辑

面对先秦时代众说纷纭的人性论观点，董仲舒是沿着怎样
的逻辑思路，来建构自己的人性论呢？董仲舒认为："名生于
真，非其真，弗以为名。名者，圣人之所以真物也，名之为言
真。""名"对应着某"真物"，它与事物的真实一定是相符合
的，显示了事物和事物之间的区别。凡是暗昧不明的东西，只要
"各反其真"，就一定会还其"昭昭耳"，因此，"欲审是非，莫
如引名。名之审于是非也，犹绳之审于曲直也"。董仲舒继承并
发展了先秦儒家、名家等"正名"思想，采取了"诘其名实，观
其离合"的方法，对"性""善""情""善质"与"已善"等名
实关系进行了厘清与论证，力图达到"是非之情不可以相谰已"
的目的。②

1. "性"与"善"有别

董仲舒认为"名物如其真，不失秋毫之末"，"今世暗于性，
言之者不同"③的原因就在于对性之"名"与所对应之"实"认
识模糊，因此必须"反性之名"。那么，"性"到底是什么呢？董

---

① 陈寅恪：《审查报告一》，载冯友兰著《中国哲学史》（下册），华东师
范大学出版社，2000，第 432 页。

② 以上所引均见张世亮、钟肇鹏、周桂钿译注《春秋繁露·深察名号第
三十五》，中华书局，2012，第 374 页。

③ 张世亮、钟肇鹏、周桂钿译注《春秋繁露·深察名号第三十五》，中华
书局，2012，第 376 页。

仲舒说:"性之名非生与? 如其生之自然之资谓之性。性者,质也。"性是"质",是人生下来自然而然所具有的资质。"诘性之质于善之名,能中之与? 既不能中矣,而尚谓之质善,何哉?"性与善之"名"与其所对应之"实"本质不同,因此想要从善的名称中寻找性的本质,肯定是找不到的,因为"性之名不得离质,离质如毛,则非性已"①。性不离"质",一旦离"质",就不是性了。因此用"善"来界定"性"是不能成立的。在这里董仲舒将性看作是人天生的自然资质,这与荀子将性定义为"生之所以然者谓之性"②有着异曲同工之妙,但是他并未对性做出恶的判断,因为既然善与性的内涵有着本质区别,同样,恶与性所对应之本质也必然不一,因此对性也不能用恶来界定。

2."性含善质"与"性善"有别

所谓"名者性之实,实者性之质"③,名与实一定是对应的。董仲舒通过与自然界各种事物的类比,认为性与善的关系就如同禾与米、璞与玉、卵与雏、茧与丝、麻与缕一样,两者既相互联系又相互区别,事物某种潜在的可能性必须经过后天的努力与干预才能成为现实,因此"禾虽出米,而禾未可谓米也;性虽出善,而性未可谓善也"④。性含善质与性善是不一样的。在此,董仲舒采取了与荀子相似的致思方式,站在性伪之分即天人

113

<hr>

① 以上所引均见张世亮、钟肇鹏、周桂钿译注《春秋繁露·深察名号第三十五》,中华书局,2012,第 375 页。

②(清)王先谦:《荀子集解·正名篇第二十二》,沈啸寰、王星贤点校,中华书局,1988,第 412 页。

③ 张世亮、钟肇鹏、周桂钿译注《春秋繁露·实性第三十六》,中华书局,2012,第 386 页。

④ 张世亮、钟肇鹏、周桂钿译注《春秋繁露·实性第三十六》,中华书局,2012,第 386 页。

有别的角度，将性与善分别归为不同的层次：性是"无所待而起，生而所自有也"①，它属于"天所为，有所至而止，止之内谓之天性"②的天道范围，不需要任何外在的力量，处于无需任何依凭的自然状态，无关善、恶；而善则是"人之继天而成于外"③，属于"止之外谓之人事，事在性外，而性不得不成德"④的范畴，一定要进入社会层面，经过后天人为努力才能成就。所以说"天之所为，止于茧麻与禾。以麻为布，以茧为丝，以米为饭，以性为善，此皆圣人所继天而进也，非情性质朴之能至也，故不可谓性善"，性含善质与性善是不能直接等同的，否则就会产生"不几于无教而如其自然，又不顺于为政之道矣"⑤，"失天意而去王任也"⑥的严重后果。因此"质而名以善性，其名不正，故不受也"⑦。

3. 言"善"之标准有别

按照名实相符的原则，"天生民有大经，言性者不当异"，世人对性的认识应该是一致的，之所以还存在着"性已善""性未

114

———————

① 张世亮、钟肇鹏、周桂钿译注《春秋繁露·实性第三十六》，中华书局，2012，第 389 页。

② 张世亮、钟肇鹏、周桂钿译注《春秋繁露·深察名号第三十五》，中华书局，2012，第 378 页。

③ 张世亮、钟肇鹏、周桂钿译注《春秋繁露·实性第三十六》，中华书局，2012，第 386 页。

④ 张世亮、钟肇鹏、周桂钿译注《春秋繁露·深察名号第三十五》，中华书局，2012，第 378 页。

⑤ 张世亮、钟肇鹏、周桂钿译注《春秋繁露·实性第三十六》，中华书局，2012，第 386 页。

⑥ 张世亮、钟肇鹏、周桂钿译注《春秋繁露·深察名号第三十五》，中华书局，2012，第 381 页。

⑦ 张世亮、钟肇鹏、周桂钿译注《春秋繁露·实性第三十六》，中华书局，2012，第 390 页。

善""性有善端""心有善质"的论争，是因为言"善"之标准不同，这也是董仲舒和孟子不同之所在：孟子之善是指"性有善端，童之爱父母，善于禽兽，则谓之善"；而董仲舒所言之善则是圣人之善，需"循三纲五纪，通八端之理，忠信而博爱，敦厚而好礼，乃可谓善"。一个是"下质于禽兽之所为，故曰性已善"；一个是"上质于圣人之所为，故谓性未善"。孟子站在人禽之别的角度，将仁义礼智等善端看作是人之所以为人的根本属性，个体只需充分发挥自身的道德自觉，不断地扩充、存养就可以成就善性；而董仲舒所说的善是一种以三纲五常、忠信博爱好礼等为主要内容，需经过后天的社会教化修养才能成就的圣人之善，因此，"质于人道之善，则民性弗及也"[①]，是一种很难达到的境界。而且从圣人已有的言论来看，"本无性善名"，只有"善人吾不得见之矣"[②]的论断，所以说"善之难当如此，而谓万民之性皆能当之"是不对的，其根本错误就在于没有弄清楚"名"的起源，"如之何谓未善、已善也？"[③]至此，董仲舒从其与孟子所言"善"之不同标准，圣人无性善的言论等方面，驳斥了孟子的性善论。

4."性""情"有同异

"性"是天所赋予的自然禀赋，但是除性之外，"情"也是天地之所生。董仲舒说："是正名号者于天地，天地之所生，谓之性、情。性、情相与为一瞑。情亦性也，谓性已善，奈其

---

① 张世亮、钟肇鹏、周桂钿译注《春秋繁露·深察名号第三十五》，中华书局，2012，第 383 页。

② 张世亮、钟肇鹏、周桂钿译注《春秋繁露·实性第三十六》，中华书局，2012，第 388 页。

③ 张世亮、钟肇鹏、周桂钿译注《春秋繁露·深察名号第三十五》，中华书局，2012，第 383 页。

情何？"性与情都是天赋不可分割的自然资质，"身之有性、情
也，若天之有阴阳也。言人之质而无其情，犹言天之阳而无其
阴也"①。由此可见，性与情同属于生之自然之质，性包含情，
情在性中，情为性之组成部分，即"情亦性也"；但同时性和情
又是相对的，就好像天有阴阳之对立一样。那么和性相对之情是
什么呢？董仲舒说"性者生之质也，情者人之欲也"②，"人欲之
谓情，情非度制不节"③，与性相对之情指的是人的情欲，如果
不对其加以节制而任其发展下去，就有可能对社会或他人造成
损害，有趋恶可能性。因此，"夫善恶之相从，如景乡之应形声
也"④，"天两有阴阳之施，身亦两有贪、仁之性"⑤。若从性、
情相对的角度而言，性为善、为阳，情为恶、为阴，两者相对
相成；从广义的角度而言，性含情，情与性同为生之"质"，为
天赋所有，非人力能去，因此性不仅含有"善质"，还含有"恶
质"。所以冯友兰在《中国哲学史》中说道："董仲舒所谓性，似
有广狭二义。"就其广义而言，"情亦系人之'生之自然之资'，
亦在人之'质'中"，"就其狭义言，则性与情对，为人'质'中
之阳；情与性对，为人'质'中之阴"。⑥如果仅言性而不言情，
就如同说天有阳而无阴一样，是难以成立的。因此不能简单地以
善、恶论性，否则情就没有安放之处了。

---

① 张世亮、钟肇鹏、周桂钿译注《春秋繁露·深察名号第三十五》，中华
书局，2012，第 380 页。
② （汉）班固：《汉书》卷五十六《董仲舒传》，中华书局，1962，第 2501 页。
③ （汉）班固：《汉书》卷五十六《董仲舒传》，中华书局，1962，第 2515 页。
④ （汉）班固：《汉书》卷五十六《董仲舒传》，中华书局，1962，第 2517 页。
⑤ 张世亮、钟肇鹏、周桂钿译注《春秋繁露·深察名号第三十五》，中华
书局，2012，第 376 页。
⑥ 冯友兰：《中国哲学史》（下册），华东师范大学出版社，2000，第 19 页。

5. 对"性"之界定范围有别

对"性"，董仲舒到底是如何论说的呢？通过对"性""善""情"等名实关系的多层的剖析，董仲舒最终提出了自己对性的界定："名性不以上，不以下，以其中名之。"①"圣人之性，不可名性；斗筲之性，又不可名性；名性者，中民之性。"②董仲舒给自己所言之性设定了一个范围，即站在中民之性这个角度来讨论问题。因为圣人之性，是天生的"纯仁淳粹"③、纯善无恶，无须后天的教化，所谓"善过性，圣人过善"④，善超过了性的标准，圣人又超过了善的标准；而斗筲之性，则天生是纯恶无善，后天无法教化，就如同孔子所言："斗筲之人，何足算也。"⑤因此董仲舒指出，只有中民之性才是他所要讨论之"性"。因为"中民之性如茧如卵，卵待覆二十日，而后能为雏；茧待缫以涫汤，而后能为丝；性待渐于教训，而后能为善"⑥。中民之性包含着成善的可能性与潜在性，只要通过后天的教化努力，就能够成其为善。也正是因为"天生民性有善质而

117

① 张世亮、钟肇鹏、周桂钿译注《春秋繁露·深察名号第三十五》，中华书局，2012，第 380 页。

② 张世亮、钟肇鹏、周桂钿译注《春秋繁露·实性第三十六》，中华书局，2012，第 388 页。

③ 张世亮、钟肇鹏、周桂钿译注《春秋繁露·执贽第七十二》，中华书局，2012，第 576 页。

④ 张世亮、钟肇鹏、周桂钿译注《春秋繁露·深察名号第三十五》，中华书局，2012，第 383 页。

⑤（宋）朱熹:《论语集注·子路第十三》，载《四书章句集注》，中华书局，1983，第 146 页。

⑥ 张世亮、钟肇鹏、周桂钿译注《春秋繁露·实性第三十六》，中华书局，2012，第 388 页。

未能善，于是王就可以"承天意，以成民之性为任者也"①，圣王、礼义、教化才有其存在的必要，稳定、和谐、统一的国家才能建立。

通过"诘其名实"的方法，董仲舒对"性""善""情"的名实关系与层次进行了深入的剖析，让我们意识到：性是"生之自然之资"，属于"天"的层次，不可以简单地以善或恶言性；善属于"人事"的范围，需要后天的人为教化才能成就；性虽含善质，但与性善是两回事，不能以性有善端言性善；性兼含善、恶质，性中含情，情在性中；言性之标准不同，对性之善恶论断必有异；中民之性为董仲舒所言之性。

二、人性论建构依据及"性""善"之贯通

董仲舒所言之性，既然同时含有善质与恶质，那么其来源的现实与最终依据是什么？性与善各有自己所属之层次，那么它们之间怎样才能贯通，性是如何成善的？这是董仲舒的人性论建构必须要回答的问题。

1. 人性论建构的形上依据

早在殷商之际，就有关于天人关系的探讨。西周之世，在天命中又加入了"敬德保民""以德配天"的内容，天、人已经出现了某种贯通。春秋之时，孔子提出："下学而上达。知我者其天乎！"②将人事活动与天道相连。孟子则提出了"尽其心者，知其性也。知其性，则知天矣。存其心，养其性，所以事

---

① 张世亮、钟肇鹏、周桂钿译注《春秋繁露·深察名号第三十五》，中华书局，2012，第381页。

② （宋）朱熹：《论语集注·宪问第十四》，载《四书章句集注》，中华书局，1983，第157页。

天也"①。孔、孟直接将性善的根源归之于天，为董仲舒等后学论证其人性论提供了致思的方向。董仲舒在继承与发展前代之"天"思想的基础上，引入了"气""阴阳"等观念，为其人性论的建构提供了形上依据。他说："天地者，万物之本、先祖之所出也"②，"为生不能为人，为人者天也。人之为人本于天"，"天之副在乎人，人之情性有由天者矣"。③天是人与万物的最终来源，因此也是人性的最终依据。由于"凡物必有合""有美必有恶"④，天道之常，同时包含着阴阳二气，"独阴不生，独阳不生，阴阳与天地参然后生"⑤，两者相辅相成，密不可分。阳属于"天之德"，阴属于"天之刑"⑥，于是"恶之属尽为阴，善之属尽为阳"⑦，人的这种"善善恶恶之性"是"受命于天"，"可养而不可改，可豫而不可去，若形体之可肥臞，而不可得革也。"⑧可培养但不可改变，可预防但不可革除。如此，董仲舒便为人性中为何含有善质与恶质找到了具有权威性的形而上依据，

119

---

① （宋）朱熹：《孟子集注·尽心章句上》，载《四书章句集注》，中华书局，1983，第349页。

② 张世亮、钟肇鹏、周桂钿译注《春秋繁露·观德第三十三》，中华书局，2012，第341页。

③ 张世亮、钟肇鹏、周桂钿译注《春秋繁露·为人者天第四十一》，中华书局，2012，第399页。

④ 张世亮、钟肇鹏、周桂钿译注《春秋繁露·基义第五十三》，中华书局，2012，第464页。

⑤ 张世亮、钟肇鹏、周桂钿译注《春秋繁露·顺命第七十》，中华书局，2012，第557页。

⑥ 张世亮、钟肇鹏、周桂钿译注《春秋繁露·阴阳义第四十九》，中华书局，2012，第445页。

⑦ 张世亮、钟肇鹏、周桂钿译注《春秋繁露·阳尊阴卑第四十三》，中华书局，2012，第417页。

⑧ 张世亮、钟肇鹏、周桂钿译注《春秋繁露·玉杯第二》，中华书局，2012，第33页。

夯实了其人性论建构的基础。

2. 人性论建构的现实依据

董仲舒所生活的时代正处于汉代的前、中期，他在汉景帝时被立为博士官，在汉武帝时因诏举贤良对策，以"天人三策"名扬天下。当世之时，虽然汉代经过前期的体养生息，生产、经济得到了一定的发展，老百姓的生活也开始安定，但是天下仍未达到大治的效果。汉武帝虽"亲耕藉田以为农先，劝孝弟，崇有德，使者冠盖相望，问勤劳，恤孤独，尽思极神"，但社会依然是"群生寡遂，黎民未济，廉耻贸乱，贤不肖混淆"①，"习俗薄恶，人民嚣顽"②，人民善恶相杂，贤肖不等，世风薄恶，这使得汉武帝极为头疼，希望通过举贤良对策寻找到治理良策。董仲舒作为一代大儒，也必须针对现实社会中存在的这种"或夭或寿，或仁或鄙"③的性命之情作出理论上的回应，回答老百姓为什么在对待义利问题时，存在"皆忘义而殉利，去理而走邪，以贼其身，而祸其家"④的善恶混淆、良莠不齐、见利忘义的行为。这些都是董仲舒在构建人性理论时不得不直面的现实问题。

3. "性"与"善"的贯通

既然性与善分属天道与人道，"善当与教，不当与性"⑤，那么怎样才能"继天而成"⑥，贯通天道与人道，引性成善呢？

---

① （汉）班固：《汉书》卷五十六《董仲舒传》，中华书局，1962，第2507页。
② （汉）班固：《汉书》卷五十六《董仲舒传》，中华书局，1962，第2504页。
③ （汉）班固：《汉书》卷五十六《董仲舒传》，中华书局，1962，第2496页。
④ 张世亮、钟肇鹏、周桂钿译注《春秋繁露·身之养重于义第三十一》，中华书局，2012，第332页。
⑤ 张世亮、钟肇鹏、周桂钿译注《春秋繁露·深察名号第三十五》，中华书局，2012，第381页。
⑥ 张世亮、钟肇鹏、周桂钿译注《春秋繁露·实性第三十六》，中华书局，2012，第386页。

董仲舒沿袭了《中庸》"天命之谓性，率性之谓道，修道之谓教"与孟子尽心知性知天的思路，确立了"天"为其人性论的最终依据，并以"气"作为天、人贯通的桥梁。董仲舒说："人之为人本天，天亦人之曾祖父也，此人之所以乃上类天也"[1]，"人生于天而体天之节，故亦有大小厚薄之变"[2]，天是人的最终来源，人亦与天相类，而天"有阴阳之气，常渐人者，若水常渐鱼也"[3]。由于"阴阳之气，在上天，亦在人"[4]，两者"并行而不相乱，浇滑而各持分"[5]，出入无形，"在上下，在大小，在强弱，在贤不肖，在善恶"，无所不在，上下流通，此起彼伏，人来自天，天与人因气而相动相感相应，人得天"气"之不同决定着其情性有异，"恶之属尽为阴，善之属尽为阳。阳为德，阴为刑"[6]，"气之清者为精，人之清者为贤"[7]，人因所得之气质厚薄清浊而分为圣人、君子、善人等多个层次，所以董仲舒说："天两有阴阳之施，身亦两有贪、仁之性。"[8]天有阴阳之气，

① 张世亮、钟肇鹏、周桂钿译注《春秋繁露·为人者天第四十一》，中华书局，2012，第 398 页。

② 张世亮、钟肇鹏、周桂钿译注《春秋繁露·官制象天第二十四》，中华书局，2012，第 272 页。

③ 张世亮、钟肇鹏、周桂钿译注《春秋繁露·天地阴阳第八十一》，中华书局，2012，第 650 页。

④ 张世亮、钟肇鹏、周桂钿译注《春秋繁露·如天之为第八十》，中华书局，2012，第 641 页。

⑤ 张世亮、钟肇鹏、周桂钿译注《春秋繁露·阴阳出入上下第五十》，中华书局，2012，第 449 页。

⑥ 张世亮、钟肇鹏、周桂钿译注《春秋繁露·阳尊阴卑第四十三》，中华书局，2012，第 417 页。

⑦ 张世亮、钟肇鹏、周桂钿译注《春秋繁露·通国身第二十二》，中华书局，2012，第 220 页。

⑧ 张世亮、钟肇鹏、周桂钿译注《春秋繁露·深察名号第三十五》，中华书局，2012，第 376 页。

人亦有善恶之质。由于阴阳二气具有"多少调和之适，常相顺"，"以出入相损益，以多少相溉济"①的特性，因此人性所含善质与恶质的多少取决于阴阳之气相济相成之比例，天通过阴阳之气的互动而将善质或恶质赋予人。因气有至阴、至阳、阴阳相济之分，因此人之禀赋有全恶、至善、善恶兼含之别，即有斗筲之性、圣人之性与中民之性。但由于至阴至阳是气之极致状态，为天然圆成之少数，为后天人力无法改变，天道之运行更多的是阴阳二气相济相错相交循环运动，因此为突出圣王礼仪教化的重要性，董仲舒不以圣人、斗筲之性言性，而以中民之性言性。由此可见，后世学者将其人性论解说为性三品说也是有一定合理性的。同时，董仲舒以气之厚薄清浊言性，实际上已开宋明理学言"天地之性"与"气质之性"的先河。

既然"天"以"气"予"人"以"性"，那么性又是如何成善的呢？董仲舒认为必须要通过"教"与"心"的相济互动始成。他说："性者，天质之朴也；善者，王教之化也。无其质，则王教不能化；无其王教，则质朴不能善。"②要使性成其为善就必须在自然禀赋的基础上，因势利导，通过符合社会伦理道德规范的圣王教化，"引其天性所好，而压其情之所憎"③，才能移风易俗，使万民成为至善之人。王教与天生质朴之性是相辅不相

---

① 张世亮、钟肇鹏、周桂钿译注《春秋繁露·阴阳终始第四十八》，中华书局，2012，第 440 页。

② 张世亮、钟肇鹏、周桂钿译注《春秋繁露·实性第三十六》，中华书局，2012，第 389～390 页。

③ 张世亮、钟肇鹏、周桂钿译注《春秋繁露·正贯第十一》，中华书局，2012，第 158 页。

离的。但是"王教在性外"①，不是性本身所有之物，那么如何使性外之教成为可能呢？这就必须发挥心的能动作用。在此，董仲舒继承和发扬了孟、荀对心的能动作用的认识，他说："体莫贵于心"②，"栣众恶于内，弗使得发于外者，心也，故心之为名栣也。人之受气苟无恶者，心何栣哉？"③"栣，禁制"④，即心对恶有限制与禁止的功能；同时心还具有对义的辨知体认功能，即所谓"心不得义，不能乐"⑤，故"好恶去就者，所以说心也"⑥。说通"悦"。正是由于心对善恶的体认、辨知功能，所以人才能发挥其主动性、能动性，将外在的圣王礼义教化内化为主体的自觉需要，使得圣王教化成为可能。此外，心还是气的主宰，"凡气从心，心，气之君也，何为而气不随也？"⑦所以董仲舒说："必知天性不乘于教，终不能栣。察实以为名，无教之时，性何遽若是？"⑧性在外在王教与内在之心的相互作用下，才能最终成其为善。

---

① 张世亮、钟肇鹏、周桂钿译注《春秋繁露·实性第三十六》，中华书局，2012，第 386 页。

② 张世亮、钟肇鹏、周桂钿译注《春秋繁露·身之养重于义第三十一》，中华书局，2012，第 330 页。

③ 张世亮、钟肇鹏、周桂钿译注《春秋繁露·深察名号第三十五》，中华书局，2012，第 376 页。

④ 张世亮、钟肇鹏、周桂钿译注《春秋繁露·深察名号第三十五》，中华书局，2012，第 377 页。

⑤ 张世亮、钟肇鹏、周桂钿译注《春秋繁露·身之养重于义第三十一》，中华书局，2012，第 330 页。

⑥ 张世亮、钟肇鹏、周桂钿译注《春秋繁露·为人者天第四十一》，中华书局，2012，第 403 页。

⑦ 张世亮、钟肇鹏、周桂钿译注《春秋繁露·循天之道第七十七》，中华书局，2012，第 614 页。

⑧ 张世亮、钟肇鹏、周桂钿译注《春秋繁露·深察名号第三十五》，中华书局，2012，第 377 页。

　　董仲舒创造性地继承了先秦儒家人性论思想，以荀子为主而兼综孟子并有所超越：在天、人之间以气为桥梁相贯通而予性以善、恶质，解决善恶的终极来源，赋予人成善的潜质；在性与善的层面以教与心为中介，内外相济互动而成善，为人如何为善提供具体路径，从而建构了一个完善的人性论体系："性"兼含善、恶质，在主体的能动参与下，经圣王教化，不断变化气质而成其为善，它是人类不断向上提升、永无止境的理想追求。其对性与善的天、人之分，开启了胡宏不以善恶言性之思路[①]；而以性为不断生成的动态过程，则为王夫之以性为"日生而日成之"提供了致思方向。由于董仲舒并没有简单地用善恶对性进行框定，而是以气、心、教为中介将天与人、性与善相贯通，将性视为动态的发展生成的过程，所以显得比较圆融与辩证，从而使得后世的学者可以根据其思想的某个侧面做出性善、性未善、性善情恶、性三品说等论断，从不同的侧面丰富了董仲舒之的人性论，这也是学术界对董仲舒之人性论是宗孔、宗孟、宗荀，还是综合诸家有所论争的原因之所在。董仲舒人性论不仅奠定了汉唐人性论的基本框架[②]，而且开启了宋明理学以气言性之先河，体现了其人性论的兼容并包。

三、人性论建构的政治与时代原因

　　董仲舒通过正名之方法，融通先秦诸子，建构了一个兼容并包、发展开放的人性论体系。那么董仲舒为什么会如此建构自己

---

　　① "性也者，天地鬼神之奥也，善不足以言之，况恶乎？" 载（宋）胡宏著《胡宏集·附录一》，吴仁华点校，中华书局，1987，第333页。
　　② 陈延庆、冯希华：《论董仲舒人性论的逻辑结构》，《临沂师范学院学报》2001年第3期。

的人性论？其最终目的何在？原因为何？要回答这些问题，就必须回溯董仲舒所处的政治与时代背景。

董仲舒主要生活在汉文帝、景帝、武帝时期，当时，汉代刚代秦而立，天下承平不久，从政治而言，分封的诸侯的势力依然存在，中央集权的封建大一统国家还没有完全建立；从思想而言，虽经秦代焚书坑儒，但诸子百家余响依旧存在，国家的指导思想还未定于一尊。如何总结历史经验教训，为实现政治与思想上的大一统寻找理论根据成为时代主题。董仲舒以敏锐的眼光，顺应了时代发展的需求，从人道与天道两个角度为维护大一统的封建国家提供了合理的理论论证。

1. 从现实的"人道"层面，董仲舒创造性地融通先秦儒家之人性论，为其政治理论张本

董仲舒在《春秋繁露·正贯》中说道："明于情性，乃可与论为政。不然，虽劳无功。"①作为一门解决现实问题的经世之学，儒学的人性论总是和其政治学说联系在一起。可以说人性论是儒家政治哲学建构的起点与基础，而为政的目的与指导思想反过来又影响人性论建构的结构，两者相辅相成，不可分割。因此，要建构正确的治国方略，必须以相应的人性论为其逻辑起点。董仲舒通过对先秦儒学及其人性论的反思，力图在孔子提出的仁礼并重与"性相近也，习相远也"的框架下，扬长避短，兼综诸子。由于孔子的"仁学"与"礼学"思想分别蕴含着可以推导出人性善或人性恶的内涵，②作为其后学的孟子发展了

125

---

① 张世亮、钟肇鹏、周桂钿译注《春秋繁露·正贯第十一》，中华书局，2012，第159页。

② 王琦，李生龙：《善乎？恶乎？——论孔子人性论所蕴涵的两极趋向》，《湖南师范大学社会科学学报》2007年第3期。

孔子的仁学思想，建构了性善论，提出了一套性善——仁政、王道说[①]；荀子则发扬了孔子的礼学精神，建构了性恶论，强调了礼义师法之化的重要性，提出了以礼法治国的政治学说。[②]虽然孟子与荀子之学各有千秋，但也都有自己的不足。孟子高扬了人为善的自觉性、主体性，开拓了"内圣"之学，却忽视了外在礼义教化对人的重要意义，对社会秩序造成了巨大的冲击，其仅仅依靠君王自身的"不忍人之心"实施仁政的学说不具备外在的强制与约束力，因而无法解决现实中存在的各种残忍杀戮等问题，其学说"坐而言之，起而不可设，张而不可施行"[③]，缺乏现实的操作性。荀子的性恶论，虽然为隆礼重法的治国方略奠定了基石，为礼义师法之化找到了立论依据，开辟了"外王"之道，但是由于缺乏对主体内在的能动与认同，很容易导致对人性的扼杀与政治强权，其后学李斯、韩非将其学说发展为以法治国，严刑峻法、刻薄寡恩，从而导致了秦朝的暴政与灭亡，其教训是十分惨痛的。单纯地强调仁政德治或礼义法治都是对社会发展不利的，最好的方略就是将仁政德治与礼义法治结合起来，德主刑辅，内圣外王，即孔子所说的："道之以政，齐之以刑，民免而无耻；道之以德，齐之以礼，有耻且格。"[④]与之相应，在人性的塑造上既要发挥人的道德自觉性，培养善端，又要为外在的圣王

---

① 王琦：《孟子对孔子人性论的拓展与重构》，《华南农业大学学报》（社会科学版）2007 年第 2 期。

② 王琦：《孟荀思想演进的人性论逻辑——试为荀子正名》，《求索》2012年第 6 期。

③（清）王先谦：《荀子集解·性恶篇第二十三》，沈啸寰、王星贤点校，中华书局，1988，第 441 页。

④（宋）朱熹：《论语集注·为政第二》，载《四书章句集注》，中华书局，1983，第 54 页。

教化找到存在的依据，节制人欲。所以董仲舒以中民之性言性，只讲性含善恶质，"性待教而为善"①，强调后天的教化与个人努力，为王者教化万民寻找立足之地，并为最终确立仁政德治、德主刑辅的王道政治张本。

2. 从天道层面而言，董仲舒确立了"天"为人道的终极根源，夯实了"大一统"的理论依据

面对时代课题，董仲舒针对现实的人性，认识到实施仁政德治的王道政治的重要性，但是面对着强大的王权，怎样才能实现对天子的约束，推行儒家的治国理念，达到"屈民而伸君，屈君而伸天"②的目的，实现思想上、政治上的"大一统"呢？通过对历史与现实经验的总结，董仲舒找到了"天"这个权威，将天视为"万物之本，先祖之所出也"③，赋予天以道德意志与无上的威严，使得"天子受命于天，天下受命于天子"④，包括诸侯王在内的所有人都要听命于天子，天子要听命于天，取法天道来治理国家。由于"天道之大者在阴阳。阳为德，阴为刑"⑤，天具有"天之任阳不任阴、好德不好刑"⑥与"刑者德之辅，阴者

127

① 张世亮、钟肇鹏、周桂钿译注《春秋繁露·深察名号第三十五》，中华书局，2012，第381页。

② 张世亮、钟肇鹏、周桂钿译注《春秋繁露·玉杯第二》，中华书局，2012，第30页。

③ 张世亮、钟肇鹏、周桂钿译注《春秋繁露·观德第三十三》，中华书局，2012，第341页。

④ 张世亮、钟肇鹏、周桂钿译注《春秋繁露·为人者天第四十一》，中华书局，2012，第559页。

⑤（汉）班固：《汉书》卷五十六《董仲舒传》，中华书局，1962，第2502页。

⑥ 张世亮、钟肇鹏、周桂钿译注《春秋繁露·阴阳位第四十七》，中华书局，2012，第438页。

阳之助"①的特性，所以落实到人道层面，"王者承天意以从事，故任德教而不任刑"②，必须以仁政德治治国，德刑并用，德主刑辅。如果天子不按照天的意志行事，那么天就会用灾异谴告来进行警示；天子如果再不听从天命，那么天命就会发生转移，因为"天之生民者，非为王也；而天立王，以为民也。故其德足以安乐民者，天予之，其恶足以贼害民者，天夺之"③，天子必须按照天意使人民安居乐业。同时由于"天两有阴阳之施，身亦两有贪、仁之性"④，天通过阴阳之气将善、恶之质赋予万民而未能为善，所以王者就可以以德化"引其天性所好"，因其有恶质，王者则以刑法礼义"压其情之所憎"⑤，使民按照王道政治的要求，通过后天的教化、努力成为至善之人，从而使得社会实现"风流而令行，刑轻而奸改，百姓和乐，政事宣昭"⑥的王道理想，达到"以人随君，以君随天"⑦的大一统目的，即万民听从天子，天子顺从天命，而天又听从儒家的旨意，⑧从而一统思想、一统政治，维护社会的稳定与百姓的安宁。

由此可见，董仲舒根据时代与政治发展的要求，创造性地改

① 张世亮、钟肇鹏、周桂钿译注《春秋繁露·天辨在人第四十六》，中华书局，2012，第436页。

② （汉）班固：《汉书》卷五十六《董仲舒传》，中华书局，1962，第1097页。

③ 张世亮、钟肇鹏、周桂钿译注《春秋繁露·尧舜不擅移汤武不专杀第二十五》，中华书局，2012，第277页。

④ 张世亮、钟肇鹏、周桂钿译注《春秋繁露·深察名号第三十五》，中华书局，2012，第376页。

⑤ 张世亮、钟肇鹏、周桂钿译注《春秋繁露·正贯第十一》，中华书局，2012，第158页。

⑥ （汉）班固：《汉书》卷五十六《董仲舒传》，中华书局，1962，第2497页。

⑦ 张世亮、钟肇鹏、周桂钿译注《春秋繁露·玉杯第二》，中华书局，2012，第30页。

⑧ 周桂钿：《董学探微》，北京师范大学出版社，2008，第482～483页。

造了儒家思想，使之适应了社会需求，使儒家思想成为官方的主流意识形态，影响了中国两千多年，实现了孔、孟、荀梦寐以求的理想。从中我们既可以看到儒学以海纳百川的精神直面现实、适应时事、干预政治，不断地改变、修正自身的强大生命力，又可以看到儒者"持险应变曲当，与时迁徙，与世偃仰，千举万变"①的经世精神。正是儒学与儒者的这种结合，不断推动着儒学向前发展，在不同的时代发挥着不同的作用。虽然到了近现代，面对西方文化的强势冲击，儒学在一定程度上式微，但是只有民族的才是世界的，作为传承了两千多年的儒家文化传统，必然有其存在的合理性。面对多元文化与现代精神的强烈碰撞，儒学应适应新的形势，完成自身的现代化转换，重新焕发新的生命力，为实现中华民族复兴而贡献自己应有的力量。

（《北京大学学报》（哲学社会科学版），2014年第5期，与王琦合著）

---

① （清）王先谦：《荀子集解·儒效篇第八》，沈啸寰、王星贤点校，中华书局，1998，第138页。

《白虎通义》：政典和经典的结合

　　《白虎通义》是汉代一部儒家经典与帝国政典结合为一的重要大典。如果说董仲舒的《春秋繁露》是汉代士大夫为了与君王建立合作关系而提出的文化思考与政治建议，那么，《白虎通义》则是士大夫与君王在合作过程中成型的文化共识与政治盟约。

　　儒家经典的原始文本产生于上古三代特别是西周，而经典体系的成型则是在春秋战国。到了汉武帝实行"罢黜百家，独尊儒术"的政策以后，儒家经典才被列入国家制度体系而成为王官学，进而全面进入国家的政治法律制度而成为政典。《白虎通义》是汉代的儒家经典与帝国政典结合的政治成果和学术成果。儒家经典与帝国政治的结合，既强化了儒家文化的政治功能，又增加了帝国政治的文明元素，为中华儒教文明的成型奠定了基础。

一、《白虎通义》：政典与经典的结合

　　我们为什么说，《白虎通义》是汉代士大夫与君王在合作过程中达成的文化共识与政治盟约？这一点，首先从《白虎通义》

的成书过程体现出来。

自从汉武帝实行"罢黜百家，独尊儒术"政策以后，儒家经典就逐渐成为汉代的国家制度、法律条文、治国原则、社会道德的思想源泉、文本依据。但是，儒家学者在建构经学知识体系的时候，因经典文本的不同、对经典理解的不同、师承关系不同，故而对经义的理解和解释存在很大的分歧；与此同时，儒家经学的文献典籍过于庞大，给国家治理的实际运用带来了困难，不利于学术化经典向治术化政典的转化。为了解决经典理解的不统一、学术化经学与治术化政典的相互配合等问题，汉代朝廷举办过两次在历史上有重大影响的御前经学会议，一次是西汉宣帝主政时期的石渠阁会议，一次是东汉章帝主政时期的白虎观会议，两次会议均产生并且留下了儒家经典和汉代政典相结合的相关文本。《石渠议奏》就是石渠阁会议中，帝王与士大夫达成的政治盟约与文化共识，《白虎通义》则是白虎观会议中，帝王与士大夫达成的政治盟约与文化共识，由于《石渠议奏》已经遗失，我们能够看到的《白虎通义》就特别珍贵。

白虎观会议既可以说是一场由汉章帝召集各方卿大夫参加的讨论制定国家政典的政治协商会议，也可以说是皇帝出席、东汉众多经学名家参加的最高等级的御前经学会议。当时，白虎观会议就留下会议记录《白虎议奏》，后来由著名儒家学者班固作进一步整理，形成现有的《白虎通义》，又称《白虎通德论》或《白虎通》。《白虎通义》不完全是一部国家政典，也不纯粹是一部经学学术著作，而应该说是汉代经典和政典的结合。

首先，《白虎通义》应该看作是一部汉代的国家政典。中国古代的政典就是实施国家治理、建立典章制度方面的书籍。《尚书·胤征》载："政典曰：先时者杀无赦。"孔传："政典，夏后为政之典籍。"①人们往往将天子、君王主持制定与实施的国家政治及其典章制度方面的书籍称为政典。据《后汉书·章帝本纪》的记载，汉章帝于建初四年（79）下诏召开的讲论"五经"异同的白虎观会议，参加人员包括太常、将、大夫、博士、议郎、郎官及诸生、诸儒等，由汉章帝"临制亲决"。可见，这一次会议的参加者主要是汉代朝廷负责国家典章、礼乐制度等方面顾问应对的官员政要和经学领域相关的文化教育官员，他们要为汉朝的政治制度、礼仪规范、意识形态、文化教育承担责任。所以，这一次会议所讨论的问题，首先是与汉朝的政治制度、国家治理、礼乐典章、法令刑律、经典思想、宗教信仰、教育体系、宗法制度等相关的国家政典的制定和确立。《白虎通义》共四十四篇，其篇章明显是按照国家政典所要解决的问题，而不是经学学术的篇章分类的。《白虎通义》的四十四篇包括的政典大事依次是：第一卷论爵；第二卷论号、谥、五祀；第三卷论社稷、礼乐；第四卷论封公侯、京师、五行；第五卷论三军、诛伐、谏净、乡射；第六卷论致仕、辟雍、灾变、耕桑、封禅、巡狩；第七卷论考黜、王者不臣、蓍龟、圣人、八风、商贾；第八卷论瑞贽、三正、三教、三纲六纪、情性、寿命、宗族；第九卷论姓名、天地、日月、四时、衣裳、五刑、五经；第十卷论嫁娶、绋冕；第十一卷论丧服、崩薨等。这四十多件政典大事的每一件又包含许多具体的问题。如第一卷论爵有十章，包括"天子为爵称""制爵五等三等之异""天子诸侯爵称之异""王者太子称士"等十个问题。显然，汉章帝"临制亲决"希望解决的是政治制度、君王

---

① （汉）孔安国传，（唐）孔颖达疏《尚书正义》卷七《胤征》，收入《十三经注疏》，北京大学出版社，1999，第183页。

施政、国家治理、社会礼仪、意识形态等重大实际政治事务，故而《白虎通义》首先是汉代的国家政典。

其次，《白虎通义》又应该看作是汉代的重要经典著作。儒家"五经"作为汉代朝廷确立的经典，本来就与三代先王的君王施政、国家治理、制礼作乐等政治事务密切相关。汉代采用的"独尊儒术"方略，其实就是以儒家经典为依据确立国家的典章制度、治理方法。汉章帝下诏召开的白虎观会议，就是通过对"五经"经义的经学讨论，以探讨汉朝的政治制度、国家治理等相关的国家政典问题。所以，参加白虎观会议的不仅是汉代朝廷负责国家典章、礼乐制度等方面顾问应对的官员政要，同时也是当时经学领域的学术大家。参加白虎观研讨会议的十多位士大夫，其实均是当时学术地位甚高的经学家。同时，考察白虎观研讨会议的学术成果《白虎通义》，这一部大典的显著特点是大量引用儒家经典以论证、确立汉代政典。有学者做过统计，《白虎通义》四十四篇，引《尚书》及传八十四条，引"三礼"等礼类著作一百七十四条，《春秋》经传一百零八条，《论语》六十三条，《诗经》类六十九条，《易》学经传二十三条，《论语》六十三条，《孝经》九条，《尔雅》九条，各类纬书三十三条。[1]从《白虎通义》引证的儒家经典，可以看出班固及其参会的经学家的学术旨趣、经学思想。正如清代经学家皮锡瑞所评价的，《白虎通义》"集今学之大成"[2]。可见，《白虎通义》是两汉今文经学的集大成著作，集中体现了两汉今文经学的学术思想。

133

---

① 姜广辉主编《中国经学思想史》第二卷，中国社会科学出版社，2003，第386页。

② （清）皮锡瑞：《经学历史·经学极盛时代》，载（清）皮锡瑞撰，吴仰湘校点《皮锡瑞集》二，岳麓书社，2012，第1162页。

　　将东汉班固的《白虎通义》与西汉董仲舒的《春秋繁露》做比较，也是一个十分有意义的视角。因为这两本书有许多共同点：它们均是汉代士大夫与君王在合作过程中达成的文化共识，既表达了士大夫的政治思想、政治诉求，也体现出君王向往的国泰民安和长远的政治利益；它们既是汉代士大夫的今文经学代表著作，又在政治史上有重要政治影响。而且，《白虎通义》与《春秋繁露》的许多思想、学术观点完全一致，东汉班固的《白虎通义》学习、继承了西汉董仲舒《春秋繁露》的思想观点，包括王道三纲来源于天，灾异谴告说，性情阴阳说等。

　　但是，《白虎通义》与《春秋繁露》又是两部不一样的典籍，它们从形式到内容均有一些区别。

　　其一，《白虎通义》与《春秋繁露》在著作形式上有重要区别。《春秋繁露》是一部儒家学者个人的经学著作，作者董仲舒是一位经学大师，汉景帝时代的经学博士，终生潜心研究《春秋》公羊学。根据《汉书·董仲舒传》的记载，董仲舒"说《春秋》事得失，《闻举》《玉杯》《蕃露》《清明》《竹林》之属，复数十篇，十余万言"，后人将他的著作编成文集，初名《董子春秋》，后将其首篇《繁露》列入书名，遂成董子《春秋繁露》。《春秋繁露》可以说是董仲舒以《春秋》公羊学为主、兼及其他政治化经学而成的专著，也是他的经学代表著作。董仲舒《春秋繁露》的最大特点，就是从儒家经典中引申出经世致用的原则和方法，为汉代朝廷建构出国家典章、礼乐制度、经世大法的政典。而《白虎通义》则是由汉章帝召集汉代朝廷负责国家典章、礼乐制度等方面的政要和文化教育的官员参加的一次国家政典的协商、讨论大会，汉章帝本人"临制亲决"。可见，如果说《春秋繁露》是董仲舒从《春秋》公羊学中引申、建构国家典章、礼乐制度、经世大法的话,《白虎通义》则是君王主持,士大夫参与而制定的国家治理、典章制度方面的政典。《春秋繁露》为了确立这些国家典章、礼乐制度、经世大法的历史合理性,大量引用儒家经典来论证这些政典。所以,《春秋繁露》是从儒家经典中引申出国家典章制度、经世大法的政典,而《白虎通义》的特点是由国家典章制度、经世大法的政典溯源经典。

其二,《白虎通义》与《春秋繁露》在内容方面亦有区别。尽管《白虎通义》与《春秋繁露》均是汉代士大夫与君王在合作过程中达成的政治盟约与文化共识,但是它们在表达士大夫与君主的话语体系、价值立场方面还是有一些区别的。《春秋繁露》是董仲舒以《春秋》公羊学为主兼及其他政治化经学的著作,主要表达儒家士大夫在与君王合作时的话语体系、价值立场。所以,《春秋繁露》虽然体现出士大夫与君王合作时的政治妥协态度,但是仍然充分体现、强调了士人的德治思想和民本精神。而《白虎通义》作为汉代王朝的政典,是汉章帝召集汉代士大夫参加,但是由汉章帝本人"临制亲决"的一次关于国家政典的协商、讨论大会,必然会体现出君王在接受儒家士大夫思想时政治方面的强势态度。譬如,《春秋繁露》虽然充分肯定君王的政治权力,将他们称为"天子",但是却不会称为"圣人"。但是,《白虎通义》作为汉章帝召集并"临制亲决"的汉朝的政典,却在卷七《圣人》章专门探讨"何以知帝王圣人也?"[1]虽然《白虎通义》主要引《论语》《周易》,论证伏羲、神农、黄帝、尧、舜君王为"圣人",但是其目的十分明显,就是为当朝的君王是圣

135

---

① (清) 陈立:《白虎通疏证》卷七《圣人》,吴则虞点校,中华书局,1994,第336页。

人提供历史和理论依据。

二、《白虎通义》：汉代帝国的政典

《白虎通义》是汉代士大夫与帝王在合作过程中达成的政治盟约与文化共识，它首先突出地表现出帝国政治的要求，故而可以说是一部汉代帝国政治的政典，它的根本目的是确立帝国的政治制度、治理原则、礼乐文化等基本制度和重大原则。

《白虎通义》作为帝国政治的政典，主要体现在以下几个方面。

其一，必须首先确立帝王至高无上的政治权力。

作为汉朝国家宪章的《白虎通义》，在卷一、卷二的最重要位置，通过对爵、号、谥的规定，首先确立了帝王至高无上的政治权力。《白虎通义》在卷一《爵》章规定：

> 天子者，爵称也。爵所以称天子何？王者父天母地，为天之子也。故《援神契》曰："天覆地载谓之天子，上法斗极。"《钩命决》曰："天子，爵称也。"帝王之德有优劣，所以俱称天子者何？以其俱命于天，而王治五千里内也。《尚书》曰："天子作民父母，以为天下王。"何以知帝亦称天子也？以法天下也。《中候》曰："天子臣放勋。"《书·亡逸篇》曰："厥兆天子爵。"何以言皇亦称天子也？以其言天覆地载，俱王天下也。故《易》曰："伏羲氏之王天下也。"[①]

《白虎通义》卷二《号》章规定：

---

① （清）陈立：《白虎通疏证》卷一《爵》，吴则虞点校，中华书局，1994，第1～5页。

帝王者何？号也。号者，功之表也，所以表功明德，号令臣下者也。德合天地者称帝，仁义合者称王，别优劣也。《礼记·谥法》曰："德象天地称帝，仁义所生称王。"帝者天号，王者五行之称也。皇者，何谓也？亦号也。皇，君也，美也，大也。天人之总，美大之称也。时质，故总称之也。号言为帝何？帝者，谛也。象可承也。王者，往也。天下所归往。《钩命决》曰："三皇步，五帝趋。三王驰，五伯骛。"号之为皇者，煌煌人莫违也。[1]

《白虎通义》在卷二《谥》章规定：

天子崩，大臣至南郊谥之者何？以为人臣之义，莫不欲褒称其君，掩恶扬善者也。故之南郊，明不得欺天也。故《曾子问》："孔子曰：天子崩，臣下之南郊告谥之。"[2]

137

这一些所谓的爵、号、谥，包括天子、帝、皇、王等，均是为了"接上称天子者，明以爵事天也；接下称帝王者，得号天下至尊言称，以号令臣下也。……所以尊王者也。以天下之大、四海之内，所共尊者一人耳"[3]。

其二，必须进一步确立三纲六纪的社会政治秩序。

---

① （清）陈立：《白虎通疏证》卷二《号》，吴则虞点校，中华书局，1994，第43～45页。

② （清）陈立：《白虎通疏证》卷二《谥》，吴则虞点校，中华书局，1994，第72页。

③ （清）陈立：《白虎通疏证》卷二《号》，吴则虞点校，中华书局，1994，第47页。

帝王虽然是天子，代表"天"对天下实施统治和治理，但是天子不可能一个人统治天下，他需要三公、九卿、二十七大夫、八十一元士等诸多士大夫一道实施、完成对天下的治理。《白虎通义》强调，君王立三公、九卿等以治理天下，既是帝王的政治安排，也是对天意的顺从。《白虎通义》卷四《封公侯》载：

> 王者所以立三公九卿何？曰：天虽至神，必因日月之光。地虽至灵，必有山川之化。圣人虽有万人之德，必须俊贤。三公、九卿、二十七大夫、八十一元士，以顺天成其道。司马主兵，司徒主人，司空主地。王者受命为天地人之职，故分职以置三公，各主其一，以效其功。一公置三卿，故九卿也。天道莫不成于三：天有三光，日、月、星；地有三形，高、下、平；人有三等，君、父、师。故一公三卿佐之，一卿三大夫佐之，一大夫三元士佐之。[①]

帝王除了需要三公、九卿、二十七大夫、八十一元士来实施对天下的治理，根据家国同构的原理，在家庭、家族中，是由父、夫对家庭、家族实施治理。《白虎通义》卷八《三纲六纪》中，确立了三纲六纪的社会政治秩序：

> 三纲者，何谓也？谓君臣、父子、夫妇也。六纪者，谓诸父、兄弟、族人、诸舅、师长、朋友也。故《含文嘉》曰："君为臣纲，父为子纲，夫为妻纲。"又曰："敬诸父兄，六纪道行，诸舅有义，族人有序，

---

① （清）陈立：《白虎通疏证》卷四《封公侯》，吴则虞点校，中华书局，1994，第130～131页。

昆弟有亲，师长有尊，朋友有旧。"何谓纲纪？纲者，张也。纪者，理也。大者为纲，小者为纪。所以张理上下，整齐人道也。人皆怀五常之性，有亲爱之心，是以纲纪为化，若罗网之有纪纲而万目张也。……

君臣，父子，夫妇，六人也，所以称三纲何？一阴一阳谓之道。阳得阴而成，阴得阳而序，刚柔相配，故六人为三纲。三纲法天、地、人，六纪法六合。君臣法天，取象日月屈信，归功天也。父子法地，取象五行转相生也。夫妇法人，取象人合阴阳，有施化端也。六纪者，为三纲之纪者也。师长，君臣之纪也，以其皆成己也。诸父、兄弟，父子之纪也，以其有亲恩连也。诸舅、朋友，夫妇之纪也，以其皆有同志为己助也。[①]

《白虎通义》所确立的三纲六纪的秩序，既是君主政治主导下的人伦秩序，同样是效法天道的宇宙秩序。

139

其三，确立汉代国家治理的基本方法和手段：王霸并用。

《白虎通义》作为君主政治的政典，必须确立国家治理的重大原则和方法。《白虎通义》在讨论上古先王的名号时，特别是通过对三王、五霸名号的文化意义诠释，肯定了汉代国家治理的基本方法和手段是王道和霸道并用。《白虎通义》这样解释"三王"之王道：

所以有夏、殷、周号何？以为王者受命，必立天下之美号以表功自克，明易姓为子孙制也。夏、殷、周

① （清）陈立：《白虎通疏证》卷八《三纲六纪》，吴则虞点校，中华书局，1994，第373～375页。

者，有天下之大号也。百王同天下，无以相别，改制天子之大礼，号以自别于前，所以表著己之功业也。必改号者，所以明天命已著，欲显扬己于天下也。已复袭先王之号，与继体守文之君无以异也。不显不明，非天意也。故受命王者，必择天下美号，表著己之功业，明当致施是也。所以预自表克于前也。①

《白虎通义》又这样解释"五霸"之霸道：

> 五霸者，何谓也？昆吾氏、大彭氏、豕韦氏、齐桓公、晋文公也。昔三王之道衰，而五霸存其政，率诸侯朝天子，正天下之化，兴复中国，攘除夷狄，故谓之霸也。昔昆吾氏，霸于夏者也；大彭、豕韦，霸于殷者也；齐桓，晋文，霸于周者也。或曰：五霸，谓齐桓公、晋文公、秦穆公、楚庄王、吴王阖庐也。霸者，伯也，行方伯之职，会诸侯朝天子，不失人臣之义。故圣人与之。非明王之法不张。霸犹迫也，把也。迫胁诸侯，把持王政。《论语》曰："管仲相桓公，霸诸侯。"《春秋》曰："公朝于王所。"于是知晋文之霸也。《尚书》曰"邦之荣怀，亦尚一人之庆"，知秦穆之霸也。楚胜郑，而不告从，而攻之，又令还师，而佚晋寇。围宋，宋因而与之平，引师而去。知楚庄之霸也。蔡侯无罪，而拘于楚，吴有忧中国心，兴师伐楚，诸侯莫敢不至。知吴之霸也。②

---

① （清）陈立：《白虎通疏证》卷二《号》，吴则虞点校，中华书局，1994，第 56 页。

② （清）陈立：《白虎通疏证》卷二《号》，吴则虞点校，中华书局，1994，第 60～65 页。

《白虎通义》通过对先秦时期的"三王""五霸"的诠释，为汉代国家治理确立了王道和霸道并用的治理原则。所以，在《白虎通义》中，既贯穿了王道政治"以德治国"的治理原则和"以德服人"的治理方法，同时也贯穿了霸道政治"以刑治国"的治理原则和"以力制人"的治理方法。

因下一节会重点讨论汉代推崇的王道政治、以德治国，这里主要讲讲汉代君主政治同样推崇的"以刑治国"和"以力制人"的霸道政治。《白虎通义》卷五论述《诛伐》时说：

> 诛不避亲戚何？所以尊君卑臣，强干弱枝，明善善恶恶之义也。《春秋传》曰："季子煞其母兄，何善尔？诛不避母兄，君臣之义也。"《尚书》曰："肆朕诞以尔东征。"诛弟也。……
>
> 诸侯之义，非天子之命，不得动众起兵诛不义者，所以强干弱枝，尊天子，卑诸侯也。《论语》曰："天下有道，则礼乐征伐自天子出。天下无道，则礼乐征伐自诸侯出。"上无天子，下无方伯，诸侯有相灭亡者，力能救之，则救之可也。《论语》曰："陈恒弑其君，孔子沐浴而朝，请讨之。"王者诸侯之子，篡弑其君而立，臣下得诛之者，广讨贼之义也。《春秋传》曰："臣弑君，臣不讨贼，非臣也。"又曰："蔡世子班弑其君，楚子诛之。"①

《白虎通义》卷九论述《五刑》时说：

---

① （清）陈立：《白虎通疏证》卷五《诛伐》，吴则虞点校，中华书局，1994，第211～215页。

　　圣人治天下，必有刑罚何？所以佐德助治，顺天之
度也。故悬爵赏者，示有有劝也。设刑罚者，明有所惧
也。……科条三千者，应天地人情也。五刑之属三千，
大辟之属二百，宫辟之属三百，腓辟之属五百，劓、墨
辟之属各千，张布罗众，非五刑不见。劓、墨何其下刑
者也。墨者，墨其额也。劓者，劓其鼻也。腓者，脱其
膑也。宫者，女子淫，执置宫中，不得出也。丈夫淫，
割去其势也。大辟者，谓死也。

　　刑不上大夫何？尊大夫。礼不下庶人，欲勉民使至
于士。故礼为有知制，刑为无知设也。庶人虽有千金之
币，不得服。刑不上大夫者，据礼无大夫刑。[①]

这就是汉代君主政治同样推崇的"以刑治国"和"以力制人"的
霸道政治。由此可见，《白虎通义》作为汉代君主政治的政典，
确立了君主政治的国家治理一定是王道和霸道并用的原则。

三、《白虎通义》：士大夫思想的经典

　　《白虎通义》作为儒家士大夫与帝王合作而达成的政治盟约
与国家政典，不仅表达了帝王的政治诉求，也表达了士大夫的政
治理念。我们应该看到，《白虎通义》作为汉代士大夫与君王合
作而达成的文化共识，不仅是按照汉代帝王要求制定的汉王朝的
政治制度和意识形态，同时也是汉代士大夫今文经学集大成的学
术著作和"为政以德"的思想形态。

　　如果说，《白虎通义》作为汉代士大夫与帝王合作而达成的政

---

　　① （清）陈立：《白虎通疏证》卷九《五刑》，吴则虞点校，中华书局，
1994，第437～442页。

治盟约，其政治利益、政治视角必须首先确立以帝王为首的帝国政治立场的话，汉代士大夫与帝王之间能够达成文化共识，则是因为他们确立了以士大夫为主体的文化理念、思想形态。东汉时期这些杰出的士大夫如此集中地参与了白虎观会议并制定了《白虎通义》，就是希望说服帝王接受儒家的政治思想与文化理念。因此，《白虎通义》通过大量引证儒家经典来表达士大夫的政治思想与文化理念，使得其在内容和形式上均具有儒家经学著作的特点。

《白虎通义》作为士大夫的政治诉求与思想表达，主要体现在以下几个方面：

首先，汉代士大夫在《白虎通义》中确立了儒家经典的神圣地位。儒家思想是通过整理、诠释上古先王留下的经典而建构起来的，汉代儒家士大夫认为，如果在具有政典地位的《白虎通义》中确立儒家思想的主导作用，就必须确立儒家"五经"的思想地位。所以，《白虎通义》卷八专列《五经》一章，以确立"五经"的地位和价值：

> 经所以有五何？经，常也。有五常之道，故曰五经。《乐》仁，《书》义，《礼》礼，《易》智，《诗》信也。人情有五性，怀五常不能自成，是以圣人象天五常之道而明之，以教人成其德也。

> 五经何谓？《易》《尚书》《诗》《礼》《春秋》也。《礼经解》曰："温柔宽厚，《诗》教也。疏通知远，《书》教也。广博易良，《乐》教也。洁静精微，《易》教也。恭俭庄敬，《礼》教也。属词比事，《春秋》教也。"①

---

① （清）陈立：《白虎通疏证》卷九《五经》，吴则虞点校，中华书局，1994，第447～448页。

《白虎通义》确立"五经"的崇高地位，是为了强调以"五经"的"五常之道"完全能够解决现实政治的"纲散纪乱，五教废坏"问题。《白虎通义》对孔子定"五经"的政治意义作了充分肯定："孔子所以定五经者何？以为孔子居周之末世，王道凌迟，礼乐废坏，强陵弱，众暴寡，天子不敢诛，方伯不敢伐，闵道德之不行，故周流应聘，冀行其圣德。"①《白虎通义》确立了儒家经典在汉代国家政治中的重要地位，明确了儒家经典对汉代政典的指导作用，与此同时，《白虎通义》也凸显了掌握儒家经学话语权的士大夫的重要地位。

所以，《白虎通义》不仅仅是汉章帝主持制定的政典，由于这一部政典的依据全部来源于儒家经典，故而它又是一部依托经典的政典。《白虎通义》中的政典大事，包括爵、号、谥、五祀、社稷、礼乐、封公侯、京师、三军、诛伐、谏净、致仕、辟雍、灾变、封禅、巡狩、考黜、王者不臣、三纲六纪、五刑、五经、崩薨等，它们得以确立、规范的思想基础、历史依据全部来源于儒家经典。汉代士大夫就是通过引用"五经"的经传及《论语》《孝经》等汉儒尊崇的儒家经典，来确立汉代政治制度、国家治理的合理性与合法性的。由于政典和经典完全合为一体，故而儒家士大夫可以将他们的政治理念、文化思想融入《白虎通义》的政典中去。

其次，汉代士大夫在《白虎通义》中确立了以儒家礼乐为中心的政治文明、治理方法。儒家创始人孔子继承、发展了西周礼乐文明，倡导建立一个合乎礼乐文明的政治秩序。《白虎通义》

---

① （清）陈立：《白虎通疏证》卷九《五经》，吴则虞点校，中华书局，1994，第444～445页。

卷三专设《礼乐》章，从政治秩序的目的、国家治理的功效方面，确立了礼乐的重要性：

> 礼乐者，何谓也？礼之为言履也。可履践而行。乐者，乐也。君子乐得其道，小人乐得其欲。王者所以盛礼乐何？节文之喜怒。乐以象天，礼以法地。人无不含天地之气，有五常之性者。故乐所以荡涤，反其邪恶也。礼所以防淫佚，节其侈靡也。故《孝经》曰："安上治民，莫善于礼""移风易俗，莫善于乐"。……礼所揖让何？所以尊人自损也。揖让则不争。《论语》曰："揖让而升，下而饮，其争也君子。"故"君使臣以礼，臣事君以忠"。"谦谦君子，利涉大川"，以贵下贱，大得民也。屈己敬人，君子之心。故孔子曰："为礼不敬，吾何以观之哉？"夫礼者，阴阳之际也，百事之会也，所以尊天地，摈鬼神，序上下，正人道也。[①]

145

《白虎通义》所讲的礼治秩序就是"三纲六纪"的政治社会秩序，维护这种"礼乐"秩序既是目的又是手段。其实，整部《白虎通义》作为一部国家政典，涉及爵、号、谥、五祀、社稷、礼乐、封公侯、京师、五行、三军、乡射、致仕、辟雍、封禅等，几乎无不是儒家礼乐文明、礼治秩序的体现。

其三，汉代士大夫在《白虎通义》中确立了以儒家为政，以德、以民为本，限制君权的政治理念。汉代儒家思想源于先秦原始儒家，原始儒家学者目睹诸侯争霸、民生涂炭的严峻现实，

---

① （清）陈立：《白虎通疏证》卷三《礼乐》，吴则虞点校，中华书局，1994，第93～95页。

为限制君权、反对暴政，故而系统地提出了为政以德、以民为本的政治思想。汉代儒家士大夫在与帝王的政治合作过程中，虽然认同"三纲六纪"的社会政治秩序，但是对帝王滥用政治权力一直非常警惕，主张限制帝王、大臣的各种政治权力。所以，《白虎通义》中体现出儒家士大夫倡导的为政以德、以民为本的政治理念，它十分巧妙地将帝王、大臣拥有的政治权力、社会荣誉与之相应的政治责任、道德义务统一起来。《白虎通义》对"爵""号""谥"所包含的政治权力、社会荣誉均作出了相应的政治责任、道德义务的规定，如卷一对五等爵位的政治责任、道德义务做出了规定：

> 《王制》曰："王者之制禄爵，凡五等。"谓公侯伯子男也。此据周制也。《春秋传》曰："天子三公称公，王者之后称公，其余大国称侯，小者称伯子男也。"《王制》曰："公侯田方百里，伯七十里，子男五十里。"①
>
> 公卿大夫者，何谓也？内爵称也。内爵称公卿大夫何？爵者，尽也。各量其职，尽其才也。公之为言公正无私也。卿之为言章也，章善明理也。大夫之为言大扶，扶进人者也。②

《白虎通义》卷二《号》章对五帝三王的名号也做出政治责任、道德义务的解释与规定：

146

---

① （清）陈立：《白虎通疏证》卷一《爵》，吴则虞点校，中华书局，1994，第6～7页。

② （清）陈立：《白虎通疏证》卷一《爵》，吴则虞点校，中华书局，1994，第16～17页。

夏者，大也。明当守持大道。殷者，中也。明当为
中和之道也。闻也，见也，谓当道著见中和之为也。周
者，至也，密也。道德周密，无所不至也。……五帝无
有天下之号何？五帝德大能禅，以民为子，成于天下，
无为立号也。或曰：唐、虞者号也。唐，荡荡也。荡荡
者，道德至大之貌也。虞者，乐也。言天下有道，人
皆乐也。《论语》曰："唐、虞之际。"帝喾有天下，号
曰高辛。颛顼有天下，号曰高阳。黄帝有天下，号曰有
熊。有熊者，独宏大道德也。高阳者，阳犹明也，道德
高明也。高辛者，道德大信也。[①]

《白虎通义》中《谥》一章也对帝王做出政治责任、道德义务的
引导：

谥者，何也？谥之为言引也，引列行之迹也。所
以进劝成德，使上务节也。……死乃谥之何？《诗》云：
"靡不有初，鲜克有终。"言人行终始不能若一，故据
其终始，从可知也。[②]

147

从帝王政治确立政典的需要出发，《白虎通义》关于"爵""号"
"谥"的规定包含着对帝王的政治权力、政治荣誉的规定，是
对帝王权力的肯定；但是从儒家士大夫的政治理念出发，关于
"爵""号""谥"的规定则包含着对帝王的政治责任、道德义务
的规定，是对帝王权力的限制。

① （清）陈立：《白虎通疏证》卷二《号》，吴则虞点校，中华书局，
1994，第57～60页。
② （清）陈立：《白虎通疏证》卷二《谥》，吴则虞点校，中华书局，
1994，第67～68页。

　　《白虎通义》不仅仅通过名号包含的政治责任、道德义务来限制君权，儒家士大夫还通过对朝议、进谏的政治制度设计，来实现为政以德、以民为本的思想理念和政治目的。《白虎通义》为了限制君权，对汉代朝廷的朝议、进谏等政治制度及其意义作了进一步的阐发。《白虎通义》卷三《谏诤》章记载："天子置左辅、右弼、前疑、后承，以顺。左辅主修政，刺不法。右弼主纠，纠周言失倾。前疑主纠度定德经。后承主匡正常，考变失，四弼兴道，率主行仁。夫阳变于七，以三成，故建三公，序四诤，列七人。虽无道不失天下，杖群贤也。"[①]"建三公、序四诤"的目的，就是要将天子置于士大夫群体的政治限制之中，以保证无道的君王也能够做到重民而不失天下，即所谓"明王所以立谏诤者，皆为重民而求己失也"。谏诤的政治制度设计，一方面要求天子应该接受士大夫的谏诤，不能够以言放逐臣子："或曰：天子之臣，不得言放。天子以天下为家也。亲属谏不得放者，骨肉无相去离之义也。"[②]另一方面，士大夫必须承担谏君之义："臣所以有谏君之义何？尽忠纳诚也。《论语》曰：爱之能勿劳乎？忠焉能勿诲乎？"[③]"必三谏者何？以为得君臣之义。必待放于郊者，忠厚之至也。冀君觉悟能用之。"[④]《白虎通义》在《谏诤》章中还认为："诸侯之臣诤，不从得去何？以屈尊申

①（清）陈立：《白虎通疏证》卷五《谏诤》，吴则虞点校，中华书局，1994，第227～228页。

②（清）陈立：《白虎通疏证》卷五《谏诤》，吴则虞点校，中华书局，1994，第231～232页。

③（清）陈立：《白虎通疏证》卷五《谏诤》，吴则虞点校，中华书局，1994，第226页。

④（清）陈立：《白虎通疏证》卷五《谏诤》，吴则虞点校，中华书局，1994，第229页。

卑，孤恶君也。"①

　　为了更加有力地限制君权，使帝王能够自觉承担政治责任、道德义务，汉代士大夫特别强调"天"通过灾变而向帝王发出"谴告"，间接以"天"的宗教性权威来限制君权。《白虎通义》卷六《灾变》一章说："天所以有灾变何？所以谴告人君，觉悟其行，欲令悔过修德，深思虑也。"②与此同时，"天"还会通过"符瑞"来表彰有德、重民的君王，《白虎通义》说："天下太平，符瑞所以来至者，以为王者承天统理，调和阴阳，阴阳和，万物序，休气充塞，故符瑞并臻，皆应德而至。"③应该说，"天"的意志其实就是表达儒家士大夫的政治理念、文化思想，士大夫无非是希望严格要求帝王，让他们能够按照儒家的为政以德、以民为本的政治思想与文化理念去要求自己，成为合乎儒家道德理想的帝王。《白虎通义》强调"天"崇高权威，通过灾变而向悖德的帝王发出"谴告"，通过符瑞而对有德的帝王予以表彰，其实是表达士大夫的文化思想与政治要求。

149

　　最后要特别说明，民本、德治思想虽然源于西周，早期儒家对西周的民本、德治思想作了进一步发展，但是二者的区别还是明显的。西周的民本、德治思想是因君王对政治后果的恐惧、当心，故而提出"欲王以小民受天永命"④。而早期儒家的民本思

---

　　①（清）陈立：《白虎通疏证》卷五《谏诤》，吴则虞点校，中华书局，1994，第228页。

　　②（清）陈立：《白虎通疏证》卷六《灾变》，吴则虞点校，中华书局，1994，第267页。

　　③（清）陈立：《白虎通疏证》卷六《封禅》，吴则虞点校，中华书局，1994，第283页。

　　④（汉）孔安国传，（唐）孔颖达疏《尚书正义》卷十五《召诰》，收入《十三经注疏》，北京大学出版社，1999，第402页。

想，则是从国家共同体的和谐、帝王权力的合法性的思想高度来阐发民本思想。《白虎通义》作为汉代国家政典，在关于国家制度、政治治理的不同方面，均贯穿着民本思想。显然，《白虎通义》的民本思想，不局限于统治者对政治后果的恐惧、当心，而更加强调儒家士大夫关于政治共同体和谐与权力合法性的思想。《白虎通义》继承了先秦儒家的民本思想，故而特别强调设官为治的民本意义，提出："王者即位，先封贤者，忧民之急也。故列土为疆非为诸侯，张官设府非为卿大夫，皆为民也。"①与此同时，《白虎通义》的民本思想也体现在对诸侯的考核上："诸侯所以考黜何？王者所以勉贤抑恶，重民之至也。"②《白虎通义》的民本思想，显然是以儒家士大夫的民本思想为主导的。

---

① （清）陈立：《白虎通疏证》卷四《封公侯》，吴则虞点校，中华书局，1994，第141页。

② （清）陈立：《白虎通疏证》卷七《考黜》，吴则虞点校，中华书局，1994，第302页。

儒、法互补与传统中国的治理结构

现代政治学特别关注国家政治的两个方面：治理能力和民意表达。[①] 显然，治理能力和民意表达不仅是国家建构的政治目标，也是国家具有政治合法性的依据，同时还是国家权力系统得以稳定和延续的基本条件。无论是传统国家还是处于现代化进程中的国家，政治治理的能力和民意之间，即政治学家亨廷顿所说的"政体能力"和"政体类型"之间，往往既可能相互补充、促进，又可能相互影响、干扰。如何满足国家治理的两个基本条件，其实也是古今中外政治家和政治学家关注的重点。

两汉时期完成的国家建构，其治理思想与原则主要由儒、法两家构成，并且在政治实践中形成了儒法互补、王霸并用的国家治理结构。在中国传统政治历史上，国家的长期稳定，往往是因为这一套独特的儒法互补的治理方式，能够在一定程度上满足国家治理的能力和民意这两个基本要求；与之相反，国家出现政治

---

① 美国当代政治学家福山将政府的统治能力看作是"国家建构"的目标，同时强调民意是政府的"政治责任"。参阅［美］弗朗西斯·福山：《政治秩序的起源：从前人类时代到法国大革命》，毛俊杰译，广西师范大学出版社，2014。

动乱，往往又是由于儒法互补的国家治理结构的失衡或瓦解。这一套儒法互补的治理结构，其实是有源远流长的上古三代的政治经验和历史教训，特别是经历了轴心文明时代不同思想家对政治和历史的深刻反思和理性创造，才推动传统中国建构并完成了十分早熟的国家治理能力，使中华文明的发达繁荣延续两千多年之久。这确实是世界文明史上一个罕见的政治现象，值得当代学者进一步深入思考。

一、三代王朝的国家治理经验

中国传统国家政治经历了夏、商、周三代分封的王国政治和秦、汉以后的中央集权的帝国政治。尽管夏、商、周和秦、汉以后的政体形式不同，但是这两个阶段的治国理念与实践有着相通的地方。夏、商、周三代实行以血缘为依据的封建制，为了维持共主、诸侯的长久统治，各个时期的朝廷或王国积累了霸道和王道相结合的治理经验。

一方面，夏、商、周三代推行霸道，首先是指对外族的军事征讨、暴力征服。夏、商、周能够建立以血缘为依据的分封制，是通过对外族的军事征讨、暴力征服来实现的。夏、商、周的王朝更迭与对周边民族的征服都体现了三代统治的霸道内涵。夏、商、周推行的霸道的国家治理，其次也是指共主、诸侯对内部臣民的严酷刑罚、暴力统治。盘庚说："我乃劓殄灭之，无遗育，无俾易种于兹新邑。"[1]即对不忠的人要赶尽杀绝。武王伐商时对

---

[1]（汉）孔安国传，（唐）孔颖达疏《尚书正义》卷九《盘庚》，收入《十三经注疏》，北京大学出版社，1999，第241页。

作战不力的人也要杀掉，他说："尔所弗勖，其于尔躬有戮。"①
夏、商、周三代建立了"五辞""五刑""五罚""五过"的刑罚
制度，落实下来"墨罚之属千，劓罚之属千，剕罚之属五百，宫
罚之属三百，大辟之罚其属二百。五刑之属三千"②。这一系列
刑罚，可以强化王权治理的暴力统治。夏、商、周三代以刑罚制
度建构王权的统治基础，形成严酷刑罚、暴力征服相结合的霸道
治理方式。

另一方面，夏、商、周三代政治也推行王道。后来儒家推崇
的"先王"谱系中的尧、舜、禹、汤，均是能够推行王道的有德
者，特别是周人从商的覆灭中认识到"天命靡常"，看到了人民
的武装倒戈，才使西周打败了商王朝，故而产生了民本思想。他
们把民意与天命联系起来，将民意的力量理论化为天命，客观上
制约着王权统治。太保论证殷商灭亡说："天亦哀于四方民。"③
《尚书·康诰》强调天命在于"惟人"。皋陶将天人关系概括
为："天聪明，自我民聪明。天明畏，自我民明威。"④他认为天
与民相互通达。所以统治者强调"施实德于民"，以真心善待民
众，认为"民之所欲，天必从之"⑤，"天视自我民视，天听自我

① （汉）孔安国传，（唐）孔颖达疏《尚书正义》卷十一《牧誓》，收入《十三经注疏》，北京大学出版社，1999，第 286 页。

② （汉）孔安国传，（唐）孔颖达疏《尚书正义》卷十九《吕刑》，收入《十三经注疏》，北京大学出版社，1999，第 546 页。

③ （汉）孔安国传，（唐）孔颖达疏《尚书正义》卷十五《召诰》，收入《十三经注疏》，北京大学出版社，1999，第 395 页。

④ （汉）孔安国传，（唐）孔颖达疏《尚书正义》卷四《皋陶谟》，收入《十三经注疏》，北京大学出版社，1999，第 109 页。

⑤ （汉）孔安国传，（唐）孔颖达疏《尚书正义》卷十一《泰誓》，收入《十三经注疏》，北京大学出版社，1999，第 274 页。

民听"①。这些民本思想，来自统治者认识到民众力量后的道德觉悟，所以他们继而提出"皇天无亲，惟德是辅"②，强调"敬德"而可以"保民"。这一王道的治理方式开启了春秋战国时期民本思想的先河。

西周王朝关于霸道和王道相结合的治理经验，其实就是一种治理能力和民意表达达成平衡的机制，这是三代时期许多王朝能够维持长治久安的根本原因。但是，这种治理效能和民意表达的平衡总是相对的，历史上许多暴君滥用权力，只追求国家的治理能力而不顾社会的民意表达，甚至还有许多昏君迷信权力，他们往往既无治理能力，又不顾民意表达，故而导致国家政权快速崩溃。与此同时，我们要注意夏、商、周三代积累的霸道和王道相结合的政治经验，还只是三代诸侯、共主在占领土地、争夺财富、寻求政治权力过程中的自发行为，他们并没有将其提升为一种政治思想、理论思考。这一点，必须使历史进入轴心文明时代，在思想文化领域产生一批专门从事知识生产的职业读书人之后，这一些政治经验才有可能提升为一种政治思想、学术思考。

春秋战国时期社会急剧变化，诸子百家均在为未来的世界探寻治理国家的方案。其中对后世产生重大影响，提出最为重要的治理国家、天下方案的是儒家和法家。他们分别侧重继承了夏、商、周三代王道和霸道的治理经验，在国家的治理能力和民意表达两个方面，分别提出不同的国家治理目标、政治合法性依据，

---

① （汉）孔安国传，（唐）孔颖达疏《尚书正义》卷十一《泰誓》，收入《十三经注疏》，北京大学出版社，1999，第277页。

② （汉）孔安国传，（唐）孔颖达疏《尚书正义》卷十七《蔡仲之命》，收入《十三经注疏》，北京大学出版社，1999，第453页。

以及国家政权稳定与持续的条件。

二、儒家民本的国家治理

孔孟儒家继承了夏、商、周三代王道政治的治理经验，他们将三代先王的民意为天、以德配天的政治经验，发展为以民为本和为政以德的儒家政治思想体系。先秦儒家提出"法先王"的主张，将三代先王的民意为天、以德配天的观念，发展为系统的民本思想。他们提出的民本思想，包含着一系列表达民意的政治价值理念。

其一，"立君为民"权力来源的政治依据。无论是三代封建制还是秦汉以后的中央集权制，均是君王独揽国家的政治权力的制度。为了说明君王统治权力的合法性，儒家强调君王权力来源于天，故而君王又自称为"天子"。原始儒家在君王统治权力来源的问题上，则主张"立君为民"。他们坚持一切政治权力的依据来源于人民。孟子说："民为贵，社稷次之，君为轻。"[1]荀子说："天之生民，非为君也；天之立君，以为民也。"[2]在历史上，一切朝廷、君王总是主张上承天命、立君御民以使自己的政治权力合法，而原始儒家强调"立君"的政治依据是为了人民。

第二，"民为邦本"的政治基础。儒家提出"民惟邦本，本固邦宁"，强调人民利益是国家政治的基础，认为统治者必须以人民的利益与意志为出发点，才能保证国家政权的稳定和延续。原始儒家反复告诫统治者，必须充分认识到人民的意志和力量在国家治理体系中的重要性，以民为国家治理的根本。孟子说：

155

---

[1] 杨伯峻：《孟子译注》，中华书局，1960，第 328 页。

[2] 荀况：《荀子新注》，北京大学《荀子》注释组注释，中华书局，1979，第 458 页。

"得天下有道：得其民，斯得天下矣。"①儒家继承了西周王朝"民之所欲，天必从之"的治国理念，强调决定国家权力稳定的基础是人民的利益和意志，民心不稳就必然导致国家崩溃。

第三，"爱民养民"的治理目标。儒家虽然对于富国强兵持肯定态度，但是并不认为这是国家治理的根本目标，而是强调"爱民养民"才是国家治理的根本目标。他们推崇"博施于民而能济众"②的理念，希望以此作为国家治理目标。孟子也强调："得天下也以仁，其失天下也以不仁。"③仁政的本质是爱民，孟子说"仁者爱人"④，而"失天下也，失其民也；失其民者，失其心也"⑤。要获得民心就要施行仁政。仁政的内涵首先是制民之产。"明君制民之产，必使仰足以事父母，俯足以畜妻子，乐岁终身饱，凶年免于死亡。"⑥其次，轻徭薄赋。"薄税敛，深耕易耨"⑦，"易其田畴，薄其税敛"⑧。再次，顺应民意。用人行政都要遵从民意："国人皆曰贤"，"然后用之"；"国人皆曰不可"，"然后去之"；"国人皆曰可杀"，"然后杀之"⑨。还要满足民心，实现"天下之士皆悦"，"天下之商皆悦"，"天下之旅皆悦"，"天下之农皆悦"，"天下之民皆悦"⑩。故而孟子仁政的核心即爱民。

总之，民本思想深刻揭示了儒家政治治理目标的民意要求，

156

---

① 杨伯峻：《孟子译注》，中华书局，1960，第 171 页。
② 杨伯峻：《论语译注》，中华书局，1980，第 65 页。
③ 杨伯峻：《孟子译注》，中华书局，1960，第 166 页。
④ 杨伯峻：《孟子译注》，中华书局，1960，第 197 页。
⑤ 杨伯峻：《孟子译注》，中华书局，1960，第 171 页。
⑥ 杨伯峻：《孟子译注》，中华书局，1960，第 17 页。
⑦ 杨伯峻：《孟子译注》，中华书局，1960，第 10 页。
⑧ 杨伯峻：《孟子译注》，中华书局，1960，第 311 页。
⑨ 杨伯峻：《孟子译注》，中华书局，1960，第 41 页。
⑩ 杨伯峻：《孟子译注》，中华书局，1960，第 77 页。

儒家希望通过民本的政治原则来限制君王的政治权力，最终能够顺应和表达民意。

如何才能实现民本的理念，让民意主宰政治权力？如何提升国家的治理能力，落实以民为本的治理目标？儒家继承了西周"以德配天"的思想，提出让君王成为理想的"圣王"，让士人成为"君子"。总之，这就要求统治阶层自上而下地自觉追求圣贤、君子化的理想道德人格，最终实现"敬天保民""仁民爱民"的国家治理目标。譬如孟子认为君子、大人、士均代表这种道德人格，故而能够推动"民惟邦本""民贵君轻""敬天保民""仁民爱民"的国家治理目标的实现。孟子理想的仁政，就是建立在由圣贤、君子治理国家的基础之上。

因此，儒家政治理想的实现必须依靠自上而下的道德力量。其一，孔子强调统治阶层的道德自觉性。孔子指出君子"为仁由己"，认为仁者应"非礼勿视，非礼勿听，非礼勿言，非礼勿动"①，自觉遵循礼的规范。孔子还说"君子无终食之间违仁"②，通过强调人格的升华，达成德性的自觉。其二，儒家特别强调统治者的道德表率作用。孔子说："道之以政，齐之以刑，民免而无耻；道之以德，齐之以礼，有耻且格。"③主张上位者应为道德表率，引导民众自觉遵循周礼。孔子对为政的理解是："政者，正也。子帅以正，孰敢不正？"④故而孔子强调为政者的道德修养，他说："其身正，不令而行；其身不正，虽令不

157

① 杨伯峻：《论语译注》，中华书局，1980，第 123 页。
② 杨伯峻：《论语译注》，中华书局，1980，第 36 页。
③ 杨伯峻：《论语译注》，中华书局，1980，第 12 页。
④ 杨伯峻：《论语译注》，中华书局，1980，第 129 页。

从。"①又说:"苟正其身矣,于从政乎何有? 不能正其身,如正人何?"②孔子对统治者提出严格的道德要求,从而自上而下地实现对德治的示范与推行。

为论证君王、士人的德性自觉的必然性,孟子提出了性善论。孟子说"君子所性,仁义礼智根于心"③,"仁义礼智,非由外铄我也,我固有之也"④,认为仁义礼智乃是人之天赋本性。在仁义礼智之性与口目耳鼻之性的关系上,孟子说:"口之于味也,目之于色也,耳之于声也,鼻之于臭也,四肢之于安佚也,性也,有命焉,君子不谓性也。仁之于父子也,义之于君臣也,礼之于宾主也,知之于贤者也,圣人之于天道也,命也,有性焉,君子不谓命也。"⑤尽管孟子不否定人普遍具有的自然之性,但他认为君子应该有天命的承担,故不以口目耳鼻之欲为性;仁义礼智本是君子承担的天命,故以天命而言仁义礼智为性。对君子而言,仁义礼智是天命之性,体现君子人格的道德规定。孟子强调"所欲有甚于生者,所恶有甚于死者。非独贤者有是心也,人皆有之,贤者能勿丧耳"⑥。他认为仁义礼智之性人皆有之,贤者能够做到不失而已,强调君子、士人的德性自觉。

儒家的国家治理思想强调了政治的民意基础和治理目标,但是在诸侯争霸的春秋战国时代,这并不能为统治者所接受,因为它是一种并不关注国家治理效能的学说。春秋战国时期,诸侯国家参与竞智角力,崇尚实力而追求富国强兵,他们依赖军事征

① 杨伯峻:《论语译注》,中华书局,1980,第 136 页。
② 杨伯峻:《论语译注》,中华书局,1980,第 138 页。
③ 杨伯峻:《孟子译注》,中华书局,1960,第 309 页。
④ 杨伯峻:《孟子译注》,中华书局,1960,第 259 页。
⑤ 杨伯峻:《孟子译注》,中华书局,1960,第 333 页。
⑥ 杨伯峻:《孟子译注》,中华书局,1960,第 266 页。

讨、暴力征服而获得权位，躲避道德而崇尚霸道和权谋。这个时代完全不具备推行儒家王道的政治环境，儒家重民意、讲仁政的国家治理思想，只能成为一种理想主义的政治学说。

三、法家君本的国家治理

法家继承了夏、商、周三代先王的霸道治理经验，他们在国家治理目标即治理效能方面，发展出不同于儒家的政治合法性依据的理论。法家将三代先王对外族的军事征讨、暴力征服和对内部臣民的严酷刑罚、暴力统治的治理经验，发展为法家的富国强兵、君本政治、严刑峻法的政治思想。法家思想在国家治理目标即治理能力和效率方面有着特别的优势，故而对正在争霸的诸侯国有着极大的吸引力。

法家系统地提出了"势""法""术"的学说，其实就是一种强调国家治理能力和效率的政治理论。许多学者指出，这个学派虽然以"法家"命名，但是在"势""法""术"三个方面，"势"才是这个学派的核心，因为"势"就是君王治理国家的能力和效率的体现。

法家特别重视"势"。"势"是指君王的权力、权势、威势。法家为什么推崇"势"？因为传统中国的政治制度就是君主政治，君王的治理能力、治理效率是国家稳定、发展的根本条件。在法家看来，"势"是君王治理能力的体现，也是国家治理有效率的保证。所以，《商君书》特别指出"先王不恃其强而恃其势"[①]，"先王贵势"[②]。韩非子说："君持柄以处势，故令行禁

---

① 蒋礼鸿：《商君书锥指》卷五《禁使》，中华书局，1986，第 132 页。
② 蒋礼鸿：《商君书锥指》卷五《禁使》，中华书局，1986，第 133 页。

止。柄者，杀生之制也；势者，胜众之资也"①，"凡明主之治国也，任其势"②。他把"势"看成统治者"胜众之资"即治理能力的体现。韩非子比较了"德"与"势"在治国效率上的差别："圣人德若尧舜，行若伯夷，而位不载于世，则功不立名不遂。"③他认为，"势"是统治者治理国家具有效率的保证，君王之所以能够"制贤""王天下"，是因为他拥有"势"，故而能够有效地治理国家。

　　法家也特别重视"法"，因为"法"是维护"势"的重要手段，严刑峻法是君王治理能力的体现，是君王治理国家的有效保证。韩非子强调明主必须"执柄以处势"，"明主之所导制其臣者，二柄而已矣。二柄者，刑、德也"④。严刑峻法能够使得"行刑重其轻者，轻者不至，重者不来，此谓以刑去刑"⑤。通过严刑峻法而减少犯罪，能够体现君王治理国家的能力。韩非子不认同孔子以忠顺孝悌之道去管理社会、治理国家，他说："孔子本未知孝悌忠顺之道也。"⑥韩非子认为倡导仁爱孝悌是君王缺乏治理能力的结果，而他相信君王掌握严刑峻法才能获得治理效率："其治国也，正明法，陈严刑，将以救群生之乱，去天下之

①（清）王先慎：《韩非子集解》卷十八《因情》，钟哲点校，中华书局，1998，第431页。

②（清）王先慎：《韩非子集解》卷十六《难三》，钟哲点校，中华书局，1998，第379页。

③（清）王先慎：《韩非子集解》卷八《功名》，钟哲点校，中华书局，1998，第209页。

④（清）王先慎：《韩非子集解》卷二《二柄》，钟哲点校，中华书局，1998，第39页。

⑤（清）王先慎：《韩非子集解》卷二十《饬令》，钟哲点校，中华书局，1998，第473页。

⑥（清）王先慎：《韩非子集解》卷二十《忠孝》，钟哲点校，中华书局，1998，第466页。

祸，使强不陵弱，众不暴寡，耆老得遂，幼孤得长，边境不侵，群臣相亲，父子相保，而无死亡系虏之患。"①可见，法家认为，君王能够制定和推行刑罚，其实是反映了君王治理国家的能力和效率。

法家特别重视"术"，认为"术"也是维护"势"的重要手段，故而也是国家治理能力的体现，是政治治理具有效率的保证。韩非指出高明的君王必须善于"操术以御下"。他认为君臣之间的利益必然是冲突的，"主利在有能而任官，臣利在无能而得事；主利在有劳而爵禄，臣利在无功而富贵；主利在豪杰使能，臣利在朋党用私"②，故而君王必须善于"操术"，韩非特别强调："术者，因任而授官，循名而责实，操杀生之柄，课群臣之能者也，此人主之所执也。"③总之，法家以"术"作为君王治理国家能力的体现和保证。

韩非认为，一个君王掌握了"势""法""术"就可以治人而不治于人，就是明君。韩非的治理理论以自然人性为基础，认为"夫民之性恶劳而乐佚"④，民之性"饥而求食，劳而求佚，苦则索乐，辱则求荣"⑤，"夫安利者就之，危害者去之，此人之情

① （清）王先慎：《韩非子集解》卷十四《奸劫弑臣》，钟哲点校，中华书局，1998，第102页。

② （清）王先慎：《韩非子集解》卷四《孤愤》，钟哲点校，中华书局，1998，第84页。

③ （清）王先慎：《韩非子集解》卷十七《定法》，钟哲点校，中华书局，1998，第397页。

④ （清）王先慎：《韩非子集解》卷二十《心度》，钟哲点校，中华书局，1998，第474页。

⑤ 蒋礼鸿：《商君书锥指》卷二《算地》，中华书局，1986，第45页。

也。"①，"好利恶害，夫人之所有也"②。法家认为人性是趋利避害的，其行为皆出于利益而已，而人际关系也是一种利益交换："君以计畜臣，臣以计事君。君臣之交，计也"③，"臣尽死力以与君市，君垂爵禄以与臣市"④。君臣在进行"死力"与"爵禄"交易。因为趋利避害的人性特征，所以"凡治天下，必因人情。人情者有好恶，故赏罚可用"⑤，"赏莫如厚而信，使民利之；罚莫如重而必，使民畏之"⑥，"赏厚则所欲之得也疾，罚重则所恶之禁也急"⑦。法家提出的厚赏重罚是依据人的趋利避害本性，他们相信君王掌握了厚赏重罚的权术，就可以"国安而暴乱不起"⑧，从而实现天下大治的政治目标。

与儒家强调国家治理的民意基础和治理目标完全不同，法家强调君王的治理能力和治理效率。春秋战国恰恰是诸侯争霸、竞智角力的时代，法家关于治理能力和治理效率的政治思想，能够满足诸侯国对富国强兵、军事权谋、争权夺利的霸道需求。法家

---

① （清）王先慎：《韩非子集解》卷十四《奸劫弑臣》，钟哲点校，中华书局，1998，第98页。

② （清）王先慎：《韩非子集解》卷十五《难二》，钟哲点校，中华书局，1998，第369页。

③ （清）王先慎：《韩非子集解》卷五《饰邪》，钟哲点校，中华书局，1998，第128页。

④ （清）王先慎：《韩非子集解》卷十五《难一》，钟哲点校，中华书局，1998，第352页。

⑤ （清）王先慎：《韩非子集解》卷十八《因情》，钟哲点校，中华书局，1998，第430页。

⑥ （清）王先慎：《韩非子集解》卷十九《五蠹》，钟哲点校，中华书局，1998，第448页。

⑦ （清）王先慎：《韩非子集解》卷十八《六反》，钟哲点校，中华书局，1998，第419页。

⑧ （清）王先慎：《韩非子集解》卷十四《奸劫弑臣》，钟哲点校，中华书局，1998，第105页。

思想特别获得了秦国国君的认同，经过一系列变法之后，秦国空前强大起来，并且很快统一六国，建立了中国历史上第一个中央集权制的强大帝国。

四、两汉儒法治理结构的奠定

春秋战国时期，儒家与法家分别继承了三代先王的王道和霸道。儒家特别强调王道与霸道的区别，孟子说："以力假仁者霸，霸必有大国；以德行仁者王，王不待大。"①王道与霸道体现出儒、法两家不同的国家治理模式。儒家总是以仁义道德作为国家治理原则和方法，他们提倡以民为本的政治思想，体现的是王道的国家治理模式；法家的政治思想则是以君王、朝廷为中心的政治原则，总是以强化君王对国家的掌控能力为政治目的，故而是霸道的国家治理模式。儒家的政治治理思想强调了政治的民意基础和治理目标，却非常缺乏治理效能而不为任何诸侯国所采用；而法家继承三代先王的霸道，主张富国强兵以统一，严刑峻法以制民，这适应了诸侯国希望统一天下、强化集权的政治需求，故而在秦国得到有效的实践。

但是，法家和秦帝国太迷信政治权力，片面地以国家治理能力为政治目的，完全蔑视普遍民意在国家治理体系中的根本地位，否定道德与文化的作用。秦王朝蔑视普遍民意的政治意义，推崇暴力，崇尚霸道，让法律、权术成为专制皇权的工具，这说明法家片面强调效率是有严重缺陷的。秦王朝统一中国后却突然崩塌，这与其政治治理结构的严重缺陷和失衡有关。正如历史学家所说："秦王怀贪鄙之心，行自奋之智，不信功臣，不亲士

163

---

① 杨伯峻：《孟子译注》，中华书局，1960，第 74 页。

民，废王道，立私权，禁文书而酷刑法。"①秦始皇强化国家治理能力反而激化了政治矛盾："设刑罚，为车裂之诛，以敛奸邪，筑长城于戎境，以备胡、越，征大吞小，威震天下，将帅横行，以服外国，蒙恬讨乱于外，李斯治法于内，事逾烦天下逾乱，法逾滋而天下逾炽，兵马益设而敌人逾多。秦非不欲治也，然失之者，乃举措太众、刑罚太极故也。"②秦王朝之所以迅速灭亡，是因为全社会出现了"奸邪并生，赭衣塞路，囹圄成市，天下愁怨，溃而叛之"③的局面。可见，不论仅是儒家还是法家任何一方，均不能建构有效的国家治理体系。

汉以来的历代帝国，开始探索儒法互补的治理方法，这种治理方法能够相对维持长期有效的国家治理。所以，我们在此对汉以后儒法互补的国家治理体系的建构过程，做一简要的考察。

汉代吸取秦亡教训，推动儒法互补的国家治理体系的建构，当然，汉朝的国家治理体系的建构是在政治实践中摸索出来的。一般来说，国家治理方法在推翻旧王朝的攻的阶段和建立新王朝的守的阶段是不同的。不同阶段往往会有不同的治理目标，故而应采取不同的治理手段。具体来说，在推翻旧王朝的攻的阶段，必须依赖政治、军事、经济等硬实力，只有拥有这些硬实力才能够在血腥的暴力和权势的争夺中征服政敌、开创霸业。故而攻的阶段推崇暴力、权势，强兵的法家更有吸引力，作为国家治理手段也更有效率。秦始皇采用法家学说治理国家并且取得统一六国的胜利，其原因在此。但是，到了新王朝建立以后，国家逐渐进入社会稳定的守的阶段，这时就必须倡导社会和谐、人心安定、

---

① （汉）司马迁：《史记》卷六《秦始皇本纪》，中华书局，1959，第 283 页。

② 王利器：《新语校注》卷上《无为》，中华书局，1986，第 62 页。

③ （汉）班固：《汉书》卷二十三《刑法志》，中华书局，1962，第 1096 页。

人文化成等软实力。儒家的国家治理方法，更有益于稳定民心、维护秩序、巩固政权。秦始皇之所以能够成就辉煌的霸业，与他采用法家的政治治理学说有密切关系。但是，由于他在建立统一帝国后仍然迷信暴力和权势，实行严刑酷法、横征暴敛、以吏为师等法家政策，造成强大帝国很快被农民起义推翻的严重后果。西汉政治思想家贾谊在《过秦论》中对此作了深刻分析，他强调开创霸业的战争年代和维护王朝的和平年代，国家采用的治理策略应是不同的。他在分析秦王朝迅速灭亡的原因时说："秦王怀贪鄙之心，行自奋之智，不信功臣，不亲士民，废王道而立私爱，焚文书而酷刑法，先诈力而后仁义，以暴虐为天下始。夫并兼者高诈力，安危者贵顺权，以此言之，取与、攻守不同术也。秦虽离战国而王天下，其道不易，其政不改，是以其所以取之也，孤独而有之，故其亡可立而待也。"[①]法家与儒家所倡导的国家治理手段是不同的，贾谊认为是"攻守之势异"，政治治理既包括攻，又包括守，因而需要儒、法两家学说相互补充，这实际上就是儒法互补的问题。

165

到了汉武帝时代，统治者和儒生的国家治理思想进一步成熟。汉武帝接受了董仲舒的建议，采取了"罢黜百家，独尊儒术"的文化政策，将儒家治理思想提高到一个重要的地位。汉武帝崇拜三代先王的国家治理理念，他推崇儒家五经，正是希望建构一种新的国家治理体系。虽然，西汉名义上是"罢黜百家，独尊儒术"，但是在国家治理方法方面是融通了儒家、法家等不同的政治思想，从而奠定了儒法互补、王霸杂之的新的国家治理结

① （汉）贾谊：《新书校注》卷一《过秦下》，阎振益、钟夏校注，中华书局，2000，第14页。

构。汉武帝所确立的意识形态和国家治理结构，是将儒家、法家的不同政治思想融为一体，希望以法家的政治理念去制约臣民与保障王权，以儒家的道德理念去制约王权与体现民意，由此，国家治理体系相对平衡稳定。所以，汉在秦统治基础之上建构起多元一体的治理模式。

历史上所谓"阳儒阴法""儒表法里"是对汉代政教形态的进一步具体表述。其实，汉宣帝对汉代政教形态的实质，有着非常鲜明和确切的表述。据《汉书·元帝纪》记载：

> 孝元皇帝，宣帝太子也。……八岁，立为太子。壮大，柔仁好儒。见宣帝所用多文法吏，以刑名绳下……尝侍燕从容言："陛下持刑太深，宜用儒生。"宣帝作色曰："汉家自有制度，本以霸王道杂之，奈何纯任德教，用周政乎！且俗儒不达时宜，好是古非今，使人眩于名实，不知所守，何足委任！"乃叹曰："乱我家者，太子也！"①

在汉宣帝看来，汉代的政教制度"本以霸王道杂之"，而且他特别鄙视那些"不达时宜，好是古非今，使人眩于名实"的"俗儒"，可见，汉宣帝认为不了解汉代政教实质的太子的"柔仁好儒"，不仅仅是一种幼稚的表现，甚至最后会成为"乱我家者"，即动摇汉代确立的以"秦政"为基础的政权。可见，两汉建构的治理体系，确实是一种儒法互补、王霸杂之的治理结构。

汉代形成儒法互补、王霸杂之的多元一体的治理体系，奠定了中国古代国家治理的基本模式。汉帝国建构起相对稳定的治理

---

① （汉）班固：《汉书》卷九《元帝纪》，中华书局，1962，第277页。

秩序，其国家治理模式贯穿了传统中国两千多年。此后，历代统治者在严峻的政治现实中认识到儒法互补的重要性。东汉初年的桓谭意识到国家治理必须采用王霸并用的原则：一方面，他主张"先除人害，而足其衣食；然后教以礼仪，使知好恶去就"；另一方面，他强调"尊君卑臣，权统由一，政不二门，赏罚必信，法令著明，百官修理，威令必行"①。王道关心民意，霸道保证权位，王道和霸道须并用。东汉末年曹操提出："治定之化，以礼为首；拨乱之政，以刑为先。"②也是王道和霸道并用的主张。儒、法互补在自发地调节着王朝的建立与国家的建构。唐初魏徵也主张："德、仁、功、利……兼而行之。"③德、仁、功、利兼行，其实就是王霸并用。

政治家在国家治理的实践中推动了儒法互补、王霸杂之，而儒家学者也在思考、讨论王霸并用问题，他们从国家治理的角度肯定了王霸并用的必要性。南宋时期，事功学派特别坚持王霸并用的政治治理方法，陈亮认为霸道是和王道联系在一起的。他提出，禹、汤、文、武等三代先王如果没有征伐、谋位的霸道，就无法成就其王道。而汉唐以来的君王虽然推行竞智角力的霸道，但是"其德义又真足以君天下"④，可见，王霸并用是一切有作为的君子在国家治理体系中必须兼而有之的。与事功学派相比，

167

---

① （汉）桓谭：《新辑本桓谭新论》卷二《王霸篇》，朱谦之校辑，中华书局，2009，第3页。

② （晋）陈寿撰，（南朝宋）裴松之注：《三国志》卷二十四《高柔传》，中华书局，1964，第683～684页。

③ （唐）吴兢：《贞观政要集校》卷三《君臣鉴戒》，谢保成集校，中华书局，2009，第153页。

④ （宋）陈亮：《陈亮集》卷三《问答上》，邓广铭点校，中华书局，1987，第33页。

理学家对汉唐君王的评价不同，他们希望对政治上的霸道保持警惕。所以，朱熹批评汉唐以来君王推行霸道。尽管如此，理学在本质上要求内圣与外王统一起来，所以，理学家一讨论实际的国家治理，也不能不王霸并用。如朱熹在论述具体的政治问题时也强调："政者，法度也。法度非刑不立，故欲以政道民者，必以刑齐民。"①可见，朱熹在现实政治治理方法上，并不反对王道霸道并用。

（《武汉大学学报》（人文科学版），2017年第2期）

168

---

① （宋）朱熹：《晦庵先生朱文公文集》卷四十一《答程允夫》，收入《朱子全书》第22册，上海古籍出版社，安徽教育出版社，2002，第1865页。

第四辑　宋代篇

师道复兴与宋学崛起

南宋儒者陆九渊敏锐地发现，宋学兴起是与师道复兴紧密联系在一起的："惟本朝理学，远过汉唐，始复有师道。"(《与李省干二》)陆九渊认为，"本朝理学"作为一种新的学术形态复活了儒家师道精神。这反映出一个重要问题：宋儒的师道精神不仅代表着宋代士大夫的学术使命和政治责任，还推动了宋代义理之学的创造性建构。本来所谓汉学、宋学均指一种经学形态，汉学是重视五经典章制度的章句之学，宋学是注重四书身心性命的义理之学，但是在汉、宋经学形态、解经方法的背后，有着不同的社会政治、思想观念的历史差异。汉学讲究的师法其实是强调朝廷礼义法度的官方标准，因为汉儒解经的目的是为朝廷制定礼法制度服务；宋学推崇师道却是希望以师儒身份成为传承"圣人之道"的文化主体。宋儒通过诠释四书的义理之学来传承、复兴孔孟之道，创建了不同于汉学的"本朝理学"。

在唐宋变革的大背景下，宋代士大夫引领了一场复兴师道的思想运动，推动了一种以义理之学为解经目标的学术变革，完成了宋代儒学复兴、文化转型的历史变革。学界已经对宋学的经学形态、解经方法等问题作过比较多的研究，本文关注的是师道复兴与宋学兴起的关系问题：为什么说宋代士大夫的师道复兴代表了宋学精神？师道复兴对宋学思想核心的道统论产生了什么影响？师道复兴对宋代政教形态变革起到了何种推动作用？

一、师道与宋学精神

宋代士大夫引领的师道复兴，推动了新时期的思想解放和学术重建，引发了一种具有士大夫精神气质的学术形态——宋学的兴起。正如钱穆所说："宋学最先姿态，是偏重在教育的一种师道运动。"[①]宋学兴起是以回归先秦儒学、复兴师道为旗帜的。宋学作为一种新的学术形态，之所以能够在宋代兴起，其背后隐藏着唐宋之际儒学重建、政教转型的历史要求。全祖望对宋初学术的总体情况，有一个重要概述：

> 有宋真、仁二宗之际，儒林之草昧也。当时濂、洛之徒方萌芽而未出，而睢阳戚氏在宋，泰山孙氏在齐，安定胡氏在吴，相与讲明正学，自拔于尘俗之中。亦会值贤者在朝：安阳韩忠献公、高平范文正公、乐安欧阳文忠公，皆卓然有见于道之大概，左提右挈。于是学校遍于四方，师儒之道以立，而李挺之、邵古叟辈，共以经术和之。[②]

北宋前期，一场学术巨变开始萌动，儒家士大夫希望推动一股回归儒家经典以"相与讲明正学"的宋学思潮，而宋学兴起的背景是当时大量出现的"学校遍于四方，师儒之道以立"景象。

[①] 钱穆：《宋明理学概述》，台湾学生书局，1984，第2页。

[②] （清）全祖望：《庆历五先生书院记》，载《全祖望集汇校集注》，朱铸禹汇校集注，上海古籍出版社，2000，第1039页。

我们知道，汉学兴起是因为汉武帝在朝廷推动了"罢黜百家，表彰六经"的政策，特别是建构了"兴太学，置明师，以养天下之士"（《汉书·董仲舒传》）的政教形态。而宋代似乎不同，作为儒学变革主体力量的士大夫，他们主要是在民间或者地方推动政教变革。宋代士大夫批判了汉唐经学，也对汉唐政教形态提出了质疑，他们向往和复兴了先秦儒家士人文化主体意识的师道精神，致力于对儒家经典的重新诠释，推动了儒学的一系列创新发展。

宋代士大夫推动两宋重建儒学的思想动力，来自他们内心"师儒之道以立"的主体意识。在此过程中，宋代士大夫完成了一种新的学术形态即宋学的建构，创造了一种适应新时代需要的新经典体系。他们标榜师道，一方面表现为一种文化主体意识，即召唤儒家士大夫"为往圣继绝学"；另一方面此师道具有鲜明的政治意义，他们认为通过师道复兴能够逐渐回归三代的王道政治。所以，宋儒的师道复兴可以归因于儒家传统的政教观念，这种意识也影响了宋学的学术旨趣，演变成所谓的"宋学精神"。钱穆说："宋学精神，厥有两端：一曰革新政令，二曰创通经义，而精神之所寄则在书院。"[1]钱穆对"宋学精神"的概括是很精准的，革新政令、创通经义、书院教育这三个方面确实能体现出崛起的"宋学精神"，而且这三个方面也能够鲜明体现出师道的主导作用。

首先，我们考察宋儒复兴师道与革新政令之间的关系。宋学并不是只会谈空谈义理、体悟心性的无用之学，恰恰相反，宋儒普遍标榜其学术宗旨是"明体达用之学"，他们希望解决人心世道、经世治国等实际问题，强调学术必须有体有用。宋儒关怀现

---

[1] 钱穆：《中国近三百年学术史》，商务印书馆，1997，第 7 页。

实、心忧天下，特别关注国家制度、政治治理，希望自己能够参与实现天下安泰的经世事业。北宋发生的几次重大而有影响的政治改革运动，正是朝野不同士大夫群体广泛参与的结果。同时，由于学术与政治的密切联系，学术领域的学派与政治领域的朋党密切相关，学派往往也是党派。荆公之学是学派，荆公新党是党派，他们是同一个群体。与之相对立的洛学、蜀学、朔学均是具有不同学术特色的宋学学派，同时也是有不同政治主张的洛党、蜀党、朔党等政治朋党。宋朝的政治形态较之汉唐确实发生了很大改变，士大夫在朝廷的主导权越来越明显。特别是宋代士大夫通过言事、劝谏、封驳、经筵、舆论等各种方式限制皇权，这些都体现出士大夫政治的成型。

所以，宋代的师道复兴运动，首先对宋儒推动的革新政令有深刻影响，推动了宋儒对"得君行道"的期许。"庆历新政"是宋代士大夫推动的新政运动，也可以看作一场在师道精神指导下的政治改革。推动"庆历新政"的主体是以范仲淹为首的士大夫集团，他们既是一个推动政治改革、主持新政的政治集团，又是一个倡导复兴师道、重建儒学的学者集团。正如朱熹所说："文正公门下多延贤士，如胡瑗、孙复、石介、李觏之徒，与公从游，昼夜肄业。"（《宋名臣言行录后集》卷十一）作为政治集团，他们得到宋仁宗支持而发动了"庆历新政"，推动了涉及政治、经济、军事、文化、教育各个领域的革新。值得关注的是，这个士大夫集团总是将振兴师道作为新政的根本，其核心人物范仲淹认为当时"文庠不振，师道久缺，为学者不根乎经籍，从政者罕议乎教化"（《上时相议制举书》），即师道不存导致了士风衰退、吏治败坏。范仲淹进一步提出："今天下久平，修理政教，制作礼乐，以防微杜渐者，道也。"（《上执政书》）这一个

"道"既是师道，也是政道。所以范仲淹提出建议，在"诸路州郡，有学校处，奏举通经有道之士专于教授，务在兴行"（《答手诏条陈十事》）。可见在范仲淹看来，"立师道"应该是整个新政的重心，要推动革新政令的深入开展，必须将复兴师道置于首位。范仲淹在《上时相议制举书》中指出："夫善国者，莫先育材；育材之方，莫先劝学；劝学之道，莫尚宗经。宗经则道大，道大则才大，才大则功大。"只有实现了师道复兴，才能够培育人才、发展教育、更新学术，进而使澄清吏治、提升行政效率等得以实现。可见，范仲淹是宋代政治改革的先行者，他倡导的师道复兴与政治改革密切相关，所以"庆历新政"其实是宋代士大夫的行道活动。

其次，宋代士大夫的师道复兴与创通经义有密切联系。《宋元学案》的按语中谈到师道与宋学的关系："宋兴八十年，安定胡先生、泰山孙先生、徂徕石先生始以师道明正学，继而濂、洛兴矣。故本朝理学虽至伊洛而精，实自三先生而始，故晦庵'有伊川不敢忘三先生'之语。"（《宋元学案·泰山学案》）这一"以师道明正学"，道出了师道复兴对宋学兴起的深刻影响。儒学的汉学与宋学是两种不同的经学形态，汉学讲究章句训诂，宋学探究道德义理，故而创通经义成为宋学的基本精神与主要特点。宋儒之所以敢于、善于创通经义，同样源于对师道精神的坚守。师道一方面强调"师"是文化主体性的存在，另一方面坚持"道"是回归经典的目的所在。宋儒希望通过经典来寻求圣人之道、天地之理，故而形成了创通经义的宋学。胡瑗是宋学的开创人物之一，也是师道复兴的呼吁者。胡瑗对师道复兴与创通经义之间的关系有明确认识，他在《洪范口义》中释"八政"之"师"云："师者，师保之师也，夫能探天下之术，论圣人之道。王者北面而尊师，则有不召之师。师之犹言法也，礼义所从出也，道德以为法也……自古圣帝明王，未有不由师而后兴也。故《传》曰：'国将兴，尊师而重道。'又曰：'三王四代惟其师。'故师者，天下之根本也。"这是一个重大的思想转向，胡瑗所说的"师"不是帝王，而是作为儒者的"师保之师"，他们能够"探天下之术，论圣人之道"，因此"师"既应拥有"道"而独立于"王者"，又应受到帝王的"尊师而重道"。胡瑗认为"师"应为"天下之根本"，而由师道精神推动义理之学建构的宋学，也应成为主导天下秩序的学术。胡瑗、孙复、石介"宋初三先生""以师道明正学"的思想行动，得到了当时诸多大儒的高度评价。如欧阳修说："师道废久矣，自景祐、明道以来，学者有师，惟先生（胡瑗）暨泰山孙明复、石守道三人。"（《胡先生墓表》）欧阳修肯定了胡瑗、孙复、石介对宋代师道复兴产生的重大影响，而此三人恰恰成为推动宋学发展的"宋初三先生"。

继"宋初三先生"之后，宋学的经典诠释与义理建构进一步发展，特别是出现了周敦颐、张载、程颢、程颐、邵雍等创发道学的"北宋五子"，到南宋又出现了道学运动的集大成者朱熹与张栻，他们后来成为宋学思潮中的正统派，被列入《宋史·道学传》。他们之所以能够成为大儒，与他们勇于复兴师道密切相关。宋代道学群体的出现，也是师道复兴运动发展的结果。师道之"道"，正是两宋兴起的"道学"之"道"，其思想核心就是体现早期儒家士人精神的"孔孟之道"。而且，宋儒在师道复兴中发展出宋学新经典体系"四书"，这正是两宋师道复兴运动最重要的学术成果。五经是三代先王留下的政典，它们作为核心经典，是君师一体的三代先王的政治训诫；而《论语》《大学》《中庸》《孟子》是孔子、孟子等先秦儒者的讲学记录，它们能够成为南宋以后的核心经典，正因为其代表了早期儒家士人的师道追求。可以说，宋代崛起的师道精神推动了人们对四书圣人之道的探求；反过来说，四书学也为宋代的师道精神提供了经典依据和学术资源。

最后，宋儒的师道复兴与书院教育具有密切联系。如果说革新政令、创通经义是宋儒师道精神的目标追求，那么书院教育则是宋儒师道复兴的直接体现。关于宋儒的师道复兴与书院教育的密切联系，明清之际大儒王船山曾经有评论："咸平四年，诏赐'九经'于聚徒讲诵之所与州县学校等，此书院之始也。嗣是而孙明复、胡安定起，师道立，学者兴，以成乎周、程、张、朱之盛。"（《宋论·真宗一》）他认为宋学由初起走向大盛，与以师道复兴为目标的书院密不可分。北宋初年，书院兴起，特别是孙明复、胡安定等宋初诸儒的推动，使得师道立而学者兴，推动了宋学初起，最终形成了宋学的"周、程、张、朱之盛"。确实，宋初形成的庆历士大夫集团，其中儒者均是宋学创始人，同时也是创办书院的教育改革者。他们推崇的师道思想，成为他们创办和主持书院的主要动力。范仲淹主持睢阳书院，并且为之写记以论述自己的书院教育理念。范仲淹在记文中表示书院的作用是"经以明道""文以通理"（《南京书院题名记》），这正是宋代士大夫强调的师道精神。石介讲学泰山书院并作《泰山书院记》，肯定泰山书院的目标是传承儒家士人的师道，他在文中所表彰的"道统"，就是孟子、扬子、文中子、韩愈等儒家士大夫所体现的师道精神之谱系。

南宋前期，作为民间儒学的理学大盛，同时书院大盛。南宋理学家特别强调，作为独立于地方官学系统的书院，乃是士大夫复兴儒学、重建理学的大本营，所以他们于其中特别标榜士大夫的师道精神。朱熹在担任湖南安抚使的时候，将自己修复岳麓书院看作对师道复兴的追求："契勘本州州学之外复置岳麓书院，本为有志之士不远千里求师取友，至于是邦者，无所栖泊，以为优游肄业之地。故前帅枢密忠肃刘公特因旧基复创新馆，延请故本司侍讲张公先生往来其间，使四方来学之士，得以传道、授业、解惑焉，此意甚远，非世俗常见所到也。而比年以来，师道陵夷，讲论废息，士气不振，议者惜之。"（《潭州委教授措置岳麓书院牒》）事实上，朱熹一直将官学之外的书院创建，看作一项复兴师道的重大举措。纵观朱熹一生，他的主要精力除了从事学术研究、理学建构，就是大量创办或恢复书院讲学。他在福建、江西、湖南等地，到处创办或主持书院，将书院教育发展到一个繁荣的阶段。这一切，均是基于他复兴师道的精神动力。

二、师道与宋学道统论

在师道复兴的思潮推动下，宋儒不仅推动了宋学的兴起和宋学精神的形成，还建构了以师道为主体的道统论。师道与道统论的密切联系，反映出师道复兴与宋学建构之间的互动关系。宋儒虽然承认三代圣王相传的先王型道统，但是更强调孔孟儒家所传承的士人型道统。士人型道统论的建构，成为宋学的一个新学说，也是师道复兴的理论成果。宋儒道统论虽然与佛学的"法统"刺激有关，但是还有一个更加深刻的政治根源，这存在于持有人文理想的儒者与持有政治权力的帝王的紧张关系中。两宋兴起的师道复兴，推动了宋学的道统论思想建设，重新定义了儒师与帝王的关系。

按照宋儒的看法，春秋战国以来的儒者有道而无位，汉唐帝王则有位而无道，所以宋儒总是呼唤复兴师道，希望确立以孔孟精神为主体的道统论，以挽救儒家的圣人之道。宋儒建构的道统论，否定了汉儒在道统传承史上的地位。宋儒对汉唐以来"师道废久矣"（《胡先生墓表》）的情况特别不满意，他们批判汉唐士大夫缺乏早期儒家"师道尊严"的士人精神，或者沉溺于章句训诂之学而谋取功名利禄，或者引导君王"汩于五伯功利之习"而违背孔孟的道德精神。宋儒创建以师道为主体的道统论，强调必须传承先秦儒家士人的精神传统，而这一士人精神传统就是师道型的道统论。

学界普遍关注的道统论，其实是与师道复兴同时发生的。唐宋以来道统论的倡导者，也正是师道的呼吁者。宋儒为了让师道获得神圣性权威并能够与强大的政治王权相抗争，必须建构一个既有神圣性又有永恒性的道统，而且这一道统应该是由师道主导的。其实，自秦汉以来的传统中国一直存在着两种权威：一种是君王权力的权威，另一种是圣人文化的权威。这两种权威有着密切的关联，君王的政治权力需要圣人文化权威的维护，而圣人文化权威往往需要得到君王权力的认可。值得注意的是，历史上的现实政治权力，往往会与儒家士大夫争夺圣人文化的权威。

关于"道统"这一概念的产生，过去学界一般认为是朱熹发明的。如陈荣捷在《朱子新探索》中认为，朱子在《中庸章句序》中首次提出道统概念。①这一观点影响较大。但是后来有学者发现，其实在朱熹之前就出现了道统的概念，如现存文献中可以发现在朱熹之前的几处道统用法。②在这些材料中，我们发现

---

① 陈荣捷：《朱子新探索》，华东师范大学出版社，2007，第287页。

② 参见［德］苏费翔《朱熹之前"道统"一词的用法》，载［德］苏费翔、［美］田浩著《文化权力与政治文化——宋金元时期的〈中庸〉与道统问题》，肖永明译，中华书局，2018，第213页。

一个重要的现象：在宋学兴起以前的道统论中，以帝王之位上接三代先王道统的说法占据主导地位。

譬如，北宋靖康初年，担任太学博士的李若水撰有《上何右丞书》，他提出的道统论就特别突显帝王之位：他认为能够代表道统的人物，是那些拥有至高无上政治权力、并且创造巨大政治事功的帝王，而与孔子以来的儒家士人没有任何关系。李若水肯定上古时代的圣王序列："盖尧、舜、禹、文、武、周公之成烈，载于《书》，咏于《诗》，杂见于传记。"（《上何右丞书》）早期儒家如孔孟等赞扬三代圣王的仁德和胸怀，是为了批判现实政治中君王的暴虐和狭隘；但是李若水推崇三代圣王的成就功业（"成烈"），则是为了推崇汉、唐、宋等大一统王朝的帝王，故而将道统归诸汉唐以来的帝王序列。他还说："周衰，私智横议者出，此道堕地。汉兴，力扶而举之，汉末复堕……至唐力扶而举之……天厌丧乱，眷命有德。艺祖以勇智之资、不世出之才，祛迷援溺，整皇纲于既纷，续道统于已绝。"（《上何右丞书》）在这里，李若水明确提出道统概念，而列入道统脉络的都是有权有位的"帝王之统"，他肯定那些在历史上能够建立统一帝国的君王就是三代道统的承接者，认定他们才是"王"与"圣"合一的道统传人。应该说，作为太学博士的李若水提出的道统论，绝不是一个孤立的现象，而是代表了帝王希望将自己"圣人"化的要求。

所以，宋学道统论不仅是在文化上与佛道争正统，更是希望通过师道复兴，建立起以孔孟之道为本位的师道型道统论。也就是说，宋儒复兴师道的最终目的之一就是消解以王位相承的帝王道统论，建构以道学相承的士人道统论。可见，宋儒的师道精神确实具有重要的道统意义。一方面，他们强调三代时期的"圣王之道"，大力表彰尧、舜、禹、汤、文、武、周公之道的历史传承；另一方面，他们大力强调春秋战国以后，能够传承道统的只有开创民间讲学的孔子、孟子等士君子。也就是说，秦汉以后那些推行霸道、悖逆仁义的暴君并不能够传承圣人之道，而开创宋学的诸多儒家士大大，将通过师道复兴来传承孔孟的道统。

道统论的系统理论是由南宋张栻、朱熹确立的，他们二人均通过师道复兴而建构儒家的士人道统论。张栻是以师道复兴而建构道统论的重要人物，他主持地方书院、创办州县学校，并将这些看作振兴儒学、复兴师道的重要举措。他曾于乾道初年主持岳麓书院，并以"传道"为根本宗旨，从而将师道复兴与书院创建结合起来，推动了理学学统与书院师道的密切结合。张栻还通过创建周敦颐、二程等道学学者祠堂的方式，推动师道复兴，进行宋代道统的思想建构。在张栻看来，师道、道学、道统是同一件事情。三代圣王之道至东周不得其传，幸亏孔孟以师道方式传承了此道，但是自秦汉以来，往往是"言治者汨于五霸功利之习，求道者沦于异端空虚之说"（《南康军新立濂溪祠记》）。要如何才能够传承三代圣王之道呢？张栻认为秦汉以后的帝王不可能成为道统的传承者，所以只能将希望寄托于士人传承的师道。张栻在为静江府学宫创建周敦颐、二程等道学学者的"三先生祠堂"时，向士林表明这一切均是为了复兴师道，他反复指明复兴师道的意义所在：

> 师道之不可不立也久矣！良才美质，何世无之，而后世之人才所以不古如者，以夫师道之不立故也。……幸而有先觉者出，得其传于千载之下，私淑诸人，使学者知夫儒学之真，求之有道，进之有序，以克于异端之

归，去孔孟之世虽远，而与亲炙之者固亦何以相异，独
非幸哉？是则秦汉以来师道之立，宜莫盛于今也。（《三
先生祠记》）

张栻反复强调要复兴孔孟奠定的师道，就是希望宋代士人能
够承担和传承三代圣王创建的道统。可见，他期望通过书院、学
校开创出"秦汉以来师道之立，宜莫盛于今也"的局面，将师道
与道统统一起来。

张栻希望从士人之师道过渡到士人之道统，而朱熹正是这
一师道化道统的全面建构者。朱熹完成的道统论，是一种理论建
构，特别体现在经典建设和教育制度建设两方面。其一，朱熹结
集《论语》《大学》《中庸》《孟子》而合称四书，并以毕生精力
完成了《四书章句集注》一书。朱熹关注的重点不再是作为三代
先王政典的五经体系，而独创一套早期儒家士人经典的四书体
系，他还通过为四书作序，系统阐发了其道统论思想。朱熹在
《大学章句序》中，首先肯定的道统人物是"君师"合一的上
古圣王，他们创造了"教治"合一的道统："此伏羲、神农、黄
帝、尧、舜所以继天立极，而司徒之职、典乐之官所由设也。"
（《四书章句集注》）在《中庸章句序》中，朱熹则特别强调"子
思子忧道学失其传而作"的道统意义："盖自上古圣神，继天立
极，而道统之传有自来矣。其见于经，则'允执厥中'者，尧之
所以授舜也；'人心惟危，道心惟微，惟精惟一，允执厥中'者，
舜之所以授禹也。尧之一言，至矣尽矣；而舜复益之以三言者，
则所以明夫尧之一言，必如是而后可庶几也"，"若吾夫子，则虽
不得其位，而所以继往圣，开来学，其功反有贤于尧舜者。然当
是时，见而知之者，惟颜氏、曾氏之传得其宗。及曾氏之再传，

而复得夫子之孙子思"。(《四书章句集注》)朱熹进一步在《大学章句序》中将宋代道学学派列入孔孟之道的道统脉络中:"于是河南程氏两夫子出,而有以接乎孟氏之传……虽以熹之不敏,亦幸私淑而与有闻焉。"(《四书章句集注》)

其二,朱熹通过承载师道理想的书院,将其道统思想落实到具体现实。宋代书院的兴起与宋代师道复兴运动本来就是密不可分的,宋儒通过书院制度的建立,希望进一步确立具有师道精神的道统论。朱熹在他主持的沧州书院中,特意将代表师道精神的道统与书院的祭祀制度结合起来:"维绍熙五年岁次甲寅十有二月丁巳朔十有三日己巳,后学朱熹敢昭告于先圣至圣文宣王:恭惟道统,远自羲、轩,集厥大成,允属元圣,述古垂训……今以吉日,谨率诸生恭修释菜之礼,以先师充国公颜氏、郕侯曾氏、沂水侯孔氏、邹国公孟氏,配濂溪周先生、明道程先生、伊川程先生、康节邵先生、横渠张先生、温国司马文正公、延平李先生,从祀尚飨。"(《沧州精舍告先圣文》)从孔、颜、曾、孟,到周、程、邵、张、司马、李,他们均是士人师道精神的典范,也是道统的传承者。朱熹特别将自己的老师李侗列为道统人物,更是表达了自己要传承这一千年师道精神的宏愿。南宋时期,逐渐有大量书院开始创建本学派宗师的专门祠堂,这既体现出对学统的尊崇,更使师道观念和道统意识落实到书院制度中。

由此可见,由道学派集大成者朱熹完成的道统论,其实是唐宋以来师道复兴运动的思想成果。元代官修《宋史》专列《道学传》,其之所以称周敦颐、二程、朱熹为"道学"并单独列传,是因为他们以孔孟的师道精神传承了三代之道。《道学传》的依据就是程颐为程颢撰写的《墓志铭》中的道统论:"周公没,圣人之道不行;孟轲死,圣人之学不传。……先生生于千四百年之后，得不传之学于遗经，以兴起斯文为己任，辨异端，辟邪说，使圣人之道焕然复明于世，盖自孟子之后，一人而已。"（《宋史·道学传一》）可见，宋儒通过复兴师道而建构的道统论，其实是士大夫主体精神的理论建构，体现了先秦儒家师道精神的思想传统。

三、师道与政教转型

两宋的师道复兴，推动了宋学的兴起和发展，同时还引发了一个重要的历史转型，即从汉学型的政教形态转型为宋学型的政教形态。从儒家学派产生开始，儒者就以"师"的身份成为文化传承和知识创新的主体，并活跃于历史舞台上。无论是汉学的师法还是宋学的师道，均对汉、宋学术的思想演变与学术授受产生了重要影响。的确，儒家尊师的思想传统与中国传统政教形态密切相关。而唐宋之际出现的师道复兴，特别是宋代士大夫"以师道自居"之责任担当带来的两宋时期的思想解放和儒学复兴，其实就是一场以师道复兴为契机而由两宋士大夫完成的政教转型。

春秋战国到西汉时期衍生出的"士大夫"阶层，是官员与学者两种身份合一的群体。但是在具体的现实情境中，每一位士大夫对自我身份的认同都有很大差别：或者是首先认同其官员（大夫）的政治身份，或者是首先认同其学者或师者（士）的文化身份。与此相关，春秋战国以来的"师"也一直有二重身份：辅助帝王的官员与承担价值的学者。我们发现，"士大夫"与"师"的身份认同和历史上不同的学术形态也有密切关系。汉学强调师法，汉儒之"师"首先是朝廷的大夫，突显的是朝廷政治身份的认同；宋儒强调师道，宋儒之"师"的身份首先是"志于道"的士人身份认同。所以在两千多年的儒学史中，发展出两种士大夫类型：一种是大夫型的汉儒，另一种是士人型的宋儒。大夫型汉儒拥有庙堂儒家的地位，他们在学术上标榜师法，其"师"的身份是朝廷的"博士"，突显其官员（大夫）的政治身份；士人型的宋儒具有山林儒家的风貌，他们在学术上张扬师道，其"师"的身份是孔子所谓"志于道"的士人身份，他们希望自己是"道"的承担者、推行者。

其实，师道复兴不仅涉及教育领域、学术思想领域的问题，还涉及一个更加重大的问题：宋代儒者强调继承早期儒家的士人精神，重建由儒家之道主宰的庙堂之治，实现儒家政教文明的转型。所以在唐宋变革的大背景下，儒家士大夫不满于汉代由王权主导的政教体系，而推动了一股由士人之师道精神主导的复兴先秦儒学、重建儒学的宋学思潮。虽然宋代学术仍是传统政教形态的组成部分，但它还是由宋代士大夫主导并表达士大夫对两宋政教形态转型之要求的新儒学。两宋时期的师道复兴和士大夫主体精神，在中国历史上具有政教文明演进的特别意义。

我们可以发现一个重要历史现象：两汉确立的学术思想、政教形态在历史上被称为"周孔之教"；两宋确立的学术思想、政教形态则被称为"孔孟之道"。为什么唐宋变革以来，儒者开始将"周孔之教"转型为"孔孟之道"？这不仅是一个名称表述的差别，其背后还有着政教形态转型的影响。那么，汉学型"周孔之教"与宋学型"孔孟之道"之间究竟有哪些重要差别呢？

其一，政教形态的主导者不同。汉代建构的政教形态是"秦政"与"周孔之教"的结合，"秦政"决定了帝王的集权不仅要主导"政"，同时要主导"教"。在"周孔之教"体系中，以体现三代先王典章制度的"周"为主，而"孔"为辅，因此历代帝王可以很方便地改造"周孔之教"以满足"秦政"的需要。所谓师法其实是希望庙堂之上的经师通过经义解说，为朝廷建构"秦政"的制度与治理提供文献咨询与理论论证。宋代士大夫希望推动的政教形态转型和建构的"孔孟之道"，体现的是春秋战国时期儒家士人的思想视角，而"孔孟之道"恰恰是士人人格和师道精神的典范。宋儒希望重新张扬先秦孔孟等儒家士人的师道精神，努力推动宋代政教形态的转型，并致力于由掌握师道的士大夫来主导的新的政教形态。

其二，主要经典体系不同。"周孔之教"以五经为核心经典体系，而作为汉学型政教形态的五经源于三代的王官之学，其内容是记载三代时期礼乐政典的王室档案。《尚书·五子之歌》曰："明明我祖，万邦之君。有典有则，贻厥子孙。"三代文明遗留的"典"与"则"，就是五经的文献基础。汉儒以五经为核心经典而建立的"儒术"，就是这样一种学术类型，这正是陈寅恪所说的"儒学"特征："故二千年来华夏民族所受儒家学说之影响，最深最巨者，实在制度法律公私生活之方面，而关于学说思想之方面，或转有不如佛道二教者。"①陈寅恪所说儒家对政治社会一切公私行动影响"最深最巨者"，正是以五经体系为根本的汉学型"周孔之教"。而宋学型"孔孟之道"是以四书为核心经典体系的，四书原本属于"六经以外立说"的儒家子学体系，四书作为民间士人的讲学记录，凸显出儒家士人希望在政教形态中居于主导地位的要求，弘扬的是士人的师道精神。特别是宋儒诠释的四书学，成为一种能够兼容并取代佛道二教的思想与学术。可见，五经、四书之间有着重要的思想区别：如果说五经的

185

---

① 陈寅恪：《金明馆丛稿二编》，生活·读书·新知三联书店，2001，第283页。

思想主体是君主的话，那么儒家子学便是春秋战国时期在民间讲学的士人之"立说"；如果说五经的思想核心在君王求治的话，那么儒家子学的思想核心便在士人求道。所以，宋儒诠释的四书学，更加明显地体现出宋学型政教形态的特点。

由于上述两个方面的重要差别，汉学因师法而关注礼法典章，宋学因师道而强调道德义理。宋代士大夫希望以宋学型的四书学来取代汉学型的五经学，其实就是希望以更能够表达儒家士人价值理想的"孔孟之道"，来代替满足朝廷政治需求的"周孔之教"，从而推动两宋政教形态的转型。由于汉代的政教形态是"秦政"与"周孔之教"的结合，所以儒家士大夫面对现实政治中"尽是尊君卑臣之事"的"秦之法"（《朱子语类》卷一百三十四）而无可奈何。这正如张栻所说："自秦汉以来，言治者汨于五霸功利之习，求道者沦于异端空虚之说，而于先王发政施仁之实，圣人天理人伦之教，莫克推寻而讲明之。故言治若无预于学，而求道者反不涉于事。"（《南康军新立濂溪祠记》）张栻认为，只有由主动承担"道"的儒者来主导和推动政教转型，才能够实现"五伯功利之习无以乱其正，异端空虚之说无以申其诬，求道者有其序，而言治者有所本"（《南康军新立濂溪祠记》）。唐宋变革为汉唐政教形态的转型提供了历史条件，宋代士大夫不仅在文化领域强化了其主体地位，在政治领域的地位也不断提升。这样，宋代士大夫推动的师道复兴、儒学重建和文化教育下移等一系列思想文化变革，均体现出他们希望推动政教形态转型的努力。

还有一个与此密切相关的现象，即宋代儒家士大夫在推动师道复兴的同时，也追求王道的复兴。甚至可以说，他们之所以追求师道，乃是基于王道理想。所以我们在讨论宋儒推动师道复兴时，需要厘清宋儒对师道与王道关系的看法。从一般意义上看，"师"与"王"之间可能存在明显的权力紧张与政治冲突。因为儒家称道的"王"原本指三代圣王，春秋战国以后，圣王已死而王道不继，现实的君王都是一些暴虐、私利之徒，孔孟儒家不得不以民间之"师"的身份，承担起复兴"天下之道"的责任和使命，所以儒家士人不能够以"王"者身份，只能够以"师"者身份进入中国传统的政教相通的政治现实中。所以，春秋战国时期的师道兴起，其实是在儒家士人追求实现天下之道与帝王现实争霸的紧张中产生的。西汉确立儒学的主导地位以后，儒学的发展史便是有志于道的"师"与争夺权位的"王"之间不断合作又充满紧张的历史。可见，师道与王道本来就是密切相关的，宋儒复兴的师道，也就是儒家士人在春秋战国时期宣讲的王道，它是儒家士人引导甚至对抗王权的"尚方宝剑"。按照宋儒杨时的说法："人主无仁心，则不足以得人。故人臣能使其君视民如伤，则王道行矣。"（《宋元学案·龟山学案》）士大夫必须具有师道精神，才有可能以人臣的身份使君王推行王道。

根据宋儒的看法，师道是在王道不可实现的历史局面下，儒家士人不得已的追求，而且王道的实现并不像汉唐一样完全依赖于帝王。两宋时期的三代王道理想，恰恰依赖于儒家士大夫复兴的师道。因此，要在两宋以后真正实现王道型的政教理想，最根本的出路是士大夫主导的师道复兴。由此也可以说，在宋儒推动的政教转型运动中，师道复兴是他们的唯一希望所在。

（《哲学动态》，2020年第7期）

宋儒义理解经与经学讲义

两宋是中国经学史演变发展的重要历史时期，这个时期形成了中国经学的重要学术形态即"宋学"，产生了一大批重要的经学家、经学著作，同时也出现了一系列新的解经体例，"讲义"就是其中之一。

这里，我们通过探讨宋儒经学讲义体例的形成、类型及其学术旨趣，重点论述宋代书院讲义的形成及特点。

一、经学演变与解经体例变迁

虽然说，"经"在经学中具有"恒久之至道"的崇高地位，但经学的形成、演变、发展，离不开历代儒者对"经"的诠释。在两千多年的经学发展史中，产生了许许多多解释经典的著作。而这些著作又以不同的体例出现，包括传、记、章句、注、解、诂、训、集解、义疏等。在经学发展的不同阶段，均有经学家创造出一些新的解经体例，以表达他们对"经"的看法和解释。

经学的形成与孔子及其早期儒家学派相关。上古"三代文明"为后世留下了大量历史文献，孔子及其儒家学派不仅整理了这些历史文献，确定了《诗》《书》《礼》《乐》《易》《春秋》

的经典体系，还通过"传""记""序"等体例阐发这些历史文献中的"常道""常典""常法"等垂教万世的意义，从而建构了中国经学的价值系统和知识系统。可见，经学是儒家学者通过整理经学原典与阐发经义而产生的，尽管"六经皆先王之政典"，但如果没有"师儒讲习为传"的诠释、传播工作，经学也就不能形成。早期的传经著作，包括《易传》《春秋传》《礼记》《诗序》等，其主要文化使命就是诠解经文、转授经旨。早期经学体例是"传""记""序"等。什么是"传"？《释名·释典艺》云："传，传也，以传示后人也。"《文心雕龙·史传》云："传者，转也，转受经旨，以授其后。"可见，先秦儒家诠解、传授经典的主要体例是"传""记"之学，其目的是"以传示后人"，"转受经旨，以授于后"。

西汉以后，儒学独尊，经学也正式成为钦定的国家学术，一直在意识形态中居于主导地位。西汉设"五经博士"，推崇今文经学，传授经学，讲家法、师法，经师讲究分立章节、解释句义。故而西汉的经学体例除了延续先秦的传、记、论，又创造出一种"章句"之学的经学体例，产生了《易》《书》《春秋》等专经的不同"章句"之学。另外，汉代经学在其发展过程中走向神秘化，还创造出与"经"学相对的"纬"学。由于章句之学烦琐、纬学荒诞，汉代古文经学兴起，古文经学家的经典文本是由古文写成的，故而古文学家强调通经必先通文字训诂、考证名物制度，于是产生了"注""解""训""诂"等新的解经体例。由此可见，汉代经学的解经体例主要是"章句""训诂"等，也就是后来宋儒所说的，汉之经术"只是以章句训诂为事"[1]。

189

---

[1] （宋）程颢、程颐：《二程集》，王孝鱼点校，中华书局，2004，第232页。

魏晋、隋唐以来，经学学术又有新的发展，又创造出一些新的解经体例。汉代经学讲家法、师法，但显得过于封闭狭隘，阻碍了经学学术发展，故而在东汉时期已有经学家走博采众长的学术道路，郑玄即代表。到了魏晋南北朝，这种学风进一步发展，这个时期的经学代表著作不少是以"集解""集注""集释"的体例而出现的。同时，由于注释经典对理解经文十分重要，经师讲经时必须把本经与注释结合起来，加之当时学界又受到佛教义疏之学的影响，因此，又产生了一种以"疏"为特点的经学体例，出现了以"义疏""讲疏""注疏"等体例命名的经学著作。儒家经学经过数百年的发展，形成了诸家并起、经注各异的局面。为了统一文教，唐太宗希望确立统一的经说，曾命孔颖达修撰《五经正义》，因此又产生了"正义"的经学体例。

两汉至隋唐的经学形态，经学史上称为汉学。两宋时期，出现了一种超越汉唐经学的注疏之学，即主张直接回归原典以探求义理的新经学形态，后来被称为"宋学"。相对于汉学，宋学的经学形态发生了许多重大变化：其一，宋学的经典体系发生了变化，宋儒除了继续重视《易》《诗》《书》《礼》《春秋》等五经，尤其重视《论语》《中庸》《大学》《孟子》等四书，四书的地位甚至高于五经。其二，宋儒注解经典的方式发生了重要变化，朱熹在《中庸集解序》中说："秦汉以来，圣学不传，儒者惟知章句训诂之为事，而不知复求圣人之意，以明夫性命道德之归。"[1]宋儒的讲经学形态由"惟知章句训诂"转型为"明夫性命道德之归"，宋儒在保持对汉儒以训诂名物解经的部分尊重之外，特别强

---

[1]（宋）朱熹：《中庸集解序》，《晦庵先生朱文公文集》卷七十五，收入《朱子全书》第24册，上海古籍出版社，安徽教育出版社，2002，第3640页。

调阐发一套能够体之于身的"性命道德"之学。

与此相关，宋儒的解经体例也有了新的发展。一方面，宋儒传承了先秦、汉唐以来的各种解经体例，包括传、记、章句、注、解、诂、训，以及集注、集解、集释等。在这些相似的解经体例中，他们采取注经与通义相结合的方式，在注经中不仅注意汲收汉唐以来的章句训诂之学，且特别注意由此而通达经典中的义理，即如朱熹所说："学者必因先达之言以求圣人之意，因圣人之意以达天地之理。"①另一方面，宋儒为了阐发经典义理的方便，有时完全抛开汉唐诸儒的名物训诂，专门探究、阐发经典中的道德义理，他们为此创造了一些新的经学体例，包括"本义""大义""新义""讲义""口义""行义""精义""或问""答问"等。与那些"章句""集注""传注"等直接注释经义的经学体例不一样，宋儒这些所谓的"讲义""口义""精义""新义""或问"，不一定是解释经典的字句，而是专注于阐发经典中所蕴含的道德义理。宋儒所创造的这些新的经学体例，体现出宋儒解经的独特目的与方法，特别明显地体现出宋学治经的特色，这值得进一步探讨。

191

二、宋儒经典讲义的几种形态

本文并不拟全面探讨宋学所创的各种新经学体例，而拟专门探讨其中的"讲义"，尤其是其中的"书院讲义"，以分析宋学的经学特色及书院的教学特色。

"讲义"二字出现在宋以前，但最初并不是专指儒家经学体例，而是泛指讲论经义的讲学活动。在南北朝时期的正史中，已

---

① （宋）朱熹：《答石子重》，《晦庵先生朱文公文集》卷四十二，收入《朱子全书》第22册，上海古籍出版社，安徽教育出版社，2002，第1920页。

经有了对作为讲学活动的讲义的记载：

> 初，帝（梁武帝）创同泰寺，至是开大通门以对
> 寺之南门，取反语以协同泰。自是晨夕讲义，多由此
> 门。①

> 子达挐年十三，遭命儒者权会教其说《周易》两
> 字，乃集朝贵名流，令达挐升高座开讲。赵郡睦仲让阳
> 屈服之，遭喜，擢为司徒中郎。邺下为之语曰："讲义
> 两行得中郎。"②

这两处所载的讲义，分别指佛教、儒家的讲说经义活动，可见，
最早的讲义均指讲论经义的活动，不是专指儒家经学体例。隋、
唐时期大体也是如此。

　　然而到了两宋时期，由于儒家经学形态的转型，宋儒在建构
义理之学的宋学时，创造、推广了作为经学体例的讲义。如果我
们去查阅宋儒的经学著作，可以发现存在大量这种以讲义体例命
名的经学著作。《宋史·艺文志》所载宋代经学著作中，就有大
量这一类以讲义体例命名的经学著作书目，这是两宋以前的经学
著作所没有的现象。这里引用其中的一部分：

汤义：《周易讲义》三卷　　　　上官均：《曲礼讲义》二卷

江与山：《周礼秋官讲义》一卷　史浩：《周官讲义》十四卷

胡铨：《二礼讲义》一卷　　　　杨简：《孔子闲居讲义》一卷

谢兴甫：《中庸大学讲义》三卷　朱振：《春秋讲义》三卷

范仲：《春秋左氏讲义》四卷　　黄叔敖：《春秋讲义》五卷③

---

① （唐）李延寿：《南史梁本纪中》，中华书局，1975，第205页。

② （唐）李百药：《北齐书·崔暹传》，中华书局，1972，第405页。

③ 参见《宋史·艺文志一》，这卷的"经解类"以"讲义"著录者有30余部。

由上可见，讲义已经是两宋时期一种十分重要的经学体例，许多经学家均是以讲义的体例来阐发经义。

讲义作为宋代流行的经学体例，与宋代盛行的重视经学原典、阐扬经典义理的学术风尚、讲学旨趣有关。即如朱熹所说："大抵近世言道学者，失于太高，读书讲义，率常以径易超绝、不历阶梯为快。"①这种重视讲论经义的学术风尚，很快导致了一种新的经学体例的出现。许多宋代儒者开始撰写专为讲解经义等教学活动而用的讲义，还有许多讲义则是由弟子记录整理先生讲学内容而成的。如吕祖谦在丽泽书院讲论经义，"迄于《公刘》之首章，《尚书》自《泰誓》上至《洛诰》，口授为讲义，其他则皆讲说所及，而门人记录之者也"②。吕祖谦留下的许多经学讲义，即通过在丽泽书院口授讲学，由门人记录而成的。

根据讲学的场所、对象不同，宋儒的讲义大体可以分为三种类型。

其一，儒臣给皇帝讲经的讲义，通常称"经筵讲义"。宋代朝廷设侍读、侍讲、崇正殿说书等，为皇帝讲解经义的官员，称经筵讲官。古代经筵制度是一种帝王教育制度，有益于儒臣用儒家经义对帝王进行道德教育。这些充当经筵讲官的儒臣，在侍讲前须先编写经筵讲义。在宋儒的文集中，有许多这一类内容。如杨时的《龟山集》卷五即以"经筵讲义"命名，内容包括《尚书》《论语》等经书的讲义；王十朋的《梅溪后集》卷二十七中收入经筵讲义，内容包括《春秋》《论语》等经书的讲义；朱熹

---

① （宋）朱熹：《答汪尚书》，《晦庵先生朱文公文集》卷三十，收入《朱子全书》第 21 册，上海古籍出版社，2002，第 1297 页。

② （宋）吕祖谦编：《丽泽论说集录·跋》，《景印文渊阁四库全书》第 703 册，上海古籍出版社，1987，第 455 页。

的《晦庵集》卷十五收有《经筵讲义》，讲《大学》；真德秀《西山文集》卷十八亦是"经筵讲义"，主要是《大学》讲义；袁甫的《蒙斋集》卷一即"经筵讲义"，包括《周易》讲义发题。另外，还有一些单本的经学著作，直接以"经筵讲义"命名，如袁燮著有《絜斋毛诗经筵讲义》四卷。

其二，国子监、州县等各级官学的讲义。在宋儒留下的经学讲义中，有大量任职各级学官时的讲义。经筵讲义的对象是帝王，而这些国子学、州学讲义的对象则是在各级官学中求学的生员。如宋儒陈文蔚的《克斋集》就收有《信州州学讲义》《袁州州学讲义》《饶州州学讲义》，分别是他在信州、袁州、饶州的州学中讲《周易》《大学》《孟子》的道德义理，也是他的重要经学著作。又如黄震的《黄氏日抄》卷八十二，内容为讲义，其中包括他在扬州州学、余姚县学的讲义，所讲内容为《论语》。

其三，书院讲义。书院是两宋时期兴起、定型的一种新的教育机构，深受宋代新儒家学者喜爱，特别是南宋时期，书院完全成了宋儒传播理学、研究学术的大本营。宋儒特别热衷于到书院去宣讲他们所阐释的经义，故而形成了一种特别的讲义类型，即"书院讲义"。南宋时期诸多理学大师均主讲书院，留下了诸多著名的书院讲义。宋乾道年间，张栻主持潭州的岳麓书院、城南书院，他所作的《孟子讲义》，就是他为岳麓、城南两院所做的讲义；宋淳熙八年（1181），陆九渊到白鹿洞书院讲《论语》中的一章，遂留下了《白鹿书院讲义》；吕祖谦主持丽泽书院时，亦留下了许多讲义，被学者合编为《丽泽讲义》。

宋代的讲义主要是上述三种类型，宋儒许多著作只是标明了哪些是经典的讲义，如《尚书讲义》《周易讲义》《中庸讲义》，并没有讲是为谁而作。一般来讲，它们是经筵讲义的可能性小，而是一般州县学特别是书院讲义的可能性最大。

在上述三种类型的经学讲义中，就学术与政治的关系密切程度而言，各有不同的特点。经筵讲义、国子监及州县等各级官学的讲义，均是官学的经学讲义。经筵讲义是儒臣用儒家经义对帝王进行道德教育的经学讲义，国子学、州学讲义的对象则是在各级官学中求学的生员。受到官学体制的限制，这些讲义的学术特色、思想风格相对淡薄一些。理学家经常批评各级官学，认为"学校之名虽在，而其实不举。其效至于风俗日敝，人材日衰"①。就学术特色、思想风格而言，书院讲义最能够体现理学家的学术特色与精神追求。书院成为一种士大夫"留意斯文"的新型学术—教育组织，宋儒在书院能够通过"新义"的新经学体例，充分表达他们新的学术思想与教育理念。所以，这里重点讨论书院的经学讲义。

三、宋代书院讲义的成型

书院作为一种普遍化的教育组织，奠基于北宋时期，早在宋初就形成了所谓的"四大书院"，但是其作为一种推动学术思潮、表达教育理念的组织则成型并盛于南宋。南宋时期最有影响的思想家、学者，均在努力创办、主持书院，推动了书院的发展与成熟。从现存的文献资料来看，作为新儒家学者创造的经学体例之一的书院讲义，基本上出现于南宋时期。

南宋乾道、淳熙年间，是南宋理学思潮的高峰，史称"乾淳之盛"。书院讲义体例的经学著作，亦在这个时期大量出现。《宋元学案》所称道的"乾淳四君子"即张栻、朱熹、陆九渊、吕祖谦，他们均创办并主持书院讲学，同时，他们均留下了书院

---

① （宋）朱熹：《静江府学记》，《晦庵朱文公文集》卷七十八，收入《朱子全书》第 24 册，上海古籍出版社，安徽教育出版社，2002，第 3742 页。

讲义。

理学与书院相结合的乾淳之盛，张栻是最早的开启者。岳麓书院是北宋四大书院之一，曾受到宋真宗皇帝的赐书赐额，又一度毁于兵火。南宋乾道元年（1165），湖南安抚使刘珙将其修复，次年聘张栻主院，张栻同时还主持城南书院。张栻在主讲两院时总是讲说《论语》《孟子》。他的成型著作《孟子说》《论语解》均以他在两院的讲义为基础而成。在乾道九年（1173）刻印成书的《孟子说》之前，张栻著有序文《孟子讲义序》，可见此书本为张栻的《孟子讲义》。他在《序》中还说道："岁在戊子（乾道四年，即1168年），栻与二三学者，讲诵于长沙之家塾，辄不自揆，缀所见为《孟子说》。"[①]此处"长沙之家塾"当为谦辞，当时他在长沙主要就是主持城南书院、岳麓书院，故而《孟子讲义》应是当时两所书院的讲义。

白鹿洞书院也是北宋四大书院之一，亦获宋太宗的赐书，但一度被毁。淳熙六年（1179）著名理学家朱熹知南康军时，修复白鹿洞书院。淳熙八年（1181），朱熹邀请另一位著名理学家陆九渊到白鹿洞书院讲学。陆九渊专讲《论语》中"君子喻于义，小人喻于利"一章，最终成文即著名的《白鹿洞书院论语讲义》，"讲义"载《陆九渊集》卷二十三。朱熹亦为讲义作跋，名《跋金溪陆主簿白鹿洞书堂讲义后》，载《朱文公文集》卷八十一。朱熹在《跋》中说："十日丁亥，熹率寮友诸生与俱至于白鹿书堂，请得一言，以警学者，子静既不鄙而惠许之，至其所以发明敷畅，则又恳到明白，而皆有以切中学者隐微深痼之病，盖听者

---

① （宋）张栻：《孟子说·原序》，《文津阁四库全书》第 193 册，商务印书馆，2006，影印本，第 514 页。

莫不竦然动心焉。"①朱熹与陆九渊是学术上的论敌，但陆九渊在白鹿洞书院的《论语》讲义，深得朱熹赞赏。

"乾淳四君子"之一的吕祖谦，系浙江婺州人，他所创立的学派称"婺学"或"金华学派"。吕祖谦晚年在婺州明招山创建丽泽书院，据史书记载，他晚年"会友于丽泽书院，既殁，郡人即而祠之"②。吕祖谦在丽泽书院讲经史之学时，留下了一些讲义。据《东莱吕太史文集附录》卷一的《年谱》记载，他于乾道五年（1169）编有《春秋讲义》，是其担任严州州学教授的讲义；而他于淳熙六年（1179）编有《尚书讲义》，则是其主持丽泽书院的讲义。在《宋元学案·东莱学案》中，收录有吕祖谦的《丽泽讲义》，内容包括《周易》《诗经》《周礼》《礼记》《论语》《孟子》等儒家经典。

继乾道、淳熙年朱、张、陆、吕之后，他们的弟子及再传弟子在书院讲经、编著书院讲义者更多。较著者有朱熹门人陈文蔚。宋淳熙十一年（1184），陈文蔚曾往福建武夷精舍从学于朱熹，受到朱熹的特别器重。陈文蔚特别重视教育，尤其是书院教育。他曾担任几个地方的州学教授，并主持、授徒于多所书院，包括丰城的龙山书院、宜春的南轩书院、景德镇的双溪书院、星子的白鹿洞书院，并留下诸多书院讲义，包括《龙山书院讲义》《白鹿洞讲义》《南轩书院讲义》，这些讲义主要是阐发《孟子》《中庸》中的大义，是书院讲义中较著者。又如朱门后学王柏，

---

① （宋）朱熹：《跋金溪陆主簿白鹿洞书堂讲义后》，《晦庵先生朱文公文集》卷八十一，收入《朱子全书》第24册，上海古籍出版社，安徽教育出版社，2002，第3852～3853页。

② （明）顾允成：《小辨斋偶存》卷七，《文津阁四库全书》第1296册，商务印书馆，2006，影印本，第688页。

浙江金华人，其父王瀚为朱熹、吕祖谦门人。受家学影响，王柏后来亦成为理学名家，曾受聘主持上蔡书院，他的《上蔡书院讲义》，亦是书院讲义的名篇。

南宋后期，书院讲义已经成为一种较为普遍的经学体例与教学体例，故而产生了较多的书院讲义，一些方志还将这些讲义搜集起来，刊印出版。宋人周应合编《景定建康志》，其卷二十九就辑有明道书院的系列讲义，包括淳祐十一年（1251）胡崇的《大学》讲义，宝祐三年（1255）赵汝州的《大学》讲义，开庆元年（1259）张显的《中庸》《论语》讲义，开庆元年周应合的《论语》讲义，宝祐四年（1256）潘骥的《周易》讲义，景定元年（1260）胡立本的《大学》讲义，景定三年（1262）程必贵的《大学》《中庸》讲义，等等。仅一所书院，就留下了这么多的经学讲义，由此可见书院经学讲义的盛行。

四、南宋书院讲义的特色

作为一种新的解经体例，讲义受到了宋儒的重视和欢迎。无论是经筵讲义、州学讲义还是书院讲义，均能够表达出宋儒的经学思想与治经特色。而在这三种讲义类型中，书院讲义尤能鲜明体现出宋儒的学术与思想特色。所以，这里特别对南宋书院讲义的特色作进一步的分析论述。

如果将南宋书院讲义与其他解经体例作一比较，可以发现宋儒的书院讲义有如下特色：

其一，义理之学特色鲜明。宋儒解经重义理，他们根据需要而采用不同的解经体例，包括传记、章句、训诂、注解、集解、集注、本义、大义、讲义、精义等体例。不管采用什么体例，他们解经的最终目的仍是阐发经典中的义理。如朱熹的《四书章句集注》，即使用汉唐儒家常用的章句、集注体例，同样能够达到其建构义理之学的目的。但是，与章句、集注等体例相比，讲义则是让宋儒能够更加方便、自由表达其义理之学的体例。一般来说，章句、训诂、集注均必围绕经文作字、辞、句的注释，而讲义则往往从经文中提炼出大义，然后围绕大义作深入系统的阐发，所以，在讲义中，宋儒可以脱离经文而讲解大义。如陆九渊的《白鹿洞书堂讲义》，讲解孔子的"君子喻于义，小人喻于利"一章，围绕义、利问题做了如何"切己关省"的系统阐发，包括如何立志辩志、对科举的态度、为学工夫等。陆九渊的讲义采取的是"取《论语》中一章，陈平日之所感，以应嘉命"①，故而集中表达自己对义利之辨的思考和发挥。这和汉唐诸儒的章句训诂重字、辞、句、章的注解大异其趣。

其二，为己之学与切己体认的内在精神人格追求。重视义理之学的不仅仅是宋儒，汉代今文学家也喜欢探讨儒经中的大义，但是宋儒探讨儒家经典义理时，特别强调这种求学的首要目标是内在的"为己之学"，求学的方法是"切己体察"。这样，他们在解经时所阐发的义理就不会是与己无关、抽象外在的道德义理，而是关切到自己的内在心性、精神人格。宋儒的书院讲义完全是为书院士子而作，故而在讲义中特别鲜明地体现出这一特点。张栻在长沙岳麓书院、城南书院讲《孟子》，其《讲义发题》特别强调以孔子的为己之学解读《孟子》，他说："为人者，无适而非利；为己者，无适而非义。……曰义，则施诸人者，亦莫非为己也。"②张栻将"义利之辨"与为己、为人联系起来以解孟子

199

---

① （宋）陆九渊：《白鹿洞书院论语讲义》，载《陆九渊集》，钟哲点校，中华书局，1980，第275页。

② （宋）张栻：《孟子说·讲义发题》，载《张栻集》第1册，邓洪波校点，岳麓书社，2010，第174页。

之说，他对《孟子》所做的思想发挥，体现出宋儒解经强调"为己""切己"的思想特色。如他在《讲义发题》中特别指出："学者潜心孔孟，必求其门而入，愚以为莫先于明义利之辨，盖圣贤无所为而然也。无所为而然者，命之所以不已，性之所以不偏，而教之所以无穷也。凡有所为而然者，皆人欲之私，而非天理之所存，此义利之分也。"[①]这些论述，表达出张栻对《孟子》中义利之辨的创新性理解，特别体现了宋儒为己之学的态度与方法。朱熹对此说十分钦佩和信服。由于宋儒推崇为己之学的为学宗旨，切己体察的为学方法，故而在他们的书院讲义中比较普遍地追求这种教育理想。正如陈文蔚在《南轩书院讲义》中所说："《大学》《中庸》，其义一也。学者诚能以致知为力行之本，以力行尽致知之实，交用其力，无敢偏废，则达德以全，达道以行，《中庸》在我矣。"[②]他认为，儒家经典的义理均是相通的，即让学者完成为己之学的目标，通过知行相须、交用其力的"切己"功夫，最终实现"《中庸》在我"的"为己"之学的目标。

其三，书院讲义中表达不同学派的学术旨趣与为学之方。南宋理学思潮有一个突出特点，就是不同学术旨趣的理学家，往往在不同书院传播理学，并且形成不同学术派别。这一点，亦在不同书院的讲义中呈现出来，理学家通过他们的讲义而表达自己的学术旨趣。譬如，在南宋理学学派中，以张栻为代表的湖湘学派追求理学与经世的结合，具有既讲性理之学又重经济之学的学术旨趣。张栻讲《孟子》，其《讲义发题》中大讲义利之辨，并特

---

① （宋）张栻：《孟子说·讲义发题》，载《张栻集》第 1 册，邓洪波校点，岳麓书社，2010，第 174 页。

② （宋）陈文蔚：《南轩书院讲义》，《克斋集》卷八，《文津阁四库全书》第 1175 册，商务印书馆，2006，第 306 页。

别指出："嗟乎，义利之辨大矣！岂特学者治己之所当先，施之天下国家一也。"[①]他在讨论义理之学的同时，亦将其视为经济之学。吕祖谦的婺学则另具特点，即"朱学以格物致知，陆学以明心，吕学则兼取其长，而复以中原文献之统润色之"[②]。而吕祖谦留下的《丽泽讲义》，就明显具有这种"兼取其长""以中原文献之统润色之"的特点。他的讲义涉及《易》《诗》《周礼》《论语》《孟子》《礼记》等经典，并且能够在"格物致知"与"明心"的作圣工夫方面"兼取其长"。另外，其讲义还涉及大量历史学、文献学的内容，体现出中原文献之学的特点。又如，陆九渊之学重视"明心"，故而他在《白鹿洞书院讲义》中特别强调吾心的立志，认为义、利的差别是"由其所志"的心的力量决定的，提出"人之所喻由其所习，所习由其所志。志乎义，则所习者必在于义，所习在义，斯喻于义矣"[③]。可见，心志的工夫是起决定作用的。而朱熹学派则重视格物致知，朱子后学在《上察书院讲义》中就特别倡导读书穷理，王柏在讲义中说："初学者且当以读书为主，虽事事物物，固皆有当然之理与其所以然之故。不读书，则无以识其事事物物之则也。"[④]这就明显表现出朱子学派的学术旨趣与为学之方。

（《中国哲学史》，2014年第4期）

① （宋）张栻：《孟子说·讲义发题》，载《张栻集》第1册，邓洪波校点，岳麓书社，2010，第174页。

② （清）黄宗羲原撰，（清）全祖望补修《宋元学案》卷五十一《东莱学案》，陈金生、梁运华点校，中华书局，1986，第1653页。

③ （宋）陆九渊：《白鹿洞书院论语讲义》，载《陆九渊集》，钟哲点校，中华书局，1980，第275页。

④ （宋）王柏：《上蔡书院讲义》，载《鲁斋集》卷九，《丛书集成初编》本。

周敦颐《易》学的宋学精神

在复兴儒学的大背景下，群星灿烂的北宋时期涌现出许许多多知名儒学学派与学者，诸如"庆历新政"的领袖人物范仲淹，"宋初三先生"胡瑗、孙复、石介，在学术上具有创新精神的欧阳修、司马光、苏轼、王安石等，他们均是开创宋学的代表人物。他们倡导的以义理解经的学术风气使得北宋学界的面貌焕然一新，并将中国古代经学史发展到一个新的历史阶段——以义理之学为特征的宋学阶段。

但是，宋学研究领域一直存在一个疑问：北宋时期，无论是从政治地位还是学术地位来说，周敦颐似乎均不能与上述学者相提并论。但是，在宋学集大成者朱熹、张栻所列的道统授受序列中，他却成为上接千年断绝的孔孟道统的宋学祖师，成为《宋史》中第一位被列入《道学传》的北宋学者，其原因究竟何在呢？不少学者提出，周敦颐学术地位的提高，是张栻、朱熹推崇的结果，特别是由于朱熹在宋学中的重要地位，他对周敦颐之学的高度赞扬和评价，确立了其在宋学乃至道统史上的历史地位。应该说，将周敦颐学术地位的确立仅仅归之于后来学人的推崇，并不能完全解释周敦颐之学为什么能上升到这么高的学术地位，因为朱熹本来就是一位思维严谨、知识容量很大的学者，如果周敦颐之学没有真正具有被推崇的价值，就不可能受到朱熹的高度推崇。因此，我们认为需要从宋学的问题意识出发，即宋学的崛起究竟是为了解决什么问题？周敦颐在解决这一问题中究竟做了什么？只有由此出发，才有可能阐释周敦颐成为"道学宗主"的根本原因。

关于宋代复兴儒学运动或宋学兴起的原因有多种不同的解释，但是作为一种重新诠释儒家经典、阐发义理的新兴学术思潮，其最核心的问题意识，简单说，就是要解决儒家人文价值的信仰问题，或者说"究竟怎样才能在名教中安身立命"①的问题。自西汉"独尊儒术"以后，儒家思想已经成为国家意识形态，它全面影响并渗透国家法典、社会制度、家族生活、学校教育各个领域。但是，在个体安身立命等涉及终极关怀的精神领域，以章句训诂或天人比附为特征的汉唐儒学却留下了巨大的空白。所以这个时期盛行的佛道两教很快填补了这个空白，成为帝王官吏、文人学子、民间社会中精神领域的主宰。这时流行的所谓"以佛治心，以道治身，以儒治世"的说法，表明儒学中人道与天道、内圣与外王早就出现了严重的分裂。宋儒要在事关信仰的精神领域中战胜佛道宗教，就必须建构出一种新的儒学形态，即通过重新诠释儒家经典，将已经分裂的治世与治心，人道与天道，外王与内圣贯通起来。所以，北宋初期的儒学复兴运动出现的一股重新注经的热潮，就是源自这种统一天人之道的冲动和努力。②

---

① 余敦康：《内圣外王的贯通——北宋易学的现代阐释》，学林出版社，1997，第151页。

② 姜广辉：《论宋明理学与经学的关系》，《湖南大学学报》（社会科学版）2004年第5期。

在宋代经学中，《周易》受到宋儒最普遍的关注和重视，其原因自然与宋学的上述问题意识息息相关。在儒家经典中，确实只有《周易》对形而上之道表达了最强烈的关怀，并留下了最多可供建构新儒学的思想资源。所以，在宋代儒家学者群体中，《易》学成为重新建构儒家天人合一之道，并重新确立儒家人文信仰最重要的学问。周敦颐的两部主要著作《太极图说》《通书》均是《易》学著作，根据潘兴嗣所撰墓志铭记载，《太极图说》又名《太极图·易说》，《通书》亦名《易通》，可见它们均是讨论、阐发《周易》大义的《易》学著作。其实，北宋儒家学者普遍关注《周易》，胡瑗、石介、欧阳修、司马光、苏轼等宋学学者均留下了重要的《易》学著作。但是，为什么只有周敦颐的《易》学才成为道学的正统，只有他成为上承孔孟道统的核心人物呢？我们认为，这主要表现在他的《易》学在确立儒家伦理价值的终极信仰，即对所谓在名教中如何安身立命的问题上做出的十分重大的开创性贡献。

《周易》分"经""传"两部分。"经"由卦象及卦爻辞组成，它实际上是文王、周公时代为占卜吉凶的卜筮之书；"传"由《十翼》组成，是儒家学派通过对经的解说发挥而建立的具有理性精神的学术体系。尽管《周易》的经、传在思想深度、理性程度上有着极大的差别，但它们有一点上十分一致的，就是通过探索变动不安的外部世界，以寻求解决生活实践中的吉凶、得失等现实利害关系问题的办法。《易经》通过向神灵卜问的方式为人们解决行动的吉凶问题，而《易传》则只是以更为理性的态度探讨导致吉凶或得失的客观普遍性法则。所以，尽管《周易》中包含着大量的"道""天道""天"的概念，但它与四书中以"忠恕""仁义"等道德规范言"道"不一样，它主要体现为一种超越于个体存在之上，并且能够决定人的吉凶、福祸、得失的普遍必然性或主宰力量。正如《周易·系辞上》所说："《易》与天地准，故能弥纶天地之道。仰以观于天文，俯以察于地理，是故知幽明之故。原始反终，故知死生之说。精气为物，游魂为变，是故知鬼神之情状。与天地相似，故不违。知周乎万物，而道济天下，故不过。"这就是说，《周易》之道所表达的是天地、万物、精气、鬼神的法则、轨迹，所以它能够决定、主宰人们的吉凶祸福。《周易》所表现的正是一种典型的中国传统实用理性精神，它所具有的主要特征，就是总结、发现行为的吉凶、祸福、得失的规律，即所谓的"极深研几"。既然《周易》的"经"是通过卜筮而预测吉凶，"传"是通过思考天下万事万物的普遍规律而探寻得失，那么，"崇尚知"就成为《周易》哲学的一大特点。[①]后来注疏《周易》的著作汗牛充栋，但研究者似乎都继承了《易传》这种通过"极深研几"而探索天下事物规律，以获得对行为的吉凶、祸福、得失之预测的实用理性精神。

周敦颐的《太极图说》《通书》两部著作当然也继承了《周易》这种思考天地自然法则以探测吉凶得失的实用理性精神。他的关于"无极—太极—阴阳—五行—万物化生"的宇宙论图式，关于阴阳变合、五行各一其性的法则，均是《周易》"极深研几"式的实用理性的体现。他特别继承了汉代《易》学，将"太极生两仪，两仪生四象，四象生八卦"的筮占程式发展为太极生阴阳五行、化生万物的宇宙生成论。尤有特色的是，周敦颐的宇宙生成论与本体论是一体的：既可以顺而下推，即从"太极—阴

---

① 金春峰：《〈周易〉经传梳理与郭店楚简思想新释》，中国言实出版社，2004，第100页。

阳—五行—万物化生"的过程来看是一种宇宙生成论；又可以逆而上溯，即通过"五行阴阳，阴阳太极"（或"五殊二实，二本则一"）的过程来追溯事物的宇宙本体根源。这样，宇宙生成论本身包含着本体论，本体亦存在于宇宙过程之中。周敦颐这种以《周易》为依据来建构宇宙生成论的哲学，应该说其创新方面并不突出，因为汉唐的《易》学，许多道家学者对此过程已有论述。显然，周敦颐的成就主要不是在此。周敦颐作为一个宋代儒家学者，他不仅对此宇宙生成论过程作了系统、详尽的论述，而且将其作为儒家仁义道德的理论依据，使得宇宙起源、天地法则的自然哲学和儒家伦理的准则、境界、修养方法统一起来，这样就将儒家道德与终极关怀、名教与安身立命结合起来了，这才是周敦颐的成功之处。他将这种学术创新与经典诠释结合起来，从经学的角度而言，是将《周易》的宇宙论与《中庸》《论语》《大学》《孟子》中的政治、伦理思想结合起来。他的《太极图说》《通书》虽然都是《易》学著作，但是其中包含的大量伦理、政治的思想观念均来自《中庸》《大学》《论语》《孟子》等儒家典籍。

下面，我们就来进一步分析探讨周敦颐是如何将《易》学与《中庸》《论语》《大学》《孟子》结合起来，从而在名教中安身立命，确立儒家道德的终极依据的。这可以从以下几个层面来看。

一、联结《周易》的"太极阴阳"与《中庸》的"圣人之本"

由于汉唐儒学重视人伦而不及于天道，佛道宗教追求天道而舍弃人伦，宋儒所要解决的最根本的问题是天道与人道的合一。

周敦颐通过《周易》建立宇宙论，其目的是将其作为儒家理想人格的终极依据。他在《通书》第一章就确立了这一重要观念：

> 诚者，圣人之本。"大哉乾元，万物资始。"诚之源也。"乾道变化，各正性命。"诚斯立焉。纯粹至善者也。故曰："一阴一阳之谓道，继之者善也，成之者性也。"元亨，诚之通；利贞，诚之复。大哉《易》也，性命之源乎！[①]

> 圣，诚而已矣。诚，五常之本，百行之源也。[②]

周敦颐在这里将《周易》的宇宙论与《中庸》《孟子》的伦理学非常巧妙地联结在一起，所谓"大哉乾元，万物资始"，"一阴一阳之谓道"，"元亨利贞"等，均是《周易》对天地万物的起源、规律的思考，表达的是一种宇宙变化的天道观；所谓"诚者，圣人之本"，"诚，五常之本，百行之源"等，则是《中庸》《孟子》对儒家道德人格、规范的思考，体现的是社会道德的人道观。周敦颐将二者结合起来，表达人道来自天道，天道呈显人道。这时，世俗生活的"五常""百行"的道德伦常，均具有宇宙根源的"乾元""乾道""天道"的永恒意义。

二、沟通《周易》的"天地合德"与《论语》的"孔颜乐处"

宋儒所建立的天道与人道合一，不仅是宇宙论哲学，即从宇宙生成论的角度证明天道即人道，它也是一种人生哲学，所建立的是一种人道与天道合一的精神境界。在《周易》哲学中"圣

---

① （宋）周敦颐:《通书·诚上第一》，载《周元公集》，文渊阁《四库全书》本。
② （宋）周敦颐:《通书·诚上第二》，载《周元公集》，文渊阁《四库全书》本。

人"是一种领悟天道并能达到天人合一之化境的圣哲人格，当然，这种天人一体的人格精神更主要表现为把握天地万物规律的最高智慧。《周易·说卦》中说："昔者圣人之作《易》也，将以顺性命之理。是以立天之道曰阴与阳，立地之道曰柔与刚，立人之道曰仁与义。"圣人具有达到天人合一境界的最高智慧，他的立法也就是天地自然的"性命之理"。周敦颐在《太极图说》中也描述过这种相似的最高精神境界，但这种境界是与圣人"中正仁义"的"立人极"结合在一起的，故而才有所谓"故圣人与天地合其德，日月合其明，四时合其序，鬼神合其吉凶"。这样，周敦颐以道德型最高境界取代了以前的智慧型最高境界，他认为圣人是通过"中正仁义""立人极"的道德境界实现天人合一的，这就完成了由先秦汉唐《周易》哲学向宋学型《周易》哲学的转型。

更有意义的是，他又将《论语》中的"颜子之乐"的伦理境界，提升到上述"希天""诚、神、几""廓之配天地"的天人合一之境。《论语》中有颜回"一箪食，一瓢饮，在陋巷，人不堪其忧，回也不改其乐"的记载。这本是一种超越富贵贫贱的道德境界，周敦颐则将这种道德境界提升到与天道合一的宇宙境界，将"孔颜乐处"上升到终极关怀高度的天地之境。他在解释颜回为何"乐乎贫者"时说："见其大则心泰，心泰则无不足，无不足则富贵贫贱处之一也，处之一则能化而齐。"（《通书·颜子第二十三》）这个"见其大"不完全是见仁义道德之大，即如孟子在鱼与熊掌、生与义之间选择时所强调的仁义之重要，更是见"天道""天德""太极"之大，是人与宇宙本源合一时而能达到的天地之境，即周敦颐在《通书》中反复说的："君子以道充为贵，身安为富。故常泰无不足，而铢视轩冕，尘视金玉，其重无加焉尔！"（《通书·富贵第三十三》）"道德高厚，教化无穷，实与天地参而四时同，其惟孔子乎！"（《通书·孔子下第三十九》）这样，《论语》重"孔颜乐处"的道德境界就能够"与天地参而四时同"的天地境界统一起来，同时也获得了《周易》宇宙论哲学所提供的终极实在的依据。

三、《周易》的"吉凶之几"与《通书》的"善恶之几"

《周易》通过探索自然人事的变化规律而预测吉凶，尤其重视在事物千变万化中迅速把握吉凶的征兆，《周易·系辞下》将这种事物变化开始出现端倪时称为"几"："几者动之微，吉之先见者也。"韩康伯注曰："几者去无入有，理而无形，不可以名寻，不可以形睹者。……吉凶之彰，始于微兆，故为吉之先见也。"要预测一件事情的吉凶，首先就必须尽快掌握"出无入有"的"微兆"，因此，《周易》总是将深入思考而把握"几"作为自己的重要任务，即所谓"夫《易》，圣人之所以极深而研几也"（《周易·系辞上》）。圣人作为一个具有高度智慧的人，能够在事物变化的萌发状态时把握其吉凶的可能趋势。

在周敦颐的《易》学中，"几"仍是一个十分重要的范畴，它继承了《周易》中"几"所代表的隐而未显、始于动之微的状态，但是其内涵发生了十分重大的变化。《通书》中这样论述"几"：

> 诚，无为；几，善恶；德，爱曰仁，宜曰义，理曰礼，通曰智，守曰信。性焉安焉之谓圣，复焉执焉之谓贤，发微不可见，充周不可穷之谓神。（《通书·诚几德第三》）

寂然不动者，诚也；感而遂通者，神也。动而未
形、有无之间者，几也。诚精故明，神应故妙，几微故
幽。诚、神、几，曰圣人。(《通书·圣第四》)

尽管周敦颐仍是将"知几"作为圣人的重要特征，但是，这
个"几"已经发生了两个重要变化：其一，《易传》的"几"是
外在客观事物的"动之微"，而《通书》的"几"则成了内在心
理念虑的"动之微"，是"事动"与"心动"的重大区别；其二，
《易传》中"几"的"动之微"，体现了圣人对外在事物的吉凶
结果的预见与把握，而《通书》中"几"的"动之微"，体现了
圣人对内在心灵的"善恶"动机的把握。因此，虽然周敦颐仍引
用《周易》中的"知几，其神乎"，但他的"知几"所表达的不是
《周易》那种在事物的变化中把握吉凶的征兆，不是那种思考外
在事物的自然哲学，而是在个体心灵的念虑中省察自己的善恶念
头。这是一种表达内在心灵的人格哲学。这种转变，恰恰体现了
宋儒对内圣之学发展的需要。

四、由《周易》知性智慧转化为《通书》德性修养

《周易》是一部体现中国传统知性智慧的书，而《易传》充满
着对宇宙无穷奥秘的深入思考，体现出对天地曲折变化的观察预
测，包含着对万物运动法则的理性把握，显示了通天、通地、通
人、通鬼神、通昼夜的智慧光芒，以及对开物成务的无比自信。
请看《易传》对知性智慧的崇尚和自信：

《易》与天地准，故能弥纶天地之道。仰以观于天
文，俯以察于地理，是故知幽明之故。原始反终，故知
死生之说。精气为物，游魂为变，是故知鬼神之情状。

与天地相似，故不违。知周乎万物，而道济天下，故不过。(《周易·系辞上》)

夫《易》何为者也？夫《易》开物成务，冒天下之道，如斯而已者也；是故圣人以通天下之志，以定天下之业，以断天下之疑。(《周易·系辞上》)

由此可见，《周易》所崇尚的知性智慧，是一种能够"通天下之志""成天下之务"的理性认知与实践开拓。尽管《易传》的"圣人"在充满理性智慧的同时，也在一定程度上包含着某些德性观念，但这种德性观念最终亦被纳入"通天下之志""定天下之业""断天下之疑"的智慧型知性目标和预测吉凶的认知理性之中，那种"崇德广业""盛德大业"的德性内容，最终只是为了实现"知周乎万物，而道济天下"的外在开拓，这种圣王气势确实与周敦颐《易》学的圣贤气象有很大区别。

如果说《易传》所表达的是一种对知性智慧的弘扬而走向外在开拓的话，周敦颐的《易》学则汲取了思孟学派、佛道宗教的德性修养而走向内向收敛，他主张通过内向工夫而走向内在超越，从而确立终极信仰。这里列举他的修身工夫论来做进一步阐述。其一，"主静"。周敦颐把"主静"的德性修养置于"立人极"的地位。他在《太极图说》中提出："圣人定之以中正仁义而主静，立人极焉。"他的主静工夫源于宇宙本体的"静"，即《通书》所谓"诚无为"，"寂然不动者，诚也"。显然这种"主静"不同于主知的外向智慧，而是对内在心理欲望的克制，周敦颐对"主静"解释说"无欲故静"，这种"无欲"的工夫更是明显来自道、佛两家学说，《道德经》《庄子》及佛学典籍中有大量"无欲"之说，而儒家典籍向无此说。其二，"立诚"。周敦颐以"诚"与"乾道""太极"相连而使其本体化，但他同时强调"立诚"亦是一种修身工夫。虽然《易传》《中庸》中早有种种"立诚"之说，但周敦颐对"立诚"的解说，亦在强调其作为内向修身工夫的特征。《通书·家人暌复无妄》说："诚心，复其不善之动而已矣。不善之动，妄也；妄复，则无妄矣；无妄，则诚矣。"《周易》本有《复》与《无妄》两卦，无论汉代《易》学还是王弼的《易》学，均从卦象及其动静来做诠释，立足于万物阴阳、动静的客观法则。而周敦颐则以"立诚"的工夫作诠释，具体而言，就是以人内在的善恶动机来解释"无妄"，鲜明体现出宋儒重视道德修身的内向工夫的特点。其三，"慎动"。《周易》认为外在事物处在变化莫测的状态，人的行动随时会有吉凶祸福的不同结果，故而提出"慎动"的主张，即所谓"吉凶悔吝者，生乎动者也"（《周易·系辞下》）。但周敦颐的"慎动"完全是一种道德修养工夫，《通书·慎动》说："动而正曰道，用而和曰德，匪仁、匪义、匪礼、匪智、匪信，悉邪也。邪动，辱也；甚焉，害也。故君子慎动。"他这里强调的"慎动"不是出于对吉凶祸福的不同结果的考虑，而首先是对"仁义礼智信"的五常之德的服从，而这个五常之德恰恰又是来自"诚"，来自"乾道""太极"的最高宇宙法则。最后需要强调的是，这一"主静""立诚""慎动"的道德修身工夫，一方面受《中庸》《孟子》等思孟学派的影响，具有儒家反省内求修身工夫的特点；另一方面，它亦受佛道两家思想的影响，通过内向的修身工夫实现精神的超越，亦表达那种终极关怀式的宗教情怀。

（《北京大学学报》，2006年第4期）

临川之学的性命之理及内圣之道

　　王安石之学可以分为前期地域学统的"临川之学"与后期官学化的"荆公新学"。[①]王安石入相之前一直从事新儒学的建设工作，他的性命之学和同时代其他宋儒非常接近，可以说是大同小异，所以，这一时期的王安石之学与道学派十分接近，就是吸收佛老以复兴和重建儒家的内圣外王之道，并凸显内圣之道的优先性与重要性。王安石入相之后，其政治地位发生重大变化，他以《三经新义》为核心而形成的荆公新学，是一种以经世事业为目标的功利之学的外王之学。

　　宋学兴起被看作是一种"学统四起"的学术思潮。宋学的多元化、地域化形态，是王安石之学形成的学术文化背景。本文首先论述王安石前期的临川之学的性命之理，探讨早期王安

213

　　① 关于"临川之学"与"荆公新学"的名称及分期原因，笔者另文详述。另外，王安石学术思想分期，可参阅：肖永明：《荆公新学的两个发展阶段及其理论特点》，《湖南大学学报》2000 年第 1 期；徐规、杨天保：《走出"荆公新学"——对王安石学术演变形态的再勾勒》，《浙江大学学报》（人文社会科学版）2005 年第 1 期；杨天保：《金陵王学研究——王安石早期学术思想的历史考察（1021—1067）》，上海人民出版社，2008。

石如何结合易学与《孟子》《中庸》而致力于性命之理的内圣之道建构，在此基础上进一步揭示王安石后期的性情学说的转变及其原因。

一、临川之学的问题意识与经典诠释

自中唐以来的韩愈、柳宗元，到"宋初三先生"，他们均表现出对佛老渐盛、儒学渐衰的忧虑。而宋代一切有成就的儒学大家，均是通过吸收佛老之学在精神安顿、身心工夫、哲学思辨方面的优势，重建能够适应时代发展的新儒学。王安石与其他宋儒一样，希望通过吸收佛老重建儒学，以满足儒家文化统摄下个体安身立命的精神需要。王安石敏锐地发现了这一问题，据宋代释志磐《佛祖统纪》记载：

> 荆公王安石问文定张方平曰："孔子去世百年生孟子，后绝无人，或有之而非醇儒。"方平曰："岂为无人，亦有过孟子者。"安石曰："何人？"方平曰："马祖、汾阳、雪峰、岩头、丹霞、云门。"安石意未解，方平曰："儒门淡薄，收拾不住，皆归释氏。"安石欣然叹服，后以语张商英，抚几赏之曰："至哉此论也。"[1]

这一段对话备受关注，因为它表达了唐宋之际宋儒面临的严重精神困境，即所谓"儒门淡薄，收拾不住，皆归释氏"。其实释氏的最大魅力在个体安身立命上，而儒门要能够收拾人心，就必须入室操戈，出入佛老，并重建儒学的性命之理。王安石不仅"叹服"于张方平之说，还与同时代的宋儒一样，致力于新儒学的思

---

[1] （宋）志磐：《佛祖统纪校注》下册，道法校注，上海古籍出版社，2012，第1091页。

想重建。显然，此时王安石重视儒家内圣外王之道的重建，特别是将对内圣性命之理的关注一直置于核心地位。史籍载：

> 康节先生有言：《春秋》因事而褒贬，非孔子有意于其间，故《春秋》尽性之书也。噫！人以《春秋》为名分之书，君子以《春秋》为性命之书，彼为临川之学者其何知？[①]

所以，早期王安石的一些重要著作有一个相通的学术旨趣，即为儒家建构一套性命之理，以满足唐宋变革以来人们对思想文化的需求。这一时期王安石著有《淮南杂说》等一系列代表性著作。蔡卞在论及王安石的《淮南杂说》时说："自先王泽竭，国异家殊。由汉迄唐，源流浸深。宋兴，文物盛矣，然不知道德性命之理。安石奋乎百世之下，追尧、舜、三代，通乎昼夜阴阳所不能测而入于神。初著《杂说》数万言，世谓其言与孟轲相上下，于是天下之士，始原道德之意，窥性命之端云。"[②]《淮南杂说》原书没有完整保留下来，而这一段话透露出该书的学术旨趣和思想特色：其一是与《孟子》的思想十分接近，而《孟子》一书恰恰是宋儒建构心性之学、内圣修身的经典资源；其二，《淮南杂说》引发宋朝天下之士"原道德之意，窥性命之端"的学术兴趣，这恰恰与性理之学的学术思潮相呼应。可见，这一时期的王安石的临川之学与同时期的洛学、蜀学一样，其学术的问题意识仍然集中于安身立命的性命之理。

215

---

① （宋）章如愚：《群书考索·别集》卷十一《经籍门》，文渊阁《四库全书》本。

② （宋）晁公武：《郡斋读书志校证》，孙猛校证，上海古籍出版社，1990，第525～526页。

为了完成建构儒家性命之理的学术任务，临川之学充分挖掘和利用了传统学术的各种资源。从王安石熙宁年之前撰写或完成的著作如《淮南杂说》《易解》《洪范传》《礼记发明》《论语解》《孟子解》《扬子解》《庄子解》《老子注》来看，他的学术旨趣与理学相通，即关注性命之理及内圣之道的建构。这一段时间，王安石一方面努力将《周易》的天道论与《论语》《孟子》《礼记》的人道论结合起来，另一方面又特别注意吸收老子、庄子等道家学说，以补充完善儒家的性命之理与内圣之道。

所以，早期王安石的临川之学，特别注重《易》学的天道论的阐发。在他早期的著作中，《易解》《洪范传》占有重要地位，因为这两部书对太极、阴阳、五行的宇宙天道作了深入探讨。与此同时，王安石特别注重以《论语》《孟子》《礼记》（重点是《中庸》）等儒家经典，来建构自己内心追求的内圣之道和性命之理。王安石及其门人均重视对《论语》《孟子》的诠释。王安石著有《论语解》十卷、《孟子解》十四卷，王学重要成员王雱著有《论语口义》十卷、《孟子注》十四卷，吕惠卿有《论语义》十卷，陈详道有《论语解》一卷，龚原有《论语解》《孟子解》，许允成有《孟子新义》十四卷。四书是濂学、洛学、关学、闽学为建构新儒家内圣之道而确立的新经典体系，而有趣的是，英雄所见略同，王安石也创建了一个类似的经典体系，束景南曾经提出："王安石无论在四书的升格运动还是四书学的兴起上都是一个关键人物。"[①]王安石是宋代推动《孟子》由子升经的关键人物，王安石的《礼记发明》，以及王学人物马希孟的

---

① 束景南、王晓华：《四书升格运动与宋代四书学的兴起——汉学向宋学转型的经典诠释历程》，《历史研究》2007 年第 5 期。

《礼记解》、方悫的《礼记解》、陆佃的《礼记解》，均对《中庸》《大学》的经义诠解和地位提升起到重要作用。而且，王安石重视《论语》《孟子》《礼记》之学，这与他希望为儒家建立内圣之道的心性之学有密切关系。王安石曾经指出："古之善言性者，莫如仲尼，仲尼，圣之粹者也。仲尼而下，莫如子思，子思，学仲尼者也。其次莫如孟轲，孟轲，学子思者也。仲尼之言载于《语》，子思、孟轲之言著于《中庸》而明于七篇……欲明其性，则孔子所谓'唯性相近习相远'、《中庸》所谓'率性之谓道'、孟轲所谓'人无有不善'之说是也。"①可见，王安石与张载、二程、朱熹等道学人物一样，也是通过《论语》《中庸》《孟子》的心性之学来建构儒家的内圣之道。

所以，道学派人物虽然严厉批判王安石的政治改革和《三经新义》，但是他们对王安石早期的《易解》《洪范传》《礼记发明》《论语解》《孟子解》十分认同甚至是赞赏。程颐曾经说过："荆公旧年说话煞得，后来却自以为不是，晚年尽支离了。"②这说明程颐对王安石早期学术的价值基本上是肯定的，而否定他的晚年学说。朱熹也肯定王安石早期的易学，但是否定其后期的《三经新义》："《易》是荆公旧作却自好。《三经义》（《诗》《书》《周礼》）是后来作底，却不好。"③程颐也认为："若欲治《易》，先寻绎令熟，只看王弼、胡先生、王介甫三家文字，令通贯。徐人《易》说无取，枉费功。"道学派人士对王安石经学

217

---

① （宋）王安石：《性论》，《临川先生文集·附录》，王水照主编：《王安石全集》第 7 册，复旦大学出版社，2017，第 1827 ～ 1828 页。

② （宋）程颐：《伊川先生语五》，《二程集·遗书卷第十九》，王孝鱼点校，中华书局，2004，第 247 页。

③ （宋）黎靖德：《朱子语类》卷七十八，收入《朱子全书》第 16 册，上海古籍出版社，2001，第 2636 页。

成就的肯定，从一个侧面反映出王安石临川之学与理学派的共同学术旨趣。

二、临川之学的性命之理建构

在北宋庆历以后"学统四起"的新儒学建构热潮中，王安石的临川之学作为诸多民间性地域学统之一，也致力于儒家内圣外王之道的建构。而且，由于佛老之学将精神安顿与心性理论结合起来，进一步激活了宋儒的心性论建构精神动力。所以，这个时期的王安石也与同时代的宋儒一样，将内圣之道看作是儒家内圣外王之道的根本，希望以内圣心性学的重建来解决时代面临的各种问题。对于儒家士大夫而言，内圣首先是对帝王的要求。在王安石看来，内圣的"自治"是其能够作为外王而"治人"的根本，他反复强调："盖人君能自治，然后可以治人；能治人，然后人为之用；人为之用，然后可以为政于天下。"[①]其次，内圣的"自治"也是对士大夫的要求，他说："方今乱俗不在于佛，乃在于学；士大夫沉没利欲，以言相尚，不知自治而已。"[②]王安石直接将道德风俗的败坏归结为士大夫群体的"不知自治"。可见，无论是王道政治理想的目标，还是士大夫文化理想的完成，均必须落实于王安石及其他宋代理学家建构的儒家内圣之道。

早期王安石通过对《周易》《洪范》等经典的诠释，注重对宇宙天地之道的探讨，表现出宋儒在佛老的哲学理论挑战下，对汉唐儒学不足的弥补。王安石继承了《周易》的太极论、一阴一

---

① （宋）王安石：《洪范传》，《临川先生文集》卷六十五，王水照主编：《王安石全集》第 6 册，复旦大学出版社，2017，第 1182 页。

② （宋）王安石：《答曾子固书》，《临川先生文集》卷七十三，王水照主编：《王安石全集》第 6 册，复旦大学出版社，2017，第 1314 页。

阳之谓道、穷理尽性等方面的学说，也综合了《洪范》阴阳、五行理论，进而建构了一个动态的、有机的以气为本的生生不息的宇宙世界。王安石之所以关注宇宙天地之道，是希望为他建构的内圣外王之道提供宇宙论基础。王安石在他的重要易学著作《致一论》中说：

> 万物莫不有至理焉，能精其理则圣人也。精其理之道，在乎致其一而已。致其一，则天下之物可以不思而得也。《易》曰"一致而百虑"，言百虑之归乎一也。苟能致一以精天下之理，则可以入神矣。既入于神，则道之至也。夫如是，则无思无为寂然不动之时也。虽然，天下之事固有可思可为者，则岂可以不通其故哉？此圣人之所以又贵乎能致用者也。致用之效，始见乎安身，盖天下之物，莫亲乎吾之身，能利其用以安吾之身，则无所往而不济也。无所往而不济，则德其有不崇哉？故《易》曰"精义入神以致用，利用安身以崇德"，此道之序也。[①]

王安石从《易》理中提升出一种天人共同遵循的普遍之理，也就是圣人之道，故而他强调这是天道和人道合一的"致一之理"，可见他和洛学、关学有着完全相同的学术目标。王安石又将这一"致一之理"称为性命之理。王安石认为《洪范》的五行之理与《周易》的太极之理一样，既是宇宙自然之理，也是圣人之道。他将《洪范》的五行与《周易》的太极阴阳统一起来，建立了天

① （宋）王安石：《致一论》，《临川先生文集》卷六十六，王水照主编：《王安石全集》第6册，复旦大学出版社，2017，第1206页。

219

人一体的"性命之理、道德之意"。

所以，王安石在大谈《周易》《洪范》的天地之理后，一定会将理论思考的重点落实到圣人之本的心性论问题上，也就是说，王安石需要将《周易》天道论与《论语》《孟子》《礼记》的人道论结合起来。王安石在《洪范传》中说："通天下之志，在穷理；同天下之德，在尽性。穷理矣，故知所谓咎而弗受，知所谓德而锡之福；尽性矣，故能不虐茕独以为仁，不畏高明以为义。"①这是将《孟子》《礼记》的内圣心性论纳入《周易》《洪范》的宇宙论体系中来。宋儒实现天人合一的最重要结合点就是人性论。在王安石早期著作《淮南杂说》《礼记发明》《论语解》《孟子解》中，人性论一直是核心问题。其实宋代理学家建构的内圣之本的核心问题就是人性论，这是思孟学派最有学术创意的地方，也是理学家最为关注的地方。从王安石对人性论的思考中，会发现他早期思想的人性论与理学的人性论有相通之处。

"临川之学"人性论建立在诠释子思、孟子著作的基础上，故而受思孟学派影响很深，也是性善论。与同时代的理学家一样，王安石也是从宇宙本源的太极、理来说明人性的根源。王安石努力将《周易》的太极宇宙论与《中庸》《孟子》的心性论结合起来，他在诠释《中庸》一书时明确表示："人受天而生使我有是之为命，命之在我之为性。……然则性果何物也？曰：善而已矣。性虽均善，而不能自明，欲明其性，则在人率循而已矣。"②在这里，王安石循着《中庸》"天命之谓性"的思想，得

① （宋）王安石：《洪范传》，《临川先生文集》卷六十五，王水照主编：《王安石全集》第 6 册，复旦大学出版社，2017，第 1182 页。
② （宋）王安石：《礼记发明·中庸》，王水照主编：《王安石全集》第 1 册，复旦大学出版社，2017，第 175 页。

出一切人性皆善的结论。可见，早期王安石在心性论上自觉传承儒家孔子以后的思孟学派，他称之为"一圣二贤"。也就是说，与宋代理学派一样，王安石的性善论也是来自思孟学派：

> 然而世之学者，见一圣二贤性善之说，终不能一而信之者何也？岂非惑于《语》所谓"上智下愚"之说欤？噫，以一圣二贤之心而求之，则性归于善而已矣。其所谓智愚不移者，才也，非性也。性者，五常之谓也。才者，愚智昏明之品也。①

可见，王安石早期的人性论就是承思孟学派（"一圣二贤"）而来，王安石将其称为性命之理，因为他的"性命"是与《周易》宇宙论联系在一起的，正如他所说："天授诸人则曰命，人受诸天则曰性。性命之理，其违且异也，故曰'保合太和，各正性命'。"②

221

王氏临川之学将思孟学派的心性论与《周易》的宇宙论结合起来，是为了建构一种能够完成宋代士大夫精神安顿的内圣之道。王安石特别推崇孟子，就在于《孟子》一书有着丰富的心性论思想资源。王安石的早期著作《淮南杂说》《礼记发明》《易解》对性命之理的看法，不仅继承了思孟学派的心性论，而且由思孟学派的性命之理而上溯到五经的先王之礼、先王之治。王安石说："先王所谓道德者，性命之理而已。其度数在乎俎豆、钟鼓、管弦之间，而常患乎难知，故为之官师，为之学，以聚天下

---

① （宋）王安石：《性论》，《临川先生文集·附录》，王水照主编：《王安石全集》第7册，复旦大学出版社，2017，第1827～1828页。
② （宋）王安石：《性命论》，《临川先生文集·附录》，王水照主编：《王安石全集》第7册，复旦大学出版社，2017，第1829页。

之士，期命辩说，诵歌弦舞，使之深知其意。……先王之道德，出于性命之理，而性命之理，出于人心，《诗》《书》能循而达之。"①由此可见，早期王安石之学与二程洛学完全是面临同一个问题，使用同一经典资源，建构了相同的内圣之道思想体系。

一个值得注意的现象是，王安石并没有像同时代的理学家一样，继续循着思孟学派的性善论作哲学建构，而是开始改变其最初的思想观点。起初，王安石由性善论改为性有善有恶论。在被证明为北宋治平元年（1064）前后写的《再答龚深父论语孟子书》一文中，王安石提出："道德性命，其宗一也。道有君子有小人，德有吉有凶，则命有顺有逆、性有善有恶，固其理，又何足以疑？"②他认为人性有善有恶是无可怀疑之理。在这里，他开始引用《尚书》之语来证明自己性有善有恶的性命之理这一新观点。王安石同时期写的其他文章也记载了他性有善有恶的观点。在宋以前，如李翱提出过"性善情恶"的观点，希望在坚持孟子性善论的前提下，说明恶的来源。但是这时的王安石不赞成这一看法，他在《性情》一文中指出："性、情一也。世有论者曰'性善情恶'，是徒识性情之名而不知性情之实也。喜、怒、哀、乐、好、恶、欲未发于外而存于心，性也；喜、怒、哀、乐、好、恶、欲发于外而见于行，情也。性者情之本，情者性之用，故曰性、情一也。……盖君子养性之善，故情亦善；小人养性之恶，故情亦恶。故君子之所以为君子，莫非情也；小人之所以为小人，莫非情也。彼论之失者，以其求性于君子，求情于小人

---

① （宋）王安石：《虔州学记》，《临川先生文集》卷八十二，王水照主编：《王安石全集》第 7 册，复旦大学出版社，2017，第 1447～1448 页。

② （宋）王安石：《再答龚深父论语孟子书》，《临川先生文集》卷七十二，王水照主编：《王安石全集》第 6 册，复旦大学出版社，2017，第 1294～1295 页。

耳。"①王安石以"性情一也"的体用合一论，证明情可善可恶，故而性也是可善可恶的。这一观点与他的早期思想以思孟学派性善论为依据相比发生了巨大变化。

到了罢相之后的晚年，他的人性论又改为性无善无恶论，这个观点集中体现在他晚年居住金陵时期的文章中，诸如《原性》。据王安石说，他这一时期的人性论已经不再追随孟子、荀子、扬雄、韩愈，而是形成了新的观点。与他原来信奉的以体用合一言性情截然相反，他这时将性与情作了严格分别。他认为孟子、荀子、扬雄、韩愈这些前贤的人性论均有问题，关键是他们没有将"性"与"情"区别开来。王安石认为，"情"是一切善恶的来源，儒家传统的"四端"（《孟子》）、"七情"（《礼记》）是一切善恶的来源，他通过《原性》提出，人性是宇宙世界之"太极"，具有形而上的意义，无善恶之分；而人情无论是恻隐之心还是怨毒忿戾之心，均是形而下之"有感于外而后出乎中者"，故而分为善恶。王安石强调："夫太极者，五行之所由生，而五行非太极也。性者，五常之太极也，而五常不可以谓之性。"②这一观点与他以前的人性论思想差别很大，他原来认为人性就是"五常"，而现在则强调"五常不可以谓之性"，性是"五常之太极"。所以，他强调善恶只与情有关系，他说："喜、怒、爱、恶、欲而善，然后从而命之曰仁也、义也；喜、怒、爱、恶、欲而不善，然后从而命之曰不仁也、不义也。故曰：有情，

223

① （宋）王安石：《性情》，《临川先生文集》卷六十七，王水照主编：《王安石全集》第6册，复旦大学出版社，2017，第1218页。
② （宋）王安石：《原性》，《临川先生文集》卷六十八，王水照主编：《王安石全集》第6册，复旦大学出版社，2017，第1234页。

然后善恶形焉。然则善恶者，情之成名而已矣。"①

由此可见，王安石的人性论经历了三个不同阶段：早期继承和坚持思孟学派的性善论，熙宁新政之前改为性善恶混和"性三品"，晚年寓居金陵时主张性无善恶论。一些宋儒之所以批判王安石，恰恰是因为他后来的性善恶混、性无善无恶的人性学说。陈渊就不讲王安石早期传承思孟学派的性善论，而专门批判他后期的性善恶混、性无善无恶论，他说："《孟子》七篇，专发明性善，而安石取扬雄善恶混之言，至于无善无恶，又溺于佛，其失性远矣。"②我们更关心的问题是：王安石为什么会不断改变自己的人性论主张？这些变化背后的原因是什么？

三、王安石人性论衍化的原因

王安石性善论的性命之理，主要见诸他的早期著作，而到了北宋治平以后关于性命之理及性善论的观点，就发生了很大变化。其具体变化分为两个阶段和两种形态。第一个阶段，是熙宁新政前夕的治平时期，王安石的人性论主张有善有恶论；第二个阶段，是晚年退隐金陵以后，其人性论持无善无恶论。③宋儒之所以热衷于讨论性命之理，其背后的原因是为了解决内圣之道的问题，而此内圣之道总是与外王实践密切相关。如果我们对儒学人性论史做一个简要的回顾，可以发现，儒学史上有影响的人性

①（宋）王安石：《原性》，《临川先生文集》卷六十八，王水照主编：《王安石全集》第 6 册，复旦大学出版社，2017，第 1234～1235 页。

②（元）脱脱等：《宋史》卷三七六《陈渊传》，中华书局，1977，第 11630 页。

③ 王安石关于性命之理相关文章写作年代及阶段划分，参阅李之亮：《王荆公文集笺注》，巴蜀书社，2005；胡金旺：《王安石人性论的发展阶段及其意义》，《孔子研究》2012 年第 2 期；丁四新：《王安石性命说的演进及其内在线索》，《道家文化研究》第 26 辑，生活·读书·新知三联书店，2012，第 204 页。

论在不同时代有几种不同类型。先秦时期，出现了思孟学派的性善论与荀学的性恶论；两汉时期，出现了"性三品"、性善恶混的人性论；魏晋时期，又出现了性无善恶论。历史上之所以会出现一种代表性人性理论，其实是为了满足特定时代的社会政治、生活实践的相关需求。先秦孟子的性善论，是为士君子人格、王道理想提供人性依据；汉儒的"性三品"、性善恶混，是为礼法并用的汉代帝国政治服务的；魏晋的性即自然的无善恶论，则是魏晋名士追求旷达、超脱人生的人性依据。王安石之学在探讨性命之理的过程中，顺着此前的人性论探索历史走了一遍，恰恰是由于他的性命之理的三种形态，与他的人生三个阶段的不同需求有密切联系。

首先考察王安石之学的第一个阶段。从北宋庆历至嘉祐年间，是所谓临川之学的形成期。这时也是北宋士大夫学术与政治最为活跃的历史时期。庆历以来的士大夫群体，在学术领域探寻内圣之道与性命之理，形成了多元化的地域学统。在政治领域，他们都主张革新政令，形成了新政建设的政治共识。作为地域学派的王安石之学也成为诸多民间学派之一，他提出的性命之理主要是为士大夫人格理想提供依据，所以性善论成为他的核心思想。在宋学初兴而"学统四起"之时，王安石主动参与到这股十分重要的复兴儒学、重建儒学的新儒学思潮之中。他与同时代的二程、张载、三苏一样，都是致力于儒学重建的最重要的儒家学者。他们希望超越汉唐儒学，回归先秦儒家特别是其中的思孟学派，重新建构儒家的内圣外王之道。正如程敦厚在《宋蜀刻临川文集序》中所说："自孔子殁，曾子、子思、孟子以降，得道德之传而发圣贤之秘，以诏后觉，惟国朝欧阳氏、司马氏、苏氏、王氏、程氏，各一家言，皆非汉、唐先儒之所能到。"①最初，王安石与其他地域学派一样，重视对思孟学派心性之学的继承和发展。这一段时期内王安石的著作，被学界及其门人看作与孟子之学完全一致，甚至对天下之士"原道德之意，窥性命之端"的性理之学学风产生了深刻影响。正如他的弟子蔡卞所说，王安石"初著《杂说》数万言，世谓其言与孟轲相上下，于是天下之士，始原道德之意，窥性命之端云"②。

　　早期临川之学之所以追随思孟学派的性善论，是因为他在此时正认同儒家内圣之学的道路，认为一切追求外王事业的帝王都应该首先成为圣贤。尤其是随着宋代士大夫作为政治主体、文化主体的崛起，思孟学派的性善论有利于提升士人的人格自觉，推动士大夫在政治、文化领域主体性精神的弘扬。所以，北宋时期思孟学派的地位大大提升，他们的性善论成为宋儒建构新儒学的理论前提。王安石就是在这一学术背景下，致力于内圣之道的建构。在他看来，思孟学派的心性论恰恰是圣贤之所以能够成为圣贤的依据。即"故诚之所以能不测者，性也。贤者，尽诚以立性者也；圣人，尽性以至诚者也。神生于性，性生于诚，诚生于心，心生于气，气生于形"③。再就是王安石以性善论为基础而张扬的圣贤人格，因为他的圣贤人格是依据其内在的性命之理，故而又称为"内圣之道"。王安石还将这一理想人格称为"大人"，他引证孟子"充实而有光辉之谓大，大而化之之谓圣，圣

---

①（宋）程敦厚：《宋蜀刻临川文集序》，《临川先生文集》附录二，王水照主编：《王安石全集》第 7 册，复旦大学出版社，2017，第 1847 页。

②（宋）晁公武：《郡斋读书志校证》，孙猛校证，上海古籍出版社，1990，第 525 ～ 526 页。

③（宋）王安石：《礼乐论》，《临川先生文集》卷六十六，王水照主编：《王安石全集》第 6 册，复旦大学出版社，2017，第 1199 页。

而不可知之谓神"对圣人的赞誉说：

> 孔子曰："显诸仁，藏诸用，鼓万物而不与圣人同
> 忧，盛德大业至矣哉！"此言神之所为也。神之所为，
> 虽至而无所见于天下。仁而后著，用而后功，圣人以此
> 洗心，退藏于密。及其仁济万物而不穷，用通万世而不
> 倦也，则所谓圣矣。故神之所为，当在于盛德大业。德
> 则所谓圣，业则所谓大也。[①]

显然，对于王安石来说，这一崇高圣人人格，其依据只可能
是与天道、天理相通的"仁德之性"或"诚明之性"。可见，在
唐宋变革过程中，王安石等宋儒的人格理想、学术视野均发生了
重大变化，他们成为推动宋代政治变革、文化转型的主体力量。
宋儒继承和弘扬先秦儒家思孟学派的内圣人格精神，以此精神主
导着新儒学的兴起和发展，最终形成了在中国思想学术史上影响
深远的理学。

227

但是，为什么到了熙宁新政前夕的治平时期，王安石的人
性论演变为性有善有恶论呢？初看起来好像只是一种学术观点的
调整，但是，我们如果从王安石思想的整体演进来看，就会发现
这一调整背后的原因。王安石自庆历从政以后，他的政治治理经
验在不断积累，加之他离朝廷权力中心越来越近，现实政治的迫
切需要使王安石逐渐淡化思孟学派的内圣之道，朝着汉儒王霸杂
之、儒法互补的方向转变。在北宋时期的不同学统之中，王安石
之学的核心经典、学术旨趣开始发生变化，他开始关注《周礼》

---

① （宋）王安石：《大人论》，《临川先生文集》卷六十六，王水照主编：《王
安石全集》第 6 册，复旦大学出版社，2017，第 1205 页。

《尚书》中的外王之学。这时在王安石的学术体系中，外王之学成为其思想的核心，而内圣之学其实是为外王的新政事业服务的。

与此相关，王安石的人性论也在发生变化，他在这一时期形成了与汉儒"性三品"相通的人性论思想。王安石在《性说》一文中，以孔子"性相近，习相远"为依据，提出独特的"性三品"说：

> 然则孔子所谓"中人以上可以语上，中人以下不可以语上，惟上智与下愚不移"，何说也？曰：习于善而已矣，所谓上智者；习于恶而已矣，所谓下愚者；一习于善，一习于恶，所谓中人者。上智也、下愚也、中人也，其卒也命之而已矣。有人于此，未始为不善也，谓之上智可也；其卒也去而为不善，然后谓之中人可也。有人于此，未始为善也，谓之下愚可也；其卒也去而为善，然后谓之中人可也。惟其不移，然后谓之上智；惟其不移，然后谓之下愚。皆于其卒也命之，夫非生而不可移也。①

王安石将人的"习"分为上智、下愚、中人三个品位，虽然他从人性的源头上肯定"性善"，却又从习性上肯定人有三品的不同。他后来又进一步提出"性情有善有恶"的说法，甚至引证汉代扬雄提出的"人之性，善恶混"，肯定其"是知性可以为恶也"。汉代儒学人性论的代表性观念是"性善恶混"与"性三

228

---

① （宋）王安石：《性说》，《临川先生文集》卷六十八，王水照主编：《王安石全集》第6册，复旦大学出版社，2017，第1235～1236页。

品"，^①它们均是为汉代确立的"儒法互补""德刑并用"提供人性论依据。而此时王安石的人性思想发生变化，其实正是缘于其学术旨趣的重大变化。

从治平到熙宁的一段时间，王安石逐渐进入权力核心，其学术思考的重点已经转向外王之术，他更为关注朝廷面对的富国强兵的现实问题，重点研究礼乐刑政等实际的国家治理制度问题。两汉时期确立的以礼法为核心的政治儒学，其人性论的标配恰恰是董仲舒、扬雄等汉儒的"性三品"与"性善恶混"。所以，王安石在学术上开始向汉代"儒法互补""王霸并用"的思想过渡，其性命之理也开始从思孟学派的性善论走向汉代儒学的"性三品"与"性善恶混"。这时，王安石的内圣外王之道的重心发生了根本的偏离，早期内圣之道是重心，外王不过是内圣的拓展；而此时的外王之学才是重心，内圣之学其实不过是为外王新政事业服务的。

王安石的熙宁新政受到来自各种力量的攻击，变法事业面临各种困难而失败。他最终于熙宁九年（1076）请求辞职，晚年在江宁府郊"半山园"寓居，开始过起他的田园生活。王安石在晚年约十年的田园生活期间，仍然在继续他的学术研究，然而其兴趣已经发生了很大变化。这一段时期内，他深入研究佛老之学，完成了一系列佛学著作的撰写。对这方面的学术研究，体现了他在继续思考性命之理的课题。但是与他担任宰相时期的"性善恶混"与"性三品"思想不同，这一段时期他开始受佛老思想的影响，倡导与魏晋士大夫思想接近的"性无善无恶论"。这当然与

229

① （宋）王安石：《性情》，《临川先生文集》卷六十七，王水照主编：《王安石全集》第 6 册，复旦大学出版社，2017，第 1218 页。

他的政治处境和思想状态有密切关系。王安石晚年因安身立命的精神需要，同样致力于内圣之道和性命之理的问题。宋儒的内圣之道本来就包括几个重要方面：社会责任与个人自在、忧患意识与闲适心态、道义情怀与洒落胸襟。[①]但是，他这一时期的内圣之道不再是宋代士大夫在政治、文化领域的人格主体性，苏轼认为王安石"少学孔、孟，晚师瞿、聃"[②]，可见王安石晚年因更多地关注个人身心的自在、闲适、超脱，故而对佛老之学表示出更大兴趣。所以，王安石的人性论也就由性善论、性有善有恶论而转变为性无善无恶论。

魏晋时期玄学特别强调"性"的超越性，他们认为人性是超越喜怒情感、道德善恶之上的自然本体，并由此推出性无善无恶论，作为其名士人格的依据。嵇康提出："故古人仰准阴阳，俯协刚柔，中识性理，使三才相善，同会于大通，所以穷理而尽物宜也。"[③]他说的"性理"超越阴阳、刚柔、善恶的自然本体之性。郭象也说："所以迹者，真性也。夫任物之真性者，其迹则六经也。"[④]玄学家所讲的"性"是天地万物的"所以迹"，也就是无善无恶的自然之性，这一超越天地万物之性的本质是无。这一种"性"其实就是为魏晋名士追求一种超越喜怒情感、道德善恶之上的超越人生境界提供本体论依据。道家、佛教均以实现

----

① 朱汉民：《玄学与理学的学术思想理路研究》，中国社会科学出版社，2012，第18页。

② （宋）苏轼：《王安石赠太傅》，载《苏轼文集》卷三十八，孔凡礼点校，中华书局，1986，第1077页。

③ （三国魏）嵇康：《嵇康集校注》卷九，《答释难宅无吉凶摄生论》，戴明扬校注，人民出版社，1962，第306页。

④ （清）郭庆藩：《庄子集释·天运》，王孝鱼点校，中华书局，1961，第532页。

这一超越人生境界为最终目的。而此时王安石在"性者，五常之太极也"的思想基础之上，提出了"性生乎情，有情然后善恶形焉，而性不可以善恶言也"[①]。王安石的这一性无善无恶的思想明显受佛老之学的影响，他已经改变了早期的性善论、中期的性有善有恶论，而将人性看作是无善无恶的本体之性。可见，王安石由于新政的失败而受到来自各方面的压力和打击，晚年的心境发生了重大变化。王安石希望人性论能够帮助他摆脱喜怒哀乐、是非善恶的纠缠，为此超越人生境界提供本体论依据。因为此时王安石关注的重心不再是外王之业，而是作为士大夫个体的精神安顿。

（《中国哲学史》，2021年第3期）

---

① （宋）王安石：《原性》，《临川先生文集》卷六十八，王水照主编：《王安石全集》第6册，复旦大学出版社，2017，第1234页。

朱熹《大学》"明明德"诠释的理学意蕴

朱熹对《大学》所提出的命题"明明德"极为重视，他常教导学生为学先读《大学》以定其规模，进而指出："为学只在'明明德'一句。"他对《大学》"明明德"的诠释，内涵丰富而思想深刻，是他运用先秦儒家学说与宋代理学思想，分析和探讨人及其生活世界本质的全面总结。经过朱熹对"明明德"的诠释，这一原本只是普通政治道德的概念，获得了丰富的哲学内涵。

从一个先秦贵族教育的普通文本中，为什么朱熹可以读出这么多的新意义来呢？全面分析和总结朱熹"明明德"观的内涵，对于理解其经典诠释学的特点及价值，有着重要意义。

一、朱熹诠释"明明德"的新意义

朱熹对《大学》"明明德"内涵的思考与揭示，历经数十年。最初，他以孟子的"良知良能""良心"等阐释"明德"的内涵；晚年，他又以两宋理学家所掌握的孟子心性论，思考"明德"与"心""性"等概念的关系；去世前数年，他还运用理气论揭示"明德"的来源，从而完成了对"明明德"的理学化诠释。

朱熹对《大学章句》"明明德"注释的最后修订在1196年左右。他说：

> 明，明之也。明德者，人之所得乎天，而虚灵不昧，以具众理而应万事者也。但为气禀所拘，人欲所蔽，则有时而昏；然其本体之明，则有未尝息者。故学者当因其所发而遂明之。[①]

这是朱熹晚年的定论，也是其"明明德"思想的精粹表述。在这里，朱熹用短短67个字的篇幅，从工夫论、心性论、天理论的角度，阐明了"明德"的来源与本质，"明德"不明的原因及其根源，以及"明德"可明的依据与道路。语言简洁，语义完备，逻辑严密，是其毕生学问的总结。众所周知，这个定义，在朱熹理学思想体系中占有重要地位，对理学思想的发展演进也产生过深刻影响。

而事实上，无论是《大学》的文本本身，还是在汉唐经学家的注疏里，《大学》中的"明明德"的意义都非常平易，只是对承担治理国家等责任的贵族的道德要求，并无理学思想复杂且深刻的思想内容。它只是要求贵族博闻多识，注意自身的情绪管理，设身处地从民众的角度制订并实施治理国家的政策等。而郑玄注曰："明明德，谓显明其至德也。"孔颖达疏曰："在'明明德'者，言'大学之道'，在于章明己之光明之德。谓身有明德，而更章显之。"[②]这些都不涉及心性修养的义涵。但是，朱熹通过对《大学》"明明德"命题的不断阐释，将先秦儒家与宋代

²³³

[①]（宋）朱熹：《四书章句集注》，中华书局，1983，第3页。

[②]（汉）郑玄注，（唐）孔颖达疏《礼记正义》卷六十，收入《十三经注疏》，北京大学出版社，1999，第1594页。

理学思想成果进行整合，从而从"明明德"中读出工夫论、心性论、天理本体论等思想意义。在朱熹看来，"明明德"能够作为《大学》全书的纲领，就在于它将本体论、心性论与儒家修身工夫论统一了起来。

首先，朱熹通过对"明明德"的哲学阐释，读出"明明德"的工夫论内涵。他认为"明"即"明之也"，又说"学者当因其所发而遂明之"。这显然是从儒家工夫论角度进行的解读。所谓"因其所发"指"明德"的发露，即"明明德"工夫的起点和基础所在；所谓"遂明之"，指《大学》中提出的系统的儒家修身工夫论：格物、致知、诚意、正心、修身。

其次，朱熹读出了"明德"的心性论思想内涵。他在阐发《大学》的过程中，不仅对性的本源问题进行了说明，还通过阐释"明德"为"虚灵不昧，以具万理而应万事者"，对心的内容及心与性、心与情之间的关系进行了发挥。他对《大学》"明德"内涵的探究，在如何确定和表述心性与"明德"之关系上，实际上一直未曾离开孟子的心性论。

其三，朱熹从"明德"中读出"自然之理"的宇宙本体论意义。他的"明德者，人之所得乎天"的思想，是以早期儒家和北宋理学的"性与天道"合一为理论基础阐述人物的化生，以说明人的"明德"的来源，从而揭示了《大学》的宇宙论背景。他指出："人物之生必得是理，然后有以为健顺仁义礼智之性；必得是气，然后有以为魂魄五脏百骸之身。"①

---

① 这是朱子《大学或问》的定稿，与上文所引《经筵讲义》之说相较即可知。其改定时间与《大学章句》应是一致的，大约在1196—1198年间。（宋）朱熹：《大学或问》，载《四书或问》，收入《朱子全书》第6册，上海古籍出版社，安徽教育出版社，2002，第507页。

可以看出，朱熹对《大学》"明明德"的哲学诠释，与他的理学思想的"先见"有关。毫无疑问，朱熹对《大学》"明明德"的哲学诠释，具有"六经注我"的特点。然而朱熹的"我"不是主观任意的"我"，而是建立在对先儒先贤思想的全面理解和思考而形成的"先见"上。深入考察朱熹的治学历程与治学特点，可知他对《大学》"明明德"的哲学诠释与理学建构，其实是建立在"我注六经"的基础之上的。朱熹晚年能够从儒家经典中读出这么多的新意义来，正是由于他早年和中年全面阅读、深刻理解孔孟著作，并且各取所长，融会贯通。应该说，朱熹的经典诠释是经由"我注六经"到"六经注我"的发展，两者是同一个过程中前后相续的不同阶段，并非对立关系。

二、"明明德"的工夫论诠释

在朱熹看来，《大学》之所以被列为学问之先，是因为它提出了为学工夫的八目，即格物、致知、诚意、正心、修身、齐家、治国、平天下，朱熹在《大学章句序》中将其称为"教人之法""修身治人底规模"等，至于其他儒家经典所列的工夫论，均可分别纳入这个序列、体系之中。

朱熹早年认为，"良知良能"就是"明德"，在为学工夫方面，他认同通过察识此心之良知而"明德"。他认为圣人本身之"明德"无遮无掩，光明朗彻，是一个完全实现了的人。而人既与天地万物同理，又与圣人同性，所以人人也都是潜在的圣人。但普通人的"明德"为气禀、物欲所拘蔽和遮掩，失去其本有的光明，不能照亮别人，也不能照亮自己，故而未能自我实现。那么，普通人实现自我的途径，也就是通往圣人的道路是什么？朱熹指出："因其所发而遂明之。"这是因为，人必定具有"明德"，这"明德"无论怎样遮掩、拘蔽，也会有显露的时候，如孟子所说的四端与良知良能，只要将显露的"明德"加以扩充，即可实现本体之明。

朱熹后来认识到，良知良能只是"明德"之发现，是"明德"能明的依据与起点，但最终来说，明德之明，必须通过学者自己的"明明德"工夫，也就是《大学》中的格物、致知、诚意、正心之功来实现。朱熹指出，本体之明的显露是"明"的工夫的依据与起点，而他极为重视的《大学》修身治人的规模、为学工夫，即格物、致知、诚意、正心、修身，则是"明"的工夫的内容与程序。《朱子语类》载：

> 所谓明之者，致知、格物、诚意、正心、修身，皆明之之事，五者不可阙一。若阙一，则德有所不明。盖致知、格物，是要知得分明；诚意、正心、修身，是要行得分明。然既明其明德，又要功夫无间断，使无时而不明，方得。若知有一之不尽，物有一之未穷，意有顷刻之不诚，心有顷刻之不正，身有顷刻之不修，则明德又暗了。惟知无不尽，物无不格，意无不诚，心无不正，身无不修，即是尽明明德之功夫也。[①]

可见，朱熹是从理学的工夫论角度来解读"明明德"的。朱熹重视《大学》之道，正是因为《大学》提出了系统的儒家修身工夫论，即格物、致知，阐明了儒家心性修养"知"的工夫，诚意、正心、修身，阐明了"行"的工夫。朱熹揭示了"明明德"工夫

---

① （宋）黎靖德：《朱子语类》卷十四，收入《朱子全书》第 14 册，上海古籍出版社，安徽教育出版社，2002，第 438 页。

的基础与依据，又从《孟子》回归《大学》文本本身，阐明了"明明德"工夫的具体内容与程序，从而对《大学》"明明德"做出了合理的解释。

朱熹从《大学》文本中的格物、致知等工夫论角度解读"明明德之工夫"，显然比郑玄注"明"为"显明"，孔颖达疏为"章显之"要合乎文意得多。当代学者傅伟勋提出的"创造的诠释学"，共分为五个层次，即实谓、意谓、蕴谓、当谓、必谓。朱熹从《大学》文本中的格物、致知、诚意、正心、修身工夫论角度解读"明明德"之工夫，这是《大学》文本本来就有的内容，即所谓"实谓"的层次；但又没有具体的内容，故也属于"意谓"的层次。朱熹通过对《大学》文本的语义、脉络、前后文意的考察等，尽量"客观忠实地"了解并诠释《大学》的意蕴，探问其"实谓""意谓"两个层次的意义，体现了他"我注六经"的诠释态度。

三、以思孟学派的心性论解读"明德"

《大学》文本本身对"明德"的内涵没有具体的论述，因此朱熹要对《大学》的为学工夫做深入探讨，揭示其通过个体的心性修养而成己成物的理论价值，就必须对"明德"的心性论内涵做思考。

在儒家经典中，《孟子》以对心性论的深刻思考而为朱熹特别重视。所以，朱熹对"明德"的思考，一直是以《孟子》为理论依据的。朱熹早年已经认识到"明德"的内在性和普遍性，亦即认为人人皆有"明德"，最初也曾以孟子的"良知良能""良心"等阐释"明德"的内涵。他指出"明德"同"良心"一样，非由外铄，而是根于人心的。他说：

明德，谓本有此明德也。"孩提之童，无不知爱其亲，及其长也，无不知敬其兄。"其良知良能，本自有之，只为私欲所蔽，故暗而不明。

此条是廖德明所录，时间在1186年。从这里我们可以看出，朱熹仍然重视孟子的"良知良能"之说及其与《大学》"明德"之间的思想关联，但"良知良能"只是一个基于观察获得的经验与体验，还不足以揭示《大学》中"明德"的意蕴，更不能与精密严谨、系统深刻的佛教心性论相抗衡。故还必须继续追问"良知良能"在人的心性结构中的地位，才能明了"明德"的内涵。

而要阐释"明德"的内涵，就必须要辨明心性与"明德"的关系。在《经筵讲义》中，朱熹将"明德"解释为"人之所得乎天，至明而不昧者也"，直接以"性"释"明德"。但这又与《大学》文本中的"明德"有差异，因为《大学》文本中的"明德"是个"浑全"的事物，不仅是指内在的"德性"，也指能彰显于行动的德行，它是人的思想认识的结果，而思想认识是由"心"来承担的，所谓"心之官则思"，所以朱熹知道，单独以"性"释"明德"并不妥当。《朱子语类》载：

问："'天之付与人物者为命，人物之受于天者为性，主于身者为心，有得于天而光明正大者为明德'否？"

曰："心与性如何分别？明如何安顿？受与得又何以异？人与物与身又何间别？明德合是心？合是性？曰性却实，以感应虚明言之，则心之意亦多。"曰："此两个说着一个则一个随到，元不可相离，亦自难与分别。舍心则无以见性，舍性又无以见心。故孟子言心性，

> 每每相随说，仁义礼智是性，又言'恻隐之心、羞恶之心、辞逊、是非之心'，更细思量。"[1]

这是门人余大雅直接以朱熹的原话求证于朱熹，说明余大雅对朱熹将"明德"与心性相联系产生了许多疑问。朱熹在回答时一口气提出了六个问题，表明了他在揭示"明德"内涵时的问题意识所在。他指出，"明德"是"感应虚明"的，因而"心之意亦多"；同时他也注意到孟子总是将心与性联系起来论说的特点。实际上，朱熹在1189年所修订的《大学章句》中，对"明德"的注释即不判分心德，从心性一体的角度进行解释：

> 问："《大学注》言：'其体虚灵而不昧，其用鉴照而不遗。'此二句是说心，说德？"
>
> 曰："心、德皆在其中，更子细看。"
>
> 又问："德是心中之理否？"
>
> 曰："便是心中许多道理，光明鉴照，毫发不差。"[2]

239

本条是徐寓于1190至1191年间在漳州问学于朱熹时所记，其中《大学注》指朱熹1189年修订的《大学章句》。显然，《大学注》中，"其体"之"其"是指"明德"，"虚灵不昧"是对"明德"的本质特征的描述，也是对"明德"之"明"字内涵的揭示；"鉴照不遗"是言"明德"之用。在这条注释中，朱熹显然是以心释"明德"。"虚灵不昧""鉴照不遗"实际上就是心之体与用。

---

① （宋）黎靖德：《朱子语类》卷五，收入《朱子全书》第14册，上海古籍出版社，安徽教育出版社，2022，第222页。

② （宋）黎靖德：《朱子语类》卷十四，收入《朱子全书》第14册，上海古籍出版社，安徽教育出版社，2022，第438～439页。

以"虚灵不昧"言"明德"之"体"，等于直接说心就是"明德"之"体"，但是他又指出"明德"是人心中"许多道理"。人之心合理气、统性情，故而德性必蕴涵于心，德行亦必为心之发。由心言明德，才能整全而无所偏废，但又必须兼性而言，否则，"明德"亦没有本原。在最终定稿，即通行本《大学章句》中，朱熹回到了孟子兼心言性、兼性言心的立场，指出人之明德是"人之所得乎天，而虚灵不昧，以具众理而应万事者也"，他以"人之所得乎天""具众理"阐释"性"之明，以"虚灵不昧""应万事"阐明"心"之明，合心与性以阐释"明德"之内涵。可见，朱熹注释"明德"，最终是兼心性为一体而言的。

人禽之辨是孟子提出的重要课题，但孟子的目的在于强调仁义的价值与基于仁义的内在人性。到了宋儒这里，则发展为探究人的本质，即人之所以为人的根本依据是什么。朱熹总结周敦颐、张载、二程及其后学的思想，深入探讨了人禽之差异的根源。他注释孟子的人禽之辨说：

> 人物之生，同得天地之理以为性，同得天地之气以为形；其不同者，独人于其闻得形气之正，而能有以全其性，为少异耳。虽曰少异，然人物之所以分，实在于此。[①]

朱熹认为，从人物的化生来看，人与物之理是相同的，这是万物一体、人能与天合一的依据。人物之界分主要在禀受的气不同：人得气之正且通者，而物得气之偏且塞者。所以人能全其性，明天理，自觉按照天理行事，而物则不能。放到《大学》中来看，

---

① （宋）朱熹：《四书章句集注》，中华书局，1983，第 293～294 页。

人禽之异就是人具有明德而物没有：

> 惟人之生乃得其气之正且通者，而其性为最贵，故其方寸之间，虚灵洞彻，万理咸备，盖其所以异于禽兽者正在于此……是则所谓明德者也。[①]

事实上，朱熹说"明德"是"人之所得乎天者"，已经强调了"明德"是人之所有，而"方寸之间，虚灵洞彻，万理咸备"，则使人能识其本性进而全齐本性，这是人的本质、人的规定性所在。可见，在这里，朱熹又以孟子兼说心性的方式阐明了明德作为人物界分的意义，从而深化了孟子的人禽之辨，使孟子由强调人性本善上升为探讨人的内在规定性的哲学命题。

可以发现，朱熹既以《孟子》诠释《大学》，又以《大学》诠释《孟子》，这取决于它们各自的长处和特点。在工夫论方面，他更认同《大学》中"格物""致知"的知识理性对人格形成的作用，所以他用"格物""致知"的理念来诠释《孟子》中的"养气""尽性"。他说："知言正是格物致知。苟不知言，则不能辨天下许多淫、邪、诐、遁。将以为仁，不知其非仁；将以为义，不知其非义，则将何以集义而生此浩然之气！"[②]但是在心性论方面，他更认同《孟子》，故而以《孟子》诠释《大学》。这样，既保证了他对先秦儒家经典的尊重态度，又满足了他对儒学典籍的整合要求。从上述傅伟勋"创造的诠释学"来说，这是"蕴谓"层次，即朱熹在思考《大学》可能蕴涵的是什么。在这

241

---

① （宋）朱熹：《四书或问》，收入《朱子全书》第 6 册，上海古籍出版社，安徽教育出版社，2002，第 507 页。

② （宋）黎靖德：《朱子语类》卷五十二，收入《朱子全书》第 15 册，上海古籍出版社，安徽教育出版社，2002，第 1732 页。

一层面他已跳出文本本身而采取"以经解经"的方法，即以《孟子》的心性思想说明《大学》蕴涵的心性论是什么。

四、以天理论解读"明德"的来源

朱熹在《大学章句》注释中，特别强调"明德"是"人之所得乎天"者。这是朱熹的一贯看法。如1194年《经筵讲义》中，朱熹指出"明德"是"人之所得乎天，至明而不昧者也"[①]，到《大学章句》通行本中，朱熹改掉了"至明而不昧"，而"人之所得乎天"只字未改。显然，这句话中的关键概念是"天"，其理论背景是自人文初始后，数千年来古圣先贤一直不断探求的天人关系的思想。

在四书中，《大学》并没有讲"明德"的来源，而《中庸》《孟子》（以及《易传》）的重要贡献就是正式确立了"性与天道"的联系，从而为孔子的心理情感的仁心与人性确立了形而上之道的终极实体。当然，这种"性与天道"的联结主要是精神信仰。《中庸》与《孟子》在论述"性与天道"的关系时说：

> 天命之谓性，率性之谓道，修道之谓教。[②]
>
> 尽其心者，知其性也。知其性，则知天矣。存其心，养其性，所以事天也。[③]

在子思、孟子那里，"天命""天道"是作为仁心、人性的形而上依据的。那个作为道德人文根源的"人性"，原来体现着作为终

---

① （宋）朱熹：《经筵讲义》，《晦庵先生朱文公文集》卷十五，收入《朱子全书》，上海古籍出版社，安徽教育出版社，2002，第692页。

② （宋）朱熹：《四书章句集注·中庸章句》，中华书局，1983，第17页。

③ 杨伯峻译注《孟子译注》，中华书局，1960，第301页。

极实体的天道的神圣性。"天道"是一个表达终极本体的概念，它与心、性共同建构了一个关于天人一体的思想体系。在早期儒家学派的《易传》中，有对这个天人一体的宇宙论的演变发展更为系统、详尽的论述。朱熹在《大学章句》注释中，指出"明德"是"人之所得乎天"者，其实就是继承了《中庸》《孟子》（以及《易传》）的"性与天道"的思想。

《中庸》《孟子》虽然回答了"性与天道"的问题，但是语焉不详。而真正建立系统的天地之理的形上学说的是"北宋五子"，他们通过对《周易》《中庸》《孟子》的重新诠释，建构了一个以"太极""太虚""天理"为最高哲学范畴的"天人合一"的思想体系。为了更进一步从学理上论证人文准则与终极实在的关联，北宋五子特别建立了一个"性与天道"合一的宇宙论体系。他们以四书中有限的资料对"性与天道"的重大问题作出了创造性诠释。朱熹对"明德"来源的诠释，主要是继承了北宋五子的思想学说。

在朱熹这里，人之"明德"所得乎"天"的这个"天"，正是周敦颐所讲的以阴阳五行造化人与万物的"天"，以及二程的主宰天地万物的"天理"。朱熹建立了以"天理"为核心的理论体系，指出天地万物的存在是以天理为依据的，而人就存在于这个天理的世界中，其本身也是天理的呈现。在《大学或问》中，朱熹对"明德"来源作了系统的论证，他指出：

> 天道流行，发育万物，其所以为造化者，阴阳五行而已。而所谓阴阳五行者，又必有是理而后有是气，及其生物，则又必因是气之聚而后有是形。故人物之生必得是理，然后有以为健顺仁义礼智之性；必得是气，

> 然后有以为魂魄五脏百骸之身。周子所谓'无极之真，
>
> 二五之精，妙合而凝'者，正谓是也。

朱熹此处所指之"天"，是经过北宋五子，特别是北宋五子之首的周敦颐的创发而建立的。其中所引宇宙论演变过程，出自周敦颐《太极图说》。在周敦颐通过"无极而太极"建立的宇宙图式中，天道流行，万物化生，人在其中而最为灵秀。周敦颐为家士人建构了一个以现实人生为依归的存在家园，人们的生老病死、功名利禄、生命价值，一一得到安顿。自魏晋以来数百年间，儒家士人精神与生命无法安顿的局面得到了解决。因此，周敦颐和朱熹实际上将儒家所继承的华夏文明中的人文主义精神推进到了极致，真正确立了儒家文化的价值核心与独特品格。朱熹出入释老十余年，深知周敦颐《太极图说》之价值。他汲取周敦颐《太极图说》的思想，阐述人物的化生，正是为了揭示《大学》的宇宙论背景，说明人的"明德"的来源，从而将孔子、子思、孟子的心性论思想建构在周敦颐的这个宇宙论之上。

　　《大学》本来并没有讲"明德"的来源，而朱熹以《中庸》《孟子》（以及《易传》）的"性与天道"思想诠释"明德"的来源，属于"当谓"层次，即以"性与天道"思想考察出《大学》本应当说些什么。在这一层面，朱熹发掘出《大学》更为深刻的内涵，从中显现最有诠释理据或强度的深层意蕴和根本义理。而朱熹以"性与天道"合一为理论基础，阐述人物的化生，来说明人的"明德"的来源，从而揭示了《大学》的宇宙论背景，这是"创造的诠释学"的"必谓"层次。也就是说，朱熹通过理学家和自己对"明德"来源的理解，表达了到他这个时代，《大学》必然要说出什么。

五、朱熹诠释"明明德"的思想贡献与学术价值

经典诠释往往可以理解成"我注六经"和"六经注我"两种不同的方式。前者注重学术传承，后者注重思想创新。故而人们往往会从不同的角度，对"我注六经"和"六经注我"做出不同的评价。本文以朱熹对《大学》所提出的命题"明明德"的诠释为例，重在说明这两种诠释方法并非完全对立。对于朱熹来说，他诠释《大学》"明明德"的学术成就、思想贡献正得益于这两种方法的同时使用。朱熹在谈到自己的读书方法时说：

> 读书以观圣贤之意，因圣贤之意，以观自然之理。[①]

那么，朱熹是如何从儒家经典中读出"圣贤之意""自然之理"的呢？我们认为，这段话既可以理解成"六经注我"，也可以理解成"我注六经"。一方面，可以理解成朱熹是运用"六经注我"的方法从儒家经典中读出"圣贤之意""自然之理"的，故而从《大学》"明明德"中读出了宇宙论、心性论、工夫论等理学思想，开拓、丰富了《大学》"明明德"的思想内涵。无论是《大学》的文本里，还是汉唐经学家的注疏里，"明明德"的意义都非常平易，并无宇宙论、心性论等复杂而深刻的理学思想。朱熹在经典诠释过程中运用"六经注我"的方法，并且依照时代的要求对儒家传统作了系统化的思想阐释，从而实现了儒家传统思想文化的综合创新。正因如此，以朱熹为代表的理学思想体系很快在思想文化领域占据了统治地位，成为古代中国主流的思想文化与意识形态。这一切均证明朱熹的《大学》诠释体现了唐宋以后中国思想文化变革发展的时代要求。

245

---

① （宋）黎靖德：《朱子语类》卷十，收入《朱子全书》第14册，上海古籍出版社，安徽教育出版社，2002，第314页。

　　另一方面，朱熹作为一个儒家学者，忠实地继承了儒家的精神传统和学术传统，他运用"我注六经"的方法，通过潜心从事学术研究，从儒家经典中领悟出了"圣贤之意"。具体而言，他通过对经典文字的训诂，以及语义澄清、脉络分析和前后文意贯通等研究工作，实现了对圣人之意的领悟。朱熹对《大学》工夫论的解读，对儒家经典中心性论及天道论的论述，均有很高的学术价值。他所做的这一系列的经典诠释工作，均以"续夫千载不传之绪"[①]为学术宗旨。我们通过对学术史的考察，可以发现，其实这些也均是早期儒家经典中早既已存在的思想学说。在郭店楚简中就有不少与之接近的思想，这就说明朱熹的经典诠释确有其历史文献学依据。以朱熹为首的理学家们比汉唐诸儒更准确地抓住了先秦儒学及其经典文本的学术宗旨和历史本义，从一定意义上承传了先秦儒家的"千载不传之学"。

　　可见，朱熹从《大学》"明明德"中读出的"圣贤之意""自然之理"，与他自觉运用"我注六经"和"六经注我"两种诠释方法是分不开的。进一步说，他正是通过"我注六经"来实现"六经注我"，从而使先秦儒家思想与宋代理学思想融贯于他对"明明德"命题的诠释中。所以，对于朱熹对《大学》"明明德"的诠释，我们既要充分肯定其思想创新的意义，又要充分看到其学术传承的价值。

（《哲学研究》，2012年7期，与周之翔合著）

---

① （宋）朱熹：《四书章句集注·中庸章句序》，中华书局，1983，第15页。

第五辑 现代篇

回归经典，重建经学

儒家人文信仰的价值重估

「实事求是」是中国化实践唯物主义

文化复兴与书院中国

重写中国思想史的文化自觉

回归经典，重建经学

在当代中国，不仅仅学术界、教育界，应该说整个社会各界，开始表现出对中华传统文化的特别关注，形成一股重视中华传统经典学习的思想潮流。我认为，当代中国知识界面对全社会的经典学习热潮，应该要有一种文明的自觉，积极参与、引导这一回归经典、重建经学的文化思潮。

248

我们需要把这一回归经典、重建经学的文化思潮，放到我们更大的历史背景下来作深入思考，这就是中华文明复兴的需求。

大家知道，在21世纪，一个非常重大的历史事件就是中国的崛起。很多的经济学家、政治学家、社会学家、文化学者，都在思考21世纪这一事件对未来世界政治格局的深刻影响。我们在国际舆论界也经常听到相关讨论。当然在国内，我们会发现中国在崛起之中出现的许许多多问题，有经济的问题、社会的问题、政治的问题、文化的问题、教育的问题等，我们经常为这些问题感到忧心忡忡。其实，不管我们面临多少问题，从世界大局来看，21世纪中国的崛起已经是一个事实，而且是能够改变未来整个世界格局的一个事实。

但是，我们更为关注这样一个问题：21世纪的中国崛起，究竟仅仅是一种富国强兵的国家经济体崛起，还是具有其他更加重要的意义，譬如说是一种延续五千年历史的独特文明的复兴？我相信，中国崛起的过程和结果带着自身文明因素。所以，从根本上说，中国崛起不应该仅仅是21世纪世界范围内一个重大的经济和政治方面的历史事件，我们更加相信，中国崛起的同时也会是一种文明的崛起，是一种延续五千多年而又十分强盛的文明在经过百多年的衰落之后的复兴。由于中国的崛起带有自身文明特征的现代化发展模式，所以，它为我们整个人类的现代化文明发展提供了一种新模式的可能性，它会给人类未来发展带来许许多多新的可能性。

目前，我们必须把中华文明复兴作为一种全民族的自觉追求，这种文明复兴离不开两点要求：一是回归中华传统经典，二是重建中华传统经典学。

为什么要回归中华传统经典？中华文明的复兴，是一种具有普世意义的中华民族精神经历了凤凰涅槃之后的重生，它能够为人类的现代化文明发展提供一种新模式，而支撑这一文明的基础就是中华传统经典。

我们为什么要回归中华传统经典，这里讲三个原因：

第一，中华传统经典是中华民族人文理性、人文价值、人文信仰最集中的体现。中华民族有五千多年的文明史，中华文明的核心价值、民族精神、人文理想，全面体现在了经史子集等各种文献典籍里面，而其中的经典无疑是最集中的体现。这和世界上其他重要的古文明均有自己作为文明基础的经典一样。我们发现，人类文明发展的进程很快，经历过世界范围的现代化之后尤其如此，特别是现代科学技术及其相关的物质文明更是得到了空前的发展。我们也会发现，在人文领域方面，人类两千多年前轴心时代所创造的人文经典，仍然是今天我们精神价值的主要源泉，我们仍然需要从两千多年前轴心时代所创造的人文价值、人文理性中吸收精神营养，包括怎样做人、怎样处理人和人的关系、怎样建构一个和谐合理的社会等一些涉及道德、审美、信仰等人文精神的东西。但是近百年，我们一直企图中断这一源头活水。近代中国受到西方的侵略，故而我们一直追求富国强兵的梦想。为了追求这种梦想，我们常常会对中华文化的人文经典采取很不恰当的敌意态度，这样做的结果就是割断了我们的精神命脉和人文根基。今天，当富国强兵的梦想即将实现之时，却突然发现我们已经失去更加重要的人文理性、人文精神。当代中国出现的很多严重的问题，就与我们失去了人文文化根基有着密切的关系。在这个时候，全社会出现的国学热、经典热，实际上都是这种文化寻根的强烈冲动所引起的。很多来岳麓书院学习的学生、企业家、公务员，他们津津乐道于读经典，这种行为没有号召人，完全是他们发自内心地想读。这种重新追寻经典的冲动，实质上也是一种回归中华传统经典的精神渴求。

第二，从中华文明史的演变来看，可以发现回归中华传统经典是数千年中华文明史发展的必要条件。中华文明是人类历史上唯一没有中断的文明，而且中华文明的每一次重要发展，都跟重新回归经典有关系。比如孔子整理的"五经"成为中华民族的经典，在此基础上，人们建立起中华文明的核心价值。西汉确立了以"五经"为中心的儒家经典在文化教育领域的核心地位，为汉唐盛世奠定了文明基础。也就是说，如果没有西汉对儒家经典的回归，也就没有汉唐盛世的文明。许多儒家士大夫强调中华民族自身的文化传统，他们倡导重读经典，通过回归经典而复兴中华文明。他们主张回到轴心时代的中华经典，并且选择春秋战国时代的儒家子学（《论语》《孟子》）和解释"五经"的传、记之学，把这些典籍重新确立为新的经典体系，即"四书"，从而为中华文明又一个高峰的近世文明奠定了人文价值、人文信仰基础。所以说，中华文明的发展过程与经典的回归和重读有着密切关系。

第三，以西方文明史为例，我们可以看到，回归经典是文明发展的必要条件。我们知道，16世纪西方文明的崛起，从根本上改变了世界文明史的格局。近代西方文明的崛起，经历了所谓文艺复兴、宗教改革、启蒙运动，这些都推动了西方文明的发展，也从根本上改变了世界文明史的格局，强势的西方文明一步步将其他文明纳入自己的体系中来。其实，西方近代文明的崛起，是建立在文艺复兴、宗教改革、启蒙运动基础上，而这一系列运动，实质上都和他们回归"两希"（希腊、希伯来）文明的经典有密切关系。文艺复兴就是回归古希腊的人文主义艺术、哲学经典，宗教改革就是要摆脱中世纪的教会，回归体现早期基督教宗教精神的《圣经》。正因为有这样一系列回归经典的文艺复兴、宗教改革运动，才有了西方近代文明的兴起。

以上我从三方面说到回归中华传统经典。回归中华传统经典是我们今天中华文明复兴的根本要求，并不是目的，所以我要讲第二点，即重建中华经典学，或者说是重建"现代新经学"。

当代中国所处的时代发生了空前的变化，我们需要通过回归经典来追求现代人所需求的人文价值、人文理性、人文信仰。但是，这并不是说把古代的经典搬过来重读就可以解决问题的，而是需要一个重建中华经典学或现代新经学的过程。这个重建的过程，应该说是一个更加艰难的过程。

如何重建中华经典学或现代新经学？我认为应该包括两个方面。

第一，重建新的经典体系。我们一讲经学，马上会想到儒家的"五经"和"四书"，特别是"五经"。从事经学史研究的人都知道，历史上经学产生时，只有"五经"才是真正的"经"，后来的"四书"都是它的"传""记"，是解释经典的。其实，如果我们站在整个中华文明史发展的角度来看，历史上所谓的"经"实质上是在不断变化的。比如，孔子创立的所谓"六经"体系，实际上是夏、商、周时期先王留下的档案、文献等历史典籍。他们留下的许多治国理政的档案、文献，均保存在王宫里面，而孔子只是从中挑出很少的一部分作为"经"。他希望在那样一个礼崩乐坏的历史时期，重建一个理想的社会秩序和文明形态，故而从那些王官之学的典籍中间挑选、整理出"六经"体系。这个"六经"体系就包含着华夏民族的德治、仁政、太平、协和万邦的礼乐文明的基本思想，故而形成了《诗》《书》《礼》《乐》《易》《春秋》的"六经"体系。这个"六经"体系在西汉时成型，成为汉唐文明的经典基础。

宋代士大夫面临着如何解决个人生命的精神安顿问题，面临着如何解决道德性命的理论建构问题。佛教的最大优势是关注个体的安身立命，并且有一套义理思辨的理论体系。这是原来的"五经"体系比不上的。所以宋代士大夫需要建立起一个新的经典体系，"四书"体系正是宋儒推动并建立起来的。朱熹为建立这个"四书"体系，敢于打破各种条条框框，将春秋战国时代的儒家子学上升为"经"。他从《礼记》中抽出两篇，将《大学》《中庸》上升为"经"，他认为这个"四书"体系最符合当时时代所赋予他的文化使命。

为了真正实现中华文明的复兴，我们应该从浩如烟海的文献典籍中，选出哪些典籍作为现代中国文明复兴的经典呢？假设我们要重新编一套为当代中国人所需要的经典体系，很多人自然而然想到"五经""四书"。其实，如果我们要建立合乎当代中华文明复兴的经典体系，就不应该局限于历史上的经典，而是要根据这个时代的需求重建经典体系。当代中国发生了前所未有的变化，我们要解决的问题有很多，包括政治问题、社会问题、文明问题、环保问题、宗教问题等，我们需要从轴心时代先哲创造的文化典籍中寻找有普世意义、现代价值的人文智慧。历史上孔子和朱子对经典的态度和方法值得我们学习。孔子要解决时代大变革所需要的人文价值，需要在三代文献档案中寻求那些具有普遍性、永恒性价值和意义的文献，作为春秋战国时期建构新文明的经典。朱子以"四书"为经典的做法曾经受到很多批评，但是他以"四书"为经典是从文化建设、思想建构的需要来考虑的，新经典体系的建立必须能够完成文化建构的使命。所以，他们以儒家的子学以及"五经"的传记之学文献组合成新经典体系，值得我们当代学者学习。

253

当代中国要重建新的经典体系，以实现两个超越。一个是超越时代。也就是说我们重建新的经典体系，不应该再以三代圣王为标准，我们除了充分考虑轴心时代的先哲所创作的著作，还可以延续到汉唐以后，只要是既能体现中华民族文化内涵，又具有普遍性、永恒性价值和意义的文献，都可以纳入中华经典体系中来。另一个是超越学派。中国古代的经学，在经史子集里，只有儒家的经典才是经学，其他各家各派的都不是经学，而是子学。在我们建立中华民族新经典体系时，只要具有普世意义和现代价值的，均可以成为当代中华经典，所以我们应该超越学派，从中华民族无限丰富的典籍里寻找经典，为现代中国人、为中华文明复兴、为人类文明的发展，建立新的经典体系。在我主张上述重建新经典体系的两个超越的同时，我仍然坚持这样的价值立场：从中华文明的历史建构和现代需要来看，儒家典籍仍然是中华新经典体系的主体。

第二，仅仅是建立新经典体系还不够，朱熹选择了"四书"，如果他不做出新的诠释，是不能解决文化发展、文明建构问题的。所以，我们不仅要选出新的经典体系来，还要根据时代的发展做出合乎我们现代人需要的创造性诠释。朱熹在读"四书"的时候，他所处的宋代与春秋战国时相比已经发生了很大的变化，他必须要根据时代的需要，打通古今的隔阂、对立和紧张。严格说，我们当代人重读经典的时候，所面临的古今文化、中外文化的紧张程度远远超过朱熹。所以，中华文明的复兴，确实需要在重新选择经典时重新诠释经典。我相信，中国经典的创造性诠释，其实就是我们当代学人、当代中国人和千古圣贤打破时空关系的一种心灵对话，我们要在这种对话中完成回归经典、重建经学的使命。这种对话能够实现现代中华文明的建构，特别是对当代中国的人文价值、人文信仰、人文理性的建构有着非常重要的、关键性的意义。

（《光明日报》，2016年2月29日）

儒家人文信仰的价值重估

信仰是对某种宗教，或对某种主义的极度信服和尊重，并以之为行动的准则。它将人与某种超越性的终极价值相联系，从而赋予人生以永恒的意义。信仰是文明建构的本源和基础，也是文明不断发展的方向。作为中华传统文化的主体，在中国几千年传统社会中，儒家人文信仰在安顿人们心灵、安排人间秩序、凝聚和整合中华民族等方面都发挥了巨大的作用。

近代以来，受西方工业文明的冲击，儒学逐渐衰微，人们转而向西方寻求真理和信仰。西方文明为中华文明的现代发展引入了许多有价值的要素，带来了巨大的物质财富。但是，随着中国现代化的发展，中国人的精神信仰问题凸显出来，也就是人们常常说的中国人的信仰危机。这一方面是由于西方文明固有的弊端，随着"上帝之死"，西方文明的世俗化、物质化和异化程度不断加剧，价值虚无主义、相对主义盛行，西方人失去了传统的精神家园；另一方面是由于中国传统儒家人文信仰的断裂，人们在向西方寻找精神信仰的时候，并没有以本民族文化传统为基础，故而没有真正建立起现代中国人的精神信仰。

中国的崛起除了需要经济、军事等硬实力的强大，还需要文化软实力的进一步提升。而提升中国文化软实力必须首先解决中国人的信仰危机。考虑到文化自身的延续性，中华民族固有的传统情感，以及民族传统的言说方式等因素，重新思考传统儒家人文信仰的现代价值，无疑会为解决中国人的信仰危机提供重要资源。

一、儒家人文信仰的形成及其特点

儒家人文信仰是以孔子为代表的原始儒家继承和发展西周以来的人文传统而形成的。

西周人认识到"天命靡常"，故而倡导"礼教""敬德"的人文理性，并声称遵礼、敬德是为了配合、服从天命，以人文理性渗透于宗教信仰。以孔子为代表的原始儒家对西周人的这一人文理性有深刻的契悟与大力的弘扬。如早期儒家学者在诠释"五经"及西周礼乐文化时，更加强调礼在道德、政治、法律、教育、军事等方面的社会功能，而淡化与消解其作为宗教信仰、宗教礼仪的原本特质，使西周人制定的礼乐文化体现出更强的人文精神。

早期儒家不仅全面继承了西周礼乐文化，还对这一文化体系本有的人文精神作了进一步的挖掘与拓展。首先，他们从哲学的高度，论证了礼乐文化的人性基础。他们努力从人本身，即以人性、人心、人情作为礼乐、品德的内在依据。周公制礼作乐、倡导明德，明确是对上帝、天命的服从，故而礼、德被纳入宗教信仰的思想体系之中。但是，儒家在诠释"五经"时，则将礼乐归之人情、人性。从孔子开始，儒家学派就坚持以人的心理情感、人的本性作为礼乐文化的依据。在《论语·阳货》中，孔子反复追问："礼云礼云，玉帛云乎哉？乐云乐云，钟鼓云乎哉？"

在《论语·八佾》中，有"人而不仁如礼何？人而不仁如乐何？"显然他认为，只有发自人的内在本心、出自人的真情实感的礼仪准则，才是真正具有人文意义的。孔子将这种人的内在本心、真情实感称为"仁"，"仁"就成了"礼"的人本依据。"仁"本就出自一切人均有的内心真实情感，即孔子所说的"仁者爱人"。孔子所说的"仁之方"，就是通过"己欲立而立人，己欲达而达人"，"己所不欲，勿施于人"的推己及人的方法而实现爱人。这样，原本具有宗教意义并依据于天道的礼仪制度就被诠释为具有人文意义并依据于人道的心理情感。也就是说，周公建立了合乎"天命"的外在礼仪典章制度，而孔子则寻找到这一礼仪制度的人性依据。

以后，孔子的后学将这一内心的真情实感概括为"心"与"性"。思孟学派提出"礼作于情""因人之情而为之"的主张，并且将人的情归之于"性"："道始于情，情生于性。"[1]这样，表现为情感的人性就成为礼乐文化的依据。这一点，在孟子那里得到了更加系统的诠释。孟子曾将孔子的"仁"归于人天生就有的"恻隐之心"，提出："仁，人心也。"（《孟子·告子上》）他进一步认为，作为社会规范、礼仪制度的仁、义、礼、智，其实均根源于人生而有之的心理情感实体——"心"，即所谓恻隐之心、羞恶之心、辞让之心、是非之心。孟子又将此心称为"本心"，也就是人性。而仁、义、礼、智则是人性所固有的，即所谓"恻隐之心，人皆有之"。这种从人的本心、本性中寻找礼乐文化、社会道德依据的思想，不仅体现了早期儒家学派对西周人文思想的承传，更体现了他们努力建构一种新的人文文化体系的努力。

257

---

[1] 荆门市博物馆编《郭店楚墓竹简》，文物出版社，1998，第179页。

　　仅仅以人心、人性作为人文价值的依托，还不足以表达儒家人文追求的终极关切，更不能成为支撑儒者精神世界的终极实体。在"五经"体系的思想资源中，那个代表宇宙主宰者、作为世界终极实在的"天""天道""天帝"仍在华夏人民的精神世界中占有重要的地位，具有文化使命感的孔孟早期儒家，富有创造性地继承了西周文化"五经"中的天道观，重新建构起儒家文化的终极关切与信仰。

　　"五经"体系是以明德与天道的外在联系——以人文而服从或迎合天道来建立一种具有人文因素的宗教信仰。而早期儒学的"四书"体系则努力探索人文与天道之间的内在联系，这种联系是以人性与天道的内在沟通来实现的，故而能够建立起取代殷周宗教信仰的终极关切——一种人文信仰。

　　"四书"体系首先改造了西周的天命观。西周人的"天""帝"尽管有理性化、人文化的倾向，但仍然是一个具有意志性、神秘性的人格神。早期儒家在诠释"五经"时，对天、天命、天道作出了创造性的诠释。一方面，"四书"中的天、天命仍是一种最高主宰力量的象征符号，故而是精神信仰的对象。孔子曾多次讲到的"天""天命"，就是一个具有主宰性和神圣性的象征符号，它依赖于人的心灵感悟与精神信仰。所以孔子曾在《论语·八佾》中说："获罪于天，无所祷也。"《论语·季氏》中有"畏天命"。"天"是绝对不能获罪的，君子在"天命"面前必须保持敬畏、虔诚的态度，这样一种主宰性、神圣性的"天""天命"，只能是信仰的象征符号。另一方面，"天""天命"又逐渐变成关于终极实在的理性表达，是理性化的认知对象。孔子不仅主张"畏天命"，尤其倡导"知天命"，这个"知"正是建立在勤勉学习、理性思考的基础之上。他曾在《论语·宪问》中说："下学而上达，知我者其天乎。"所谓"下学"就是日用中的学习、思考，而最终是为了上达于"天"，最终理解明了天的奥义。在《论语·阳货》中，孔子又说："天何言哉？四时行焉，百物生焉，天何言哉？"显然，这个"天"已经不是神秘化的人格力量，而是大自然之中的真实法则，可以将其理解为靠理性把握的必然性。正由于经孔子诠释的"天""天命"具有终极实体的象征符号与理性概念的二重特点，因此它能够成为既是精神信仰又是理性认知的对象。

以后，经孔子后学的进一步诠释，"天"因此成为人性的形而上依据，并使人文价值最终获得终极实体的依托。《中庸》《孟子》及《易传》的重要贡献就是正式确立了"性与天道"的联系，从而为孔子的心理情感的仁心与人性确立了形而上之道的终极实体。当然，这种"性与天道"的联结仍然既是精神信仰的，又是理性思辨的。《中庸》与《孟子》中论述"性与天道"的关系：

> 天命之谓性，率性之谓道，修道之谓教。(《中庸》第一章)

> 尽其心者，知其性也。知其性，则知天矣。存其心，养其性，所以事天也。(《孟子·尽心上》)

在子思、孟子那里，"天命""天道"的神秘性、人格性特征更加淡化，它主要作为仁心、人性的形而上依据。那个作为道德人文根源的"人性"，原来体现着作为终极实体的天道的神圣性。那么，究竟什么是"天""天命"呢？《中庸》《孟子》作了许多的论述。从这些论述中可以发现，"天""天命"仍然保留着孔子那里原来就具有的宗教信仰与理性思考的双重性，既作为终极实体的象征符号，又作为真实概念。《中庸》第二十章、第二十二章

分别这样论述"天""天道":

> 诚者，天之道也；诚之者，人之道也。诚者不勉而中，不思而得，从容中道，圣人也。
>
> 唯天下至诚，为能尽其性；能尽其性，则能尽人之性；能尽人之性，则能尽物之性；能尽物之性，则可以赞天地之化育；可以赞天地之化育，则可以与天地参矣。

这些论述比较典型地体现出先秦儒家天道观的特点。一方面，"天""天之道"已经没有神秘性、人格性特征，它是理性思考的对象，是一个表达终极实体的概念，它与心、性、诚、人道、物性、天地化育、天地参等一系列概念，共同建构了一个关于天、地、人的有机宇宙论思想体系。另一方面，这个"天""天道"又是一个某种终极实体的象征符号，是人的精神信仰的对象。早期儒家对"天""天道"的把握更靠直觉式的体悟，因为《中庸》对"天"的论述，主要不是在论证一个概念的逻辑体系，而是在描述如何通过日用实践去领悟、表达"天"的意旨。所以，在《中庸》一书中，"天"被规定为"诚者"，而"诚者"又不过是"不勉而中，不思而得，从容中道"的道德实践方式，是"赞天地之化育""与天地参"的神圣化的精神境界。在这里，"天"似乎不是一个以逻辑论证的关于终极实在的理性概念，而是引导人们在日用生活中体悟的神秘实体，是引导人们进入神圣精神境界的象征称号。

这样，早期儒家就建构了一个不同于西周宗教信仰的新的信仰，我们称之为人文信仰。甚至可以说，儒学就是一种人文信仰。它既不同于西方的哲学，也区别于西方的宗教。

按照蒂利希对信仰的定义，信仰是信仰者完全委身于终极关切的状况。这个定义包括两个方面：第一，"终极关切"，也就是指信仰者在精神上对最为重要、最为紧迫的生命意义的关心与追求；第二，信仰者在精神上的关切必须是一种全部身心的投入，即"一种投入性的表达"，而不是从哲学的角度作"一种超然的描述"来对待终极问题。从这个定义出发，儒家学说显然是一种信仰。儒家学说本来就是在探索、表达一种最崇高、最紧迫的人生、社会意义，在《论语·里仁》中孔子说"朝闻道，夕死可矣"。可见这种价值具有超越生命的意义，属于一种终极关切。而且，儒家对这种终极意义的探讨是与自己的身心性命联结为一体的，儒学对天、天道的探讨都是指一种身心实践方式的"投入式表达"。儒学在信仰方面的特征，使其具有很强的宗教功能。

尽管儒学在古代中国的社会生活中表现出很强的宗教功能，但它不能等同于西方的宗教。因为，西方宗教信仰的对象总是以一种人格化的超自然的实体存在，其必须依靠宗教组织、崇拜中心来巩固人们对它的信仰。但是，儒家的信仰是以人文理性为其本质特征的，儒家信仰的"天""天道"并非宇宙中人格化的实体存在和具有神秘性的主宰者，而更体现为一种理性认知的对象，是人们可以通过道德义理的日用实践即可与之相通的理性化力量。

二、儒家人文信仰的价值重估

在中国传统社会中，儒学在安顿人的心灵、安排人间秩序、凝聚中华民族力量等方面曾经发挥了巨大的作用。但近代以来，随着西方文明的崛起，在中西文明的冲突和交战中，传统儒学的价值体系受到前所未有的冲击。为了防止亡国灭种，中国必须走强国的复兴之路，故而开始全方位地接受西方的物质文明、制度文明和精神文明。经过一百多年艰苦卓绝的斗争，中华民族终于完成了民族独立、国家繁荣富强的历史使命。目前中国已经一跃成为世界第二大经济实体，经济、军事等硬实力空前强大。但是我们发现，中国在经济、军事等硬实力空前强大的同时，文化软实力的建设仍然存在很大问题。特别是建设以中国五千年文化为基础的现代文明仍是一个十分艰巨的任务，而且，由于信仰是民族思想文化的核心，故而信仰问题成为中国文化软实力建设中最突出的问题。信仰是一个国家和民族的灵魂，必然影响着我们民族文化的号召力、影响力和凝聚力。

我们认为，有必要重新思考中国传统人文信仰的价值。这里，我们将以世界文明的发展为背景，对儒家人文信仰作价值重估。

1.从现代西方文明正在面临信仰危机考察儒家人文信仰

西方现代性开端于18世纪的启蒙运动。理性主义和人道主义是启蒙思想的两大支柱。启蒙思想家意图以理性代替上帝立法，但是，启蒙理性到19世纪以后却发展出各种各样现世的乌托邦，各种各样全权性的意识形态，理性特别是工具理性反而成了新的压迫性机制。于是从启蒙内部发生的浪漫主义运动发展到尼采，走入反理性一途，到20世纪后半叶，随着后现代大潮席卷思想界，本来替代超越世界的那个客观的、普世化的理性被判定为是虚妄的宏大叙事，理性世界也崩溃了，剩下一个价值相对主义和虚无主义的世界。

随着"上帝之死"，人们开始专注于尘世的享乐，快乐主义与功利主义成为人生的基本法则。这种享乐主义发展到今天已成为全球性的物质主义和消费主义意识形态。这种意识形态认为人的各种欲望乃至精神的快乐，都可以通过技术的进步和物质的丰富得以满足，人们不再需要精神信仰，不再需要人文和伦理关怀，就可以在现实的世俗之中获得物质的救赎。

可以说，现代文明一方面带来物质的极大丰裕，另一方面也是导致信仰危机的罪魁祸首。法兰克福学派曾对此进行了全面系统的批判，他们认为，发达工业社会既是富裕社会，也是病态的社会，它导致了人的异化。人的异化的突出表现一是物化。人们沉湎于追求物质生活的快乐，甘于接受金钱的支配与奴役，思想萎缩，精神空虚，处于混乱迷茫之中。二是动物化。人们滥用本能冲动，在走向"物化"的同时走向"动物化"，致使道德沦丧，肉欲横流，享乐主义、纵欲主义盛行。

我们说，儒家人文信仰以理性为其本质特征，这种道德理性主义曾经影响了18世纪的启蒙运动，故而也可能成为当代中国现代化的文化资源。由于儒家信仰的"天道"既是宇宙天地的客观法则，体现为一种理性认知的对象，它又是一个某种终极实体的象征符号，是人的精神信仰的对象。现代社会既不会再被上帝主宰，也不应被工具理性主宰，这时，儒家以"天道"为核心的人文信仰，将宇宙客观法则的理性认知与终极实体的精神信仰结合起来，就成为一个有价值的选择。在儒家人文信仰的文化光照下，应该可以避免西方社会因"上帝之死"而带来的物质主义和消费主义意识形态。

2. 从中国文化的延续性看儒家人文信仰的合理性

中华文明绵延几千年，是目前世界上几大古文明中唯一未曾中断的文明，我们需要建立合乎自己文化传统的信仰。在中华文明的滋养下，中华民族繁衍、生息，并不断发展壮大。儒家文化作为这样一种具有超强生命力的传统文化，自然有其深刻的合理性。人生而就在传统之中，希尔斯指出，"现在"总是处于"过去"的掌握之中，这不仅由于传统具有既定性，作为一种行为处事的"自然的方式"，它还具有规范作用和强制性。而且，传统能够提供便利，它意味着历代经验的积累和考验，人们往往以美化过去为手段来处理现实问题，把过去视作积极地重建现在的模型。一个遥远的历史时代能够成为憧憬和崇敬的对象，对当下的社会行为和信仰起到示范和评判作用。①因为传统深刻地影响人们的行为，固化人们的心理和情感，也影响人们的思维方式，所以文化创新必然离不开对传统的继承。也可以说，文化创新不过是对传统的一种新的诠释。此外，传统文化还决定了人们的言说和表达方式，而言说和表达方式往往会决定人们对信仰的选择。

从某种意义上讲，不同文化和信仰都是对人心、人情的言说和表达，虽然人心、人情有相通之处，但言说和表达却有差异。拥有不同文化和信仰的人们往往束缚于既有的言说和表达方式，所以欧洲人习惯通过对基督的信仰来表达对无限的追求，而中国人习惯通过"人道"实现对"天道"的体悟而追求永恒的人文信仰。总之，由于受传统文化的延续，民族固有的传统情感，以及民族传统的言说方式等因素的影响，人们更倾向于从传统文化中寻找信仰支持。所以，重建合乎中国传统文化的信仰方式以解决信仰危机，自然成为中国人的不二选择。

3. 儒家人文信仰契合现代信仰世俗化的趋势

宗教世俗化是近代以来随着社会变迁和现代化进程的展开在世界各主要国家出现的一种普遍的社会文化现象。世俗化是指由神圣化到非神圣化的此消彼长的变化过程。这一过程既包括宗教社会功能的淡出及它的理性化，也包括宗教自身的形式和内容由神圣逐步走向世俗，适应不断变化的社会环境。按照马克斯·韦

---

① 王皖强：《西方保守主义思想的传统观》，《学海》2009 年第 2 期。

伯的观点，现代性就是一个祛除巫魅的过程。所谓"祛除巫魅"就是整个社会走出宗教的控制，转而由理性主宰，在生活世界里实现世俗化。宗教世俗化的结果是人类倾向于从人自身的理性、情感出发去理解宗教信仰。

中国传统儒学的人文信仰，强调将对终极意义的探讨与自己身心性命的世俗生活联结为一体，与当代人类宗教信仰世俗化的趋势相契合。工业革命以来，在西方主导下的现代文明取得了巨大成就，但也陷入了不可持续发展的危机。现代文明强调人对自然的索取和征服，主张人与人之间、国家和国家之间的竞争，而这导致了一些严重的社会危机，如人与自然冲突的生态危机、人与人冲突的社会危机以及人文价值精神陷落的精神危机等。儒家人文信仰蕴含"天人合一""仁爱""和合"等思想，对于纠治现代文明弊病，缓解目前日益突出的人与人、人与自然、国家与国家之间的矛盾具有重要意义。所以，儒家信仰不仅可以让中国人找到生存之根，而且有助于中国乃至世界积极应对世俗生活中的现代性危机。

三、儒家人文信仰对中国文化软实力的影响

儒家人文信仰的重建将有助于安顿人们心灵、重建社会道德、重塑民族精神等，这无疑将增强国家的向心力和凝聚力，推而广之，也必将提升中国作为一个文化大国的国际吸引力和影响力。换句话说，重建儒家信仰必将大力提升中国文化软实力。

目前，我国正在加强中国文化软实力的建设，继承儒家人文信仰的中华文明精神，具有十分重要的现实意义。

1.重建儒家人文信仰有助于安顿中国人的个体生命

当前中国正在经历着一场深刻的社会转型，社会经济、政

治、文化正在发生前所未有的重大变化。由于社会变迁和文化断裂造成了一系列问题，一部分人心灵处于严重的困境之中。信仰是人的精神家园，是人的精神、心灵获得安宁、得以安顿之所，也是人创造和享受自己精神生活的主观根据、心灵依托。信仰为人的心灵筑起了一道坚实稳固的防护长城，强有力地排除和抗拒着各种自然灾害和社会上不良现象乃至丑恶现象对人的心灵与精神的干扰、侵蚀、危害等，保证人的心灵健康发展、精神饱满和充实，使人的生命从心灵方面获得一种重要的、可靠的安全保障。儒学为"身心性命之学"与"安身立命之学"，它将人心、人性、人情与天道沟通，使人生获得一种超越性的意义。重建儒家人文信仰将为中国人提供共同的精神家园，对于解决今天中国人生命无处安顿的状况具有非常重要的意义。

2. 重建儒家人文信仰有助于重建中国人的社会道德

改革开放三十多年来，中国取得了巨大的经济成就，但同经济发展相比，中国的文化建设特别是道德文化建设仍然落后。一个国家，如果没有国民素质的提高和道德力量的约束，绝不可能成为一个真正强大的国家、一个受人尊敬的国家。信仰是道德的基础，道德危机归根结底是信仰危机。近百年来，由于传统儒学信仰的崩溃，中国的社会道德逐渐崩溃，物质主义、享乐主义、利己主义盛行，人们为了利益往往不择手段，社会失去了应有的秩序，人们也失去了应有的安宁，重建儒家信仰以重建社会道德已成为目前中国文化建设的当务之急。

3. 重建儒家人文信仰有助于重塑中华民族精神

民族精神是一个民族自我认同的核心内容，是一个民族文化身份的集中体现，也是一个民族立于世界民族之林的精神基石。一个民族如果没有民族精神，就不会有民族自我认同的内聚力，就没有确定的文化身份与其他民族交往，就会处于无所适从的精神分裂状态。民族精神体现在一个民族的文化中。中华民族精神蕴涵在中华传统文化中，代表着传统文化优秀特质的文化精髓。弘扬民族精神，必须注重传承中华优秀传统文化。

儒家文化是中华传统文化的主流，是中华传统文化的精髓，重建儒家人文信仰对于弘扬优秀中华传统文化，重塑中华民族的民族精神，增强中华民族的认同感和凝聚力具有重要意义。重建儒家人文信仰有助于增强全球华人的凝聚力和向心力。据统计，目前全球共有8000多万海外华人，他们在中国改革开放和对外贸易发展中发挥了重要作用，同时也大大促进了中国文化的传播，扩大了中国的国际影响力。

4.重建儒家人文信仰有助于增强中国国际吸引力和影响力

中华优秀传统文化是中华民族的灵魂，是中华民族繁衍生息、不断强盛的精神家园。中华优秀传统文化是我国文化软实力的重要组成部分。儒家人文信仰是传统文化的根系所在。没有文化之根，文化之枝和叶就无法存活，继承和弘扬中华优秀传统文化，提升文化软实力，首先必须重建儒家的人文信仰。重建儒家人文信仰有助于中国建设成为文化大国，进行文化传播，扩大中国的国际吸引力和影响力。

一方面，重建儒家信仰有助于增强"儒家文化圈"内各国对中国的认同。中国儒家文化对"儒家文化圈"内各国的政治、经济和文化教育产生过广泛而深刻的影响，重建儒家人文信仰将增强"儒家文化圈"内各国对中国的认同感，有利于中国与周边国家建立睦邻友好的合作关系。另一方面，重建儒家人文信仰有助于增强中国的国际吸引力。中国是一个有着五千年悠久历史的东方文明古国，特色的传统文化、丰富多彩的民族习俗，以及美丽的自然风景一直吸引着世界的目光。随着中国经济的快速发展，国外对中国及中华文化越来越有兴趣。如今，我们所呈现给国外的，多数是中国文化中一些比较表层的东西，比如功夫、舞狮、杂技及民俗表演等。这些文化展示的确能增进世界对中国的了解，却很难真正深入人心。重建儒家人文信仰无疑将进一步增强中国国际吸引力和影响力。

（《孔子研究》，2011年第6期，与邓林华合著）

"实事求是"是中国化实践唯物主义

马克思主义之所以能够在中国传播和发展，是由于马克思主义与中华文明相通相融。其一，马克思主义与中华优秀传统文化有着价值观念相契合的思想基础，如从社会关系角度探讨人的本质和人生意义，肯定人类有一个社会理想存在并努力去实现它；其二，马克思主义与中华优秀传统文化有着思维方式相契合的哲学基础，特别体现在将实践理解为知识、价值的基础和原点。本文重点探讨马克思主义与中华优秀传统文化思维方式相契合的哲学基础，即"实事求是"与实践唯物主义的相通性。

在马克思主义中国化的过程中，以毛泽东为代表的老一代中国共产党人改造、运用"实事求是"思想作为"民族形式"的马克思主义，指导中国革命和建设。其实，毛泽东诠释的"实事求是"既是中国共产党的思想路线，也是一种典型的中国化马克思主义哲学的表述。更具体地说，"实事求是"既有十分深厚的中国思想传统基础，又能够体现出马克思的实践唯物主义的基本原理。

一、"实事求是"的中国传统哲学意义

"实事求是"最早出自东汉史学家班固撰写的《汉书·景

十三王传》，该传在论述汉景帝刘启的第三个儿子河间献王刘德的治学态度时，指出其能够"修学好古，实事求是。从民得善书，必为好写与之，留其真"①。唐经学家颜师古为此文作注时说："务得事实，每求真是也。"②班固、颜师古最早提出、诠释的"实事求是"，其实就包含着具体语境的特殊历史意义与思想内涵的普遍哲学意义两个方面。

首先看"实事求是"具体语境的特殊历史意义。"实事求是"观念产生于汉代经学兴起的学术背景，刘德搜集了"古文先秦旧书"，即古文经类的"经传说记"。班固赞扬刘德"修学好古，实事求是"，而颜师古对"实事求是"作出进一步的诠释。具体而言，所谓"实事"就是"务得事实"，即刘德的经学是以先秦古文经记载的历史事实为依据；所谓"求是"就是"每求真是"，指刘德能够坚持以上古历史文献的训诂考据为基础，获得对三代历史事实及其典章制度的客观正确的认识。"实事求是"明显是汉代古文经学一派的治学方法。

其次，"实事求是"思想内涵具有普遍哲学意义。尽管"实事求是"提出时只是指汉代古文经学的治学方法，但是其中蕴含着必须从真实的历史文献、客观的历史事实中追求符合历史实际结论的中国传统哲学思想。"实事求是"这一命题强调书本知识必须建立在可靠的历史事实基础上，从"实事"中探寻正确道理，体现了中国传统学术从社会生活的"实事"中探寻实理的思想内涵与哲学意义。

可见，"实事求是"不仅仅是考据方法，这一方法背后体现

① （汉）班固：《汉书》卷五十三《景十三王传》，中华书局，1962，第2410页。
② （汉）班固：《汉书》卷五十三《景十三王传》，中华书局，1962，第2410页。

出中国哲学的特点。现代学者普遍关注该命题提出的必须从历史文献记载的客观事实中探究正确道理的哲学思想。特别值得注意的是，"实事求是"还体现出中国哲学的思想特色。这一命题强调应该以实践意义的"实事"为哲学本体论和认识论的原点，体现了中国传统哲学重视生活实践的哲学特色。中国哲学的"实事"与"实践"是相通的，"做事"其实就是"践行"，它们都是客观的感性活动，都具有"实"的特点，故而中国思想家将它们称为"实事"与"实践"。在主客二分的西方古典哲学中，总是强调主体与客体的分离与对立，"物"作为客体是与主体无关的对象性存在，人作为主体也是与物质世界处于分离状态的静态主体。中国哲学更为关注主客合一的实践活动即"事"，"事"与"物"不同，"事"应该是主体参与、作用于客体的主客合一的实践活动过程。在此过程中，"物"不再是与主体分离的客观对象，而是已经被纳入主体参与改造的对象性存在；"人"不再是客观物质的静态观察者，而是具有主体能动性的实践主体。中国哲学家将"事"称为"实事"，也是充分肯定"事"具有客观实在性的特点。可见，中国古典哲学往往以"实事"作为本体论的依据和认识论的对象，这恰恰体现出中华民族是重视实践的民族，中华文明是重视实践的文明。

所以，在中国传统哲学中，首先肯定一个前提条件，即有作为客观存在的认知对象，但是这一客观对象并不是与实践主体无关的自在之物。譬如，中国哲学家往往将这一客观存在、认知对象称为"器"，与作为宇宙法则的"道"相对应。自从《周易》提出"形而上者谓之道，形而下者谓之器"，器与道的关系成为历史上哲学家讨论宇宙本体的重要哲学话题。但是，所谓"器"恰恰是人类实践活动的对象和结果，即人通过做"事"才可能制造"器"。同时，中国哲学家讨论的"物"，也往往与人类实践活动联系在一起。一方面，中国哲学家总是将"物"纳入人的主体活动的"事"之中，所以先秦哲学讨论的"物"，往往是"格物"（《大学》）、"齐物"（《庄子》）、"历物"（惠施）、"指物"（公孙龙）。可见，中国古代哲学家往往将这些"物"，纳入人的实践活动中，它们并不是自在之"物"，而是实践对象之"物"。另一方面，中国思想家往往会将"物"诠释为"事"或"事物"，进一步以实践活动之"事"去统摄"物"。如《大学》的"格物"，此"物"往往被中国哲学家诠释为"事"。朱熹在《大学章句》中注"格物"："格，至也。物，犹事也。"[1]王阳明在《大学问》中解释"格物"："物者，事也，凡意之所发必有其事，意所在之事谓之物。"[2]王阳明明确将"物"纳入人的实践活动即"意所在之事"来考察。所以说尽管朱熹、王阳明的哲学不同，但是都将《大学》格物之"物"解释为"事"，可见他们都十分重视社会实践活动的"事"。

应该说，中国哲学家之所以重视哲学意义的"事"，恰恰体现出中国哲学重视实践之"事"的思想特点，故而思维方式有主客合一的特征。在"事"中，既可以包含人之主体的理性、意志能动性，表达主体人对价值、理想的追求；同时也包含实践活动之客观意义，是主体人改变主体与对象的客观活动。可见，"事"总是主体和客体结合过程中的感性活动。

---

[1]（宋）朱熹：《四书章句集注·大学章句》，收入《朱子全书》第6册，上海古籍出版社，安徽教育出版社，2002，第17页。

[2]（明）王阳明：《王阳明全集》第3册，吴光等编校，浙江古籍出版社，2010，第1019页。

二、马克思的实践唯物主义

人类的实践活动具有相反相成的两个特点：一方面，实践活动体现出主体能动性意义，实践是人有目的的活动，体现出人的理性、意志能动性，表达作为主体的人对价值、理想的追求；另一方面，实践活动体现出客观性意义，实践主体是物质实体的人及其感性活动，所制造和运用的工具也是物质手段，整个实践活动其实就是物质世界及其变换的客观过程。所以，在马克思主义哲学产生之前，西方哲学家对宇宙本体有两个向度的解释：一个是主体性向度的唯心主义解释，将宇宙本体解释为理性化的理念、绝对观念，或感性化的经验、感知等；另一个向度就是旧唯物主义的解释，将宇宙本体解释为直观性的客体或物质。

马克思主义哲学是实践唯物主义，这一哲学的最重要贡献，就是在坚持唯物主义的同时，既克服了唯心主义与旧唯物主义的错误，又吸收了二者的长处。马克思在《关于费尔巴哈的提纲》中批评了从前的一切唯物主义的主要缺点是"对对象、现实、感性，只是从客体的或者直观的形式去理解，而不是把它们当作感性的人的活动，当作实践去理解，不是从主体方面去理解"[1]。同时，马克思也批评了唯心主义抽象地发展了人的主体能动，认为他们"不知道现实的、感性的活动本身"。马克思和恩格斯在《德意志意识形态》一文中提出所谓"实践的唯物主义"的说法。这一"实践的唯物主义"出现的重要意义不仅仅是提出一种新的唯物主义哲学，更重要的是，它要引导并推动人们去建立一种理想未来世界的社会实践活动。马克思和恩格斯指出："实际

273

---

① 中共中央马克思恩格斯列宁斯大林著作编译局编译《马克思恩格斯选集》第一卷，人民出版社，2012，第133页。

上而且对实践的唯物主义者即共产主义者说来，全部问题都在于使现存世界革命化，实际地反对并改变现存的事物。"①这一论述不仅明确了"实践唯物主义"的哲学思想，而且将这一哲学看作是"改变事物的现状"的指导思想。可见，马克思的"实践唯物主义"的重要意义，恰恰也是《关于费尔巴哈的提纲》第十一条所说："哲学家们只是用不同的方式解释世界，问题在于改变世界。"②

马克思的实践唯物主义确立了"实践"的本体意义，既不同于唯心主义仅仅从主体意识性的绝对观念去理解客体，也不同于费尔巴哈旧唯物主义主要从直观上去理解客体，而是从主体的实践活动上理解客体，最终扬弃了唯心主义和旧唯物主义。唯心论立足于抽象的精神，旧唯物论立足于抽象的物质，而马克思确立了更具有现实性、本原性的人的感性实践活动的意义。客体的物质世界只有成为主体实践活动的对象时，才能够成为主体的认知对象。所以，自在的物质并不是实践唯物主义的本体依据，主体之人与客体之物相互作用的感性活动，才能够具有实践唯物主义的本体论意义。马克思实践唯物主义更加重要的社会意义在于，唯心主义、旧唯物主义只是解释世界的哲学，而马克思的实践唯物主义却是能够引导人们改变世界、推动历史发展的行动哲学。

三、毛泽东对"实事求是"的实践唯物主义诠释

为了解决马克思主义普遍原理与中国革命实践相结合的问

---

① 中共中央马克思恩格斯列宁斯大林著作编译局编译《马克思恩格斯选集》第一卷，人民出版社，2012，第 187 页。
② 中共中央马克思恩格斯列宁斯大林著作编译局编译《马克思恩格斯选集》第一卷，人民出版社，2012，第 136 页。

题，毛泽东将"实事求是"运用于中国革命实践，将其作为中国共产党的思想路线，而这一思想路线的理论依据就是毛泽东将马克思主义普遍原理与中华优秀传统文化相结合，从而提出中国化的实践唯物主义——"实事求是"。毛泽东在1941年《改造我们的学习》一文中，提出了"实事求是"的思想路线，并且进一步做出实践唯物主义的解释。1943年，毛泽东亲书"实事求是"，将其作为延安时期中央党校的校训。正如马克思提出"实践唯物主义"，不仅仅是提出一种新的唯物主义哲学，更是将这一哲学看作"改变事物的现状"的指导思想。毛泽东提出的"实事求是"哲学，就像马克思实践唯物主义一样，成为引导人们改变世界、推动历史发展的行动哲学。"实事求是"的提出也是为了使中国共产党摆脱教条主义、本本主义的束缚，寻找一条合乎中国革命实践的正确道路提供了行动指南。可见，毛泽东提出的"实事求是"思想路线，恰恰体现了中国共产党在接受马克思主义过程中的两个结合：既是马克思主义普遍原理与中国具体实际的结合，也是马克思主义基本原理同中华优秀传统文化的结合。之后，"实事求是"成为指导中国共产党从事新民主主义革命实践的思想路线，引导中国共产党人取得了新民主主义革命的伟大胜利。

中国共产党的"实事求是"思想路线，在社会主义建设的实践中继续发挥重要作用。改革开放之初，为了从"两个凡是"的思想禁锢中走出来，思想界重新强调"实践是检验真理的唯一标准"。邓小平进一步倡导"实事求是"的思想路线，推动改革开放，社会主义现代化建设取得了辉煌成就。这时，中华优秀传统文化的"实事求是"，提升、发展为中国化的实践唯物主义，继续成为引导中华民族的社会主义现代化建设的思想武器。社会主义现代化建设时期，中国共产党带领中国人民取得了世界瞩目的巨大成就，用几十年时间创造了西方几百年才能够完成的现代化成就。中国共产党之所以能够引导十几亿中国人民取得社会主义现代化建设的辉煌成就，也离不开"实事求是"这一中国化的实践唯物主义思想路线的引导。

"实事求是"思想路线其实是以中国化马克思主义哲学为理论基础的。"实事求是"作为中国化马克思主义哲学，其理论特色首先在于它完全合乎经典马克思哲学——实践唯物主义的基本精神。毛泽东曾经对"实事求是"作了实践唯物主义的哲学诠释，他说："'实事'就是客观存在的一切事物，'是'就是客观事物的内部联系，即'规律性'，'求'就是我们去研究。"①将"实事"解释为"一切事物"，这一表述，是对中国传统哲学重视实践之"事"的高度概括，即将实践活动的"事"与实践客观对象的"物"都包括其中。同时，将"是"解释为"规律性"，也是对中国传统哲学实践之"是"的更精准、更科学的概括，"规律性"能够将实践活动必须遵循的客观法则、活动规范包含在内，体现出实践唯物主义的理论特色。

毛泽东通过《实践论》的系统论述，将马克思实践唯物主义与中国传统实践哲学更加紧密地结合在一起，体现出中国化马克思主义哲学的一步步成熟。毛泽东还以"论认识和实践的关系——知和行的关系"为《实践论》的副标题，凸显中国传统哲学中知与行的关系问题，成为进一步将马克思的实践唯物主义的基本原理同中华优秀传统文化相结合的典范。由于中国哲学的研究者具有重视实践的特点，故而对知与行的关系问题，有十分深

---

① 《毛泽东选集》第三卷，人民出版社，1991，第759页。

入的研究和思考，并且提出了许多深刻的哲学命题，包括"知行互发""知行相须""知行合一"等。毛泽东成功地运用中国传统哲学的知行观念，系统解释和阐发马克思的实践唯物主义哲学。这样使得中国传统哲学中的知行关系问题呈现出实践唯物主义的意义，也成为马克思主义基本原理与中华优秀传统文化相结合的典范。

"实事求是"思想路线其实是以中国化马克思主义哲学为理论基础的。"实事求是"作为中国化马克思主义哲学，其理论特色首先在于它完全合乎经典马克思哲学的基本精神。马克思主义哲学是实践唯物主义，而毛泽东对"实事求是"的重新诠释，既是一种唯物主义认识论，也是一种建立在实践论思想基础上的实践唯物主义。这种实践论恰恰吸收了中国传统哲学的知行论和"实事求是"的深刻思想。历史证明，毛泽东创建的中国化马克思主义的实践唯物主义，是对中国优秀传统哲学的继承和发展，也是对马克思实践唯物主义的继承和发展。

四、"实事求是"的实践唯物主义意义

之所以说"实事求是"是中国化的实践唯物主义，是由于"实事求是"本来就深刻体现了中国传统学术哲学的思想特色，包含着丰富的实践唯物主义思想资源。特别是经过毛泽东的哲学诠释和革命实践，"实事求是"的实践唯物主义意义得以完整呈现，故而成为马克思实践唯物主义的基本原理同中华优秀传统文化相结合的典范。

为了进一步阐发"实事求是"的实践唯物主义意义，下面从两个方面进一步分析。

其一，"实事"的实践唯物主义本体论诠释。

中国哲学的思维方式是实践型的："古代中国人思考问题的出发点不完全是那个独立于人的对象世界，不着意于建立一套概念体系去表达天地万物的本质，而是将人与世界看作一个整体，并把思维的出发点放在主体在世界中的实践方式与操作程序。"①由于中国哲学具有以"实践"为本体的思维特点，所以中国哲学的起点是实践性的"事"，即使常常讲到"物"，也基本上是纳入主体性实践对象的"事物"。那么，在"实事求是"的哲学命题中，"事"与"物"有什么区别？杨国荣最近发表了一系列以"事"为本体的哲学，体现出中国传统实践哲学的特点。他说：

> "事"在广义上可以理解为人的活动及其结果。从抽象的形上视域看，与"事"无涉的"物"似乎具有本体论的优先性，然而，以现实世界为指向，则"事"呈现更本源的意义。人通过"事"而与"物"打交道，在此意义上，人与"物"的关系，乃是以人与"事"的关系为中介。"物"唯有融入于"事"，才呈现其多样的意义。通过人的活动（"事"）而形成的现实世界既表现为事实界，也呈现为价值界，而"事"则从本源上为事实界和价值界的统一提供了根据。②

中国实践哲学之所以重视"事"，主要是受注重实践的中国传统思维方式的深刻影响。所以中国哲学没有"应然"与"实然"的区别，朱熹对"理"有一个解释："至于天下之物，则必

278

---

① 朱汉民：《玄学与理学的学术思想理路研究》，中国社会科学出版社，2012，第265页。

② 杨国荣：《基于"事"的世界》，《哲学研究》2016年第11期。

各有所以然之故，与其所当然之则，所谓理也。"①他所讲的"所以然之故"，其实就是日月星辰、山川草木、人物禽兽的"实然"规律；而他讲的"所当然之则"就是主体的人所必须遵守的"应然"准则。可见，追求事实界和价值界统一的"理"，是中国古代哲学家的共同特点，这一切其实均与中国思维方式以实践的"事"为本体有关。马克思实践唯物主义强调更具有现实性、本原性的人的感性实践活动，充分肯定"实践"的本体意义。"实事求是"之所以具有实践唯物主义意义，是因为从本体论角度而言，"事"恰恰也具有"真正现实的、感性的活动"意义，所以，中国哲学强调必须从"实事"中探寻真理性的"是"，恰恰也是杨国荣所说的"'事'呈现更本源的意义"。

其二，"求是"的实践唯物主义认识论意义。

"求是"的认识论源于"实事"的实践本体论，因为"实事求是"从"求"的行为和目的上表明认识的实践性，"求"的过程总是在"事"之中，表明人的认识不是来源于主观世界，也不是来源于直观形式的客体，而是来源于主体作用于客体的"实事"过程中。真理性认识必须来源于"实事"，即在客观实践活动中获得对"是"的真理性认识。同时，认识的真理检验也需来源于"实事"，即在客观实践活动中获得对"是"的真理性认识。毛泽东在《实践论》中，曾经系统论述了实践是正确认识的来源，也是检验真理的标准。真理性的"是"必须在人改造客观世界的实践活动中才能够得到证明，其实也是马克思实践唯物主义的基本原理，正如马克思所说："人的思维是否具有客观的真

279

---

① （宋）朱熹：《大学或问上》，载《四书或问》，收入《朱子全书》第6册，上海古籍出版社，安徽教育出版社，2002，第512页。

理性，这不是一个理论的问题，而是一个实践的问题。"①

　　尽管马克思的实践唯物主义是在西方文化、西方哲学背景下建立和发展起来的，但是中国传统的"实事求是"具有与马克思实践唯物主义相通的思想特质。所以，毛泽东能够对"实事求是"做出马克思主义的经典诠释，将马克思的实践唯物主义与中国传统思想结合起来，使其成为中国化马克思主义哲学的典范。可以说，毛泽东诠释和实践的"实事求是"，既发展了马克思的实践唯物主义，又发展了中国传统的实践哲学。2020年9月17日，习近平总书记来到湖南大学岳麓书院，考察调研人才培养和文化传承情况，并发表了重要讲话。可以说，马克思主义普遍原理同中国具体实际相结合，同中华优秀传统文化相结合的"两个结合"，在"实事求是"中得到了最重要、最完美的体现。

（《船山学刊》，2022年第1期）

---

① 《马克思恩格斯选集》第一卷，人民出版社，2012，第134页。

文化复兴与书院中国

当代中国正在形成一股重要的社会思潮，那就是传统文化的复兴。传统文化的复兴已然成为中华民族一股强大的内生力量。与此同时，传统书院也在逐渐兴起。传统书院是中国历史上独特的教育机构，它的形成与发展有着千年的历史，它承载着中华文化优秀的教育传统和文化传统，对中华文明的延续、发展有着重要的贡献。如果我们把传统书院放在世界文明史上来考察，它不仅仅是世界教育体系中一个独特的类型，还体现出中华文明的独特形态、发展模式和人文价值。

传统书院有着厚重的文化底蕴，也有着非常重要的现实意义。当然，我们首先需要了解和思考传统书院的文化特质。所以，我们需要把传统书院放到整个中国书院历史的脉络里，探讨传统书院与中华文化的关系。而且，我们还要思考传统书院在当代中华文化复兴的大背景下，如何更好地发挥自身功能。

所以，本文讨论的主题是"文化复兴与书院中国"，希望通过对"儒教"的追溯，论述书院与中国儒学传统的关系，进而探讨传统书院逐渐兴起的当代中国，如何恢复传统书院重要的文化教育功能，使其承担文化使命。

一、"儒教"是一种人文教育

中华文明具有早熟的人文精神传统，我们的先贤很早就努力摆脱对"神"的崇拜，寻求人文理性。周朝的先贤在思考人和天的关系过程中，形成了中华文化的人文精神传统。我们不能完全依赖神，而是要有人文自觉、以德配天的意识，这其实就是"人"的觉醒，体现出人们对人文精神的追求。这种追求是通过教育来体现的，故而出现了以"成人""德育"为本的儒家学说。所以，世界上中外很多学者，把中华文明称为"儒教文明"。其实这个"教"是"教育"而不是宗教，中华文明确立了一套以儒家价值体系为核心内容，以教育组织为传播形式的文明体系。

值得特别强调的是"儒教"的"教"。在历史上，基督教、东正教、伊斯兰教、佛教、道教均是宗教，儒教的"教"和其他的"教"不一样，儒教的"教"实际上是教育、教化的意思。当然，它也包含一些宗教意义，但它的主要特征、功能是教育。"儒教"不是一种宗教形态，而是一种人文教育。"儒"直接起源于从事教育的职官。班固《汉书·艺文志》解释说："儒家者流，盖出于司徒之官，助人君顺阴阳明教化者也。"①所以，"儒教"的"教"主要是教育的"教"。"儒教"的创建者孔子不是能够预言未来的"先知"，不是宗教领袖，而是推动人文教育的教师。释迦牟尼、耶稣都是宗教创始者，他们都是能够预测未来的先知。而孔子与他们的不同之处，就在于他本来就是一个老师，他的出身非常平凡，没有任何神异的色彩。《论语》记载，孔子只是一个"十有五而志于学"的好学之士，是一个一辈子"学而

---

① （汉）班固：《汉书》卷三十《艺文志》，中华书局，1962，第1728页。

不厌，诲人不倦"的教育家。可见，儒教的"教"，主要是教育的"教"。完全不同于其他宗教创教人那样，拥有非常多的神秘色彩。

孔子创立了儒家学派，整理了大量的儒家经典，这些"四书""五经"的儒家经典，不是上帝的训谕，而是三代先王、儒家诸子人文理性的历史积累，是人文文化的经典、历史理性的经典，特别是其中包含着大量论述教育的经典、实施教育的教材。儒家经典主要讲如何培养人、教育人，如儒家的"四书"（即《论语》《大学》《中庸》《孟子》），讲的都是如何教育、如何培养人，也就是成人之教。《学记》《大学》均是世界上最早的教育学著作。

在世界各种文明形态中，只有中华文明以教育作为立国的根本："建国君民，教学为先。"①与此相关，中国产生了世界古文明中最成熟的教育制度。孟子说："夏曰校，殷曰序，周曰庠，学则三代共之。"②夏、商、周是中华文明最早的三个朝代，当时已经建立了非常完善的教育体制，这种教育体制主要是官学教育，即由朝廷办学。除了官学教育，其实还有一套私学教育，即民间办学。春秋战国时期开创的民间私学，进一步推动了中国传统教育、传统学术的发展。我们讲诸子百家，其实就是一些最早的私立大学。此后在中华教育史上，一直有两套教育体制：一套是由朝廷官府创办的官学体制；另一套是从事民间教学的私学体系。

---

① （汉）郑玄注，（唐）孔颖达疏《礼记正义》卷三十六《学记》，收入《十三经注疏》，北京大学出版社，1999，第1051页。

② （宋）朱熹：《四书章句集注·孟子集注》卷五《滕文公章句上》，收入《朱子全书》第6册，上海古籍出版社，安徽教育出版社，2002，第311页。

为什么说"儒教"是一种人文教育？《周易》云："观乎人文，以化成天下。"①如何以"人文"去"化成天下"？就是教育。儒家教育的根本任务，就是要在这个失去人文文化制约的社会建立合乎"人道"的和谐秩序。所以，儒教的"教"，就是希望儒者致力于教育，能够达成化成天下的目标。我们还应该注意到，儒家并不仅仅把教育看成是维护社会秩序的手段，它还特别关注个体人格，关注个人的责任、潜能和发展。孔子的"成人之教"，孟子的"自得之学"，张载的"大其心则能体天下之物"，程颢的"仁者以天地万物为一体，莫非己也"，均有发展个体人格、弘扬主体精神、实现自我价值的人文精神。

孔子的理想是"成人之教"。他所谓的成人其实就是全面发展的人，即应该是在智慧、意志、德行（即智、仁、勇）等各方面均得到全面发展，同时还要具备丰富的文化知识、较高的综合素质，其实也就是具有理想人格的"君子"。孔子十分关注如何开展"成人教育"，强调培养理想人格的君子，教其六艺（礼、乐、射、御、书、数），同时他希望个体的综合素质能够得到全面发展，以实现理想的"成人教育"。孟子把教育人理解为个体人格的自觉，即"自得之学"。他认为，学习实际上是唤醒个体"良知"的自省，通过自我反省，个体能够发现自己内在的德性，进而达到一个君子、一个贤人的境界。君子、贤人又可以修行到圣人，所以儒家文化在推动教育的时候，特别强调要发展个体，弘扬主体精神，实现自我价值。其实这都是一种人文教化。

可见，儒家人文教育基本上致力于两方面：一方面体现在家

284

---

① （宋）朱熹：《周易本义·周易象上传第一》，收入《朱子全书》第1册，上海古籍出版社，安徽教育出版社，2002，第95页。

国天下层面，即通过教育建立一个和谐美好的社会秩序，最终实现和谐家国与大同天下；另一方面强调通过教育以启发个体的内在潜能和发掘人文精神。所以，儒家教育的核心既包括教育的社会政治功能，又包括教育对个体全面发展的促进作用。从这两重意义来说，儒家教育本质上就是一种人文教育。

二、宋代儒学复兴与书院崛起

书院萌芽于唐，崛起于两宋。为何宋代将民间教育机构称为书院呢？大家知道，在中国古代，早期的文字刻写在甲骨、青铜器、帛书、简牍上，那时候书非常贵重，民间一般很难有图书收藏。后来，造纸术、印刷术的发展，推动了图书的印刷和出版，形成了民间的藏书机构。最早的书院萌芽于唐，南宋学者王应麟在《玉海》中解释说："院者，取名于周垣也。"[①]书是知识的载体，书院最早就是藏书之地，后来由藏书逐步演变成读书、教书、写书、出版书的文化教育机构。从唐朝开始，书院由朝廷的藏书校书机构，逐渐演化为民间的私人读书讲学的文化教育机构。后来，以"书"为核心的书院，开始成为宋以后重要的文化教育基地。

作为文化教育机构的宋代书院，并不是偶然形成的，而是继承和发扬了中国悠久的教育传统，包括先秦私学争鸣、汉儒精舍研经、魏晋竹林玄谈、隋唐寺院禅修。作为一个教育组织机构，特别是作为一种士人、士大夫自由讲学、研究经典、学术辩论、修身养性的独特机构，宋代书院其实是千余年来教育内容、教育形式不断发展、演化的结果。历史上不同的讲学内容和不同的讲

---

① （宋）王应麟：《玉海》卷一百六十七，文渊阁《四库全书》本。

学形式，在宋代书院这里均可以找到。

先秦以来，中国学术史、教育史曾经经历过几次重大历史变革。我们经常讲到的先秦诸子、两汉经学、魏晋玄学、隋唐佛学等，往往既包括学术思想、教学内容的演变和发展，也包括学术机构、教学形式的演变和发展。先秦诸子的思想内容是儒、墨、道、法的不同学派的思想，而先秦诸子之所以能够形成不同学派，其实就是通过自由讲学的形式。所以，中国的轴心文明时代即春秋战国时期，出现了诸子百家如儒家、墨家、法家、道家等，一方面，他们各自研究学术，提出自己的学术宗旨；另一方面，他们又以私学的形式传授学术、培养弟子，并不断展开讨论、辩论。战国时期还出现了稷下学宫，诸子百家在此争辩与讨论，形成了中国历史上"百花齐放、百家争鸣"的局面。宋代书院成为不同学派的学术研究、人才培养基地，书院学派之间开展讨论、辩论，显然是继承了先秦诸子的学术思想和教育组织形式。

两汉经学代表了一种新的学术形态和教育形态。两汉确立了儒家经学独尊的地位，影响了中国传统学术两千多年。除了在朝廷设立太学、地方设立州学，汉代还形成了一种非常独特的教育形式和学术研究形式——"精舍"。汉代的经学大家创办了精舍，在精舍里研究经学、培养弟子、传播经学。实际上，宋儒同样推崇、研究、传播儒家经典，宋代书院继承了两汉经学的学术传统与教育传统，成为宋儒研究、传播儒家经典的重要基地。这其实就是继承了汉代精舍的研究传统和教育传统。特别值得注意的是，宋代很多学术大家如朱熹、陆九渊等，他们将自己最早创办的书院，也叫作精舍，如朱熹的武夷精舍、陆九渊的象山精舍等，这些精舍后来才改成书院。

魏晋时期玄学大盛。魏晋名士喜欢聚在山林讨论高深的哲学问题，如本与末、有与无、名教与自然等形而上的玄理，所以这些玄理被称为"魏晋玄学"。魏晋名士对形而上之理的关注，深刻影响了宋代士大夫，玄学思想与理学思想之间有一种内在发展、演变的理路。与此相关，魏晋名士汇聚山林谈玄析理的生活态度与学术风格，也深刻影响了创办书院的理学家。理学家在书院辩论理气、道器，以及追求一种超然物外的精神气象，均带有魏晋名士在山林之间谈玄析理的风度。

隋唐佛学大盛。佛学的精致理论和思辨方法对宋儒形成强烈了挑战，故而激发了宋儒的创造激情，隋唐佛学也因此成为新儒学的重要思想来源。与此相关，隋唐佛教主张修炼成佛，佛教徒喜欢在名山大川修建寺院，吸引教徒来寺庙推广禅修活动。隋唐佛教在山林修建寺庙的禅修活动，也影响了宋代的书院。最早的宋代书院大多建立在名山之中。宋代的许多儒家士大夫，除了研究经典与学术，还非常注重内在的心性修养，即通过静坐而修身养性。这种"半天读书、半天打坐"的书院教育传统，实际上是吸收了佛教寺庙的禅修方法。

由此可见，宋代书院的学术研究内容和教育组织形式能够形成，并不是偶然的。没有先贤一千多年的学术思想、教育实践的积累，就不可能有宋代书院的形成。宋代书院其实是将以前教育实践、学术思想的传统，都吸收、集中到这一种新的教育组织形式中来，从而形成了代表儒家士大夫理想的书院。所以，书院之所以能够成为重要的、延续千年的教育—学术机构，是集历史之大成的结果。

宋代书院之所以能够得到那么大的发展，还因为一个重要的历史机遇，即唐宋之际重大变革中的文化复兴。也就是说，宋代书院之所以能够蓬勃发展，还和其承担的那个时代的重要文化使命有关。宋代书院的组织形式，确实是吸收了先秦的私学、汉代的精舍、魏晋的玄学、隋唐佛教寺庙的禅修，但这些都是教育组织形式。从思想内容来讲，宋代发生了一个重大的变革。宋儒不仅批判佛道二教，也批判汉唐儒家，他们希望回归、复兴先秦儒学，以重建新儒学。故而宋代书院的出现、发展过程，是与宋代文化复兴思潮紧密联系在一起的。

唐宋之际有一个重大的历史变革和文化转型。明代史家陈邦瞻在《宋史纪事本末·叙》中说："宇宙风气，其变之大者有三：鸿荒一变而为唐、虞，以至于周，七国为极；再变而为汉，以至于唐，五季为极；宋其三变，而吾未睹其极也。"[1]他认为，中国历史经历过三次重大变革。第一次变革是从文明初期到春秋战国时期，第二次变革是从汉代一直延续到唐代，第三次变革是从宋代开始。陈邦瞻认为唐宋之际有一次重大的历史变革。日本历史学家内藤湖南认为，唐宋之际发生了政治、社会、文化的重大历史变革，故而在一百多年前提出了"唐宋变革"论。他的观点在国外汉学界影响很大，他提出的唐宋变革论、宋代近世论，显然参照了近代西方史学对欧洲历史的"上古""中古""近世"的划分。当然，中国历史并不一定会模拟地中海历史模式，但是人类文明史可能存在一些相似的历史轨迹。我们会发现，宋代确实出现了与欧洲文艺复兴、宗教改革相似的儒学复兴、儒学改革运动，并且推动了文化教育下移、学术思想转型等一系列重要变革的进程。由于士大夫的大力推动，宋代学术思想界出现了复兴先秦儒学、重新诠释儒家经典、致力于新儒学思想建构的文化思

---

① （明）陈邦瞻：《宋史纪事本末》，中华书局，1977，第 1191 页。

潮。正是有了文化复兴、儒学重建的历史背景，唐末萌芽的书院到了宋代迅速崛起，成为宋代士大夫推动复兴先秦儒家人文精神的学术大本营与高等学府。

中国到底要建构一个什么样的文化模式？通过复兴儒学、重建儒学的方式而建构的一种新文化模式的学术研究机构，就是书院。所以，书院是一个以"书"为中心的高等教育机构，是一个继承了先秦私学、两汉精舍、魏晋玄学和隋唐禅修的新的学校，是一个代表儒家士大夫文化理想和教育理想的学术研究基地，是中国重要学术思潮宋学的大本营。这一点，著名历史学家钱穆先生曾特别强调，"宋学精神"主要体现在三方面：第一，革新政令，推动社会的变革；第二，创通经义，通过重新诠释经典而建构新儒学；第三，创建宋学大本营的书院。无论是革新政令，还是创通经义，都要通过新的书院机构来推动新儒学的形成和发展。所以，钱穆先生认为，宋学精神之所寄在书院。现代社会强调大学是教育中心、学术中心和社会服务中心。其实，宋代的书院恰好承担了这样一些重要的社会使命。

我们回望历史会发现，宋代的文化复兴是由一批重要的儒家士大夫来推动的，包括范仲淹、孙复、石介、胡瑗、程颐、程颢等学者，他们既是革新政令的推动者，也是文化复兴、儒学重建的倡导者，更是创办书院以推动教育改革的关键人物。值得注意的是，这些人绝大部分都与宋代早期的书院有关系。比如以范仲淹为代表的庆历士大夫群体，许多人都接受过书院教育，这对他们后来的新政及书院教育活动均产生了影响。范仲淹、孙复、石介就曾就读于应天府书院。范仲淹还曾主持应天府书院，并培养了许多杰出的人物，孙复、石介就是范仲淹在应天府书院时培养的人才。孙复研究《春秋》学，并创建泰山书院。石介长期讲学于自己主持的徂徕书院，号称"徂徕先生"。石介为推动中华文化复兴，专门撰写了《中国论》，通过"华夷之辨"强调"中国文化"的主体性，以复兴中国文化。他说："四夷处四夷，中国处中国，各不相乱，如斯而已矣。则中国，中国也；四夷，四夷也。"①石介在为孙复创建的泰山书院所作《泰山书院记》中说："先生（指孙复）亦以其道授弟子，既授之弟子，亦将传之于书，将使其书大行，其道大耀。乃于泰山之阳起学舍，构堂，聚先圣之书满屋，与群弟子而居之。"②他赞扬孙复将道统传承与书院使命结合起来，其实也是对自己坚持在书院讲儒经、传圣道，以推动中华文化复兴的肯定。由此可见，宋代书院的兴起，是和宋学的兴起、儒家文化的复兴紧密联系在一起的。

宋代早期出现了很多著名的书院。后来流传的"四大书院"，有人说是徂徕、金山、岳麓和石鼓书院（范成大持此观点）；有人说是嵩阳、睢阳、岳麓和白鹿洞书院（吕祖谦和王应麟持此观点）；有人说是白鹿洞、嵩阳、岳麓和应天府（石鼓）书院（马端临持此观点）。这些书院对宋代学术转型、儒家文化复兴起到了极大的推动作用。其实我们不必拘泥于哪几所才是四大书院，因为不同的人本来就有不同的看法。北宋著名书院在宋代文化复兴、儒学发展中发挥着重要的功能，而到了南宋，书院发挥的作用更加突出，又出现了不一样的四大书院。南宋时期的书院与学术创新、学派创建的联系更加紧密。全祖望所说的"南宋四大书院"，其实就是文化复兴、理学学术的四个大本营。岳

---

① （宋）石介：《中国论》，载《徂徕石先生文集》卷十，陈植锷点校，中华书局，1984，第116页。

② （宋）石介：《泰山书院记》，载《徂徕石先生文集》卷十九，陈植锷点校，中华书局，1984，第222～223页。

麓书院是张栻湖湘学派大本营，白鹿洞书院是朱熹学派大本营，丽泽书院是吕祖谦学派大本营，象山书院则是陆九渊心学大本营。这四大书院推动了南宋理学的发展，推动了南宋理学的"乾淳之盛"。所以，到了南宋，书院便成为学术界、教育界更加普遍化的讲学机构，并且形成了一系列独特的书院制度，成为儒学重建、文化复兴的重要部分，极大地推动了南宋时期思想、学术、教育的发展，也推动了整个中华传统文化的大发展。

中国古代的学术创新与教育机构联系密切，此后，书院就一直成为中国学术思想演变的重要组成部分。在中国学术史上，宋代是理学大盛，明代是心学大盛，清代是考据学大盛。在不同的历史时期，不同形态的新兴学术思潮均与书院有关。宋以后的新兴学术思潮往往和书院一体发展，书院促进了中国传统的文化复兴、学术更新、教育发展。儒家文化复兴与宋代书院崛起同步发生。两宋出现的中华文化复兴、儒学改革运动，推动了文化教育下移、学术思想转型等一系列重要变革，这均与书院有着密切的关系。

三、当代中国的文化复兴

近代中国受到了西方文明的巨大冲击，中国被迫进入西方文明主导的全球化体系之中。古老的中华文明首先要面对西方的坚船利炮，紧接而来的是一系列压力，包括军事压力、经济压力、政治压力，当然，最终是亡国灭种的生存压力。

中国在晚清时期，面临着保国、保教、保种的严峻问题。一些思想敏锐的士大夫开始密切关注这一问题，从魏源提出"师夷长技以制夷"开始，晚清中国艰难地开启了近代化历程，后来出现的洋务运动、戊戌维新、辛亥革命、新文化运动等一系列运动，推动着中国的近代化进程。

经过数十年艰苦卓绝的顽强奋战，一个独立、自主的中国终于站起来了，特别是1978年以来，中国进行了改革开放，取得了巨大成就。其实，所谓改革开放，就是不断改革自己以适应现代化的经济、法律、政治等方面的制度与观念，通过学习世界发达国家的经验，积极参与到全球化的现代化建设事业之中。通过改革开放，当代中国确实发生了翻天覆地的变化。中国不仅是一个在政治上有着巨大作为的大国，也是一个在经济上取得巨大成就、前景无量的强国。中国在政治上、军事上、经济上的强大，使原来的强国非常警惕，甚至害怕。所以说，中国的逐渐强大已经是一个事实。中国改革开放几十年所取得的巨大成就，其他国家可能要多花几十年甚至几百年才能取得。

我们应该清楚，中国崛起的背后具有重要的意义。中国的再次强盛也包括中国文化软实力的强大，即中华文明的复兴。但遗憾的是，近百年来，我们对中华传统文化不恰当、不正确的认识，使得我们没有充分激活中华文化的源头活水。所以，当代中国需要一场新的文化复兴，即中华民族在学习、吸收现代世界先进文明的基础上，进一步传承和弘扬有着五千年历史的中华文明，实现中华优秀传统文化的复兴。从根本上讲，中国的崛起，不应仅仅是政治和经济的崛起，同样也应该是文化的崛起和复兴。

近代中国的崛起，需要学习国外的先进经验，进行改革开放，实现国家现代化，但是我们不能依赖、模仿西方发展模式来实现现代化，而是要发扬自身的长处，这样就可能建构一种新的现代化发展模式。中国崛起应该是文明的崛起，应该是世界文明史上的一个重大历史事件，也应该为整个人类现代化发展提供一种新的历史经验和发展模式。我们发现，中国近代化进程走出了自身独特的道路，积累了自己的经验，如果我们要把这条道路、这些经验变成一个模式，就需要更多的文明自觉。当代中国的文化复兴，一定能够从更大范围、更深程度上继承和弘扬中华文明，以真正为人类实现现代化提供新的模式。

宋代出现的文化复兴运动，以先秦孔孟之道为思想基础而吸收了佛道思想，故而重建了中华文化的思想传统，适应了中国文化发展的要求，奠定了之后八百多年中华文明体系的核心价值。当代中华文明的复兴，具有更加深远的历史意义。中华文明在经历了百余年的凤凰涅槃的重生之后，不但能够在今天，在更远的未来活下来，还能够活得很精彩！21世纪中华文明的复兴，对中国来说十分重要，对探讨21世纪以后的人类生存同样有着特别重要的意义，因为它能够补充、完善以西方文化为基础的现代化的不足，也有益于未来人类多元化的现代化生存。

四、传统书院的现代使命

改革开放以后，特别是近一二十年来，传统书院开始兴起，成为一个重要的文化现象。20世纪80年代初，一些古老的书院开始复兴，以湖南大学的岳麓书院为代表；也有一些新书院开始崛起，以北京大学的中国文化书院为代表。经过这样一段时期的发展，随着中华传统文化的复兴思潮，书院发展开始呈现井喷姿态，到处兴起。其实，这一现象的背后，恰恰是中华传统文化的复兴。全国各地到处都在修书院、办书院，这一承载着中华文明特色的文化教育机构，在当代中国现代化进程中应承担什么样的文化使命？

我们发现，传统书院兴起于宋代，并且与宋代的文化复兴互相关联，其实，当代书院的兴起，同样是源于一种对文化复兴的追求。前文提到范仲淹、孙复和石介，他们把书院的创建与当时的文化复兴联系在一起，我认为，当代书院在兴起的同时，同样应承担起中华文化复兴的使命，且书院所承担的文化使命，应该和整个中华文化复兴的需求联系在一起。中华文化经历了一个凤凰涅槃式的重生过程，中国传统书院也会如此。传统文化、传统书院将会得到更好地传承和发展，获得新的生命意义。

晚清时期，传统书院曾面临严重危机，1902年，清廷下令废弃书院，全面引进西学教育制度。延续千年的传统书院瞬间被废弃，很快就引发各界人士对传统书院被废弃的不满和叹惜。自由主义思想家胡适认为，书院之废是"吾中国一大不幸事"。已经是马克思主义者的青年毛泽东在长沙创办湖南自修大学，明确表示要继承书院传统。另外还有一些文化保守主义者，如马一浮、梁漱溟、钱穆，他们为了摒除现代教育体制的弊端，均创办了传统书院，以传承中华传统文化。如马一浮创办复性书院，就是希望恢复传统书院的人性教育、人格教育。有趣的是，20世纪的几种主流思潮，即自由主义思潮、马克思主义思潮、文化保守主义思潮，这些不同思潮的重要代表人物都对书院情有独钟，这是一个非常值得反思的现象。显然，这是因为中国传统书院有着非常深厚和独特的文化价值，使得这些政治观念、思想观念不同的知识界、思想界和政界人士，对书院的重要性达成了共识。我们知道，在现代知识界，人们能够达成共识是件很难的事情，而在20世纪前期，知识界能够对传统书院的重要性达成共识，确实不是一件容易的事情。前面提到，传统书院经历了一千多年的办学历程，它凝聚了中华文化教育的精华，形成了一套既有特色又有生命力的文化精神和教育制度，这就是大家经常讲到的书院精神和书院制度，是中国书院的重要文化遗产。当我们今天在思考和呼唤中华文化的传承和复兴的时候，书院精神和书院制度已经为各界人士普遍推崇，书院应该成为传统文化复兴的基地。

当代书院应该如何发展？这是我们创办书院、修复书院的各界人士都应该特别关注的重大问题。我们应如何在这样一个中华文化复兴的大背景下做好书院复兴？

首先，是老书院的复兴。近一二十年来，大批书院逐渐兴起，我认为有两种情况，一种是老书院的修复。我们注意到，现在全国各地正在修复、重建一些老书院，是为了书院文物的保护。国家文物局曾委托相关机构做了一个关于儒家文化遗产的保护规划，相关机构在调研中发现，在我国的全国重点文物保护单位和省级文物保护单位中，共有儒家遗产546处，包括被列为国家、省级文物保护单位的古代书院144处，加上很多市、县一级的书院，这样算下来至少有几百处。中国历史上曾有几千所书院遍布全国各地，但是大量书院都没有被保存下来。这些广泛分布的书院是儒教中国的最好体现。如何使这些书院普遍得到修复和保护，是目前书院文物保护的迫切任务。在欧美国家，我们会看到许多天主教、基督教的教堂，这是西方文化的物质载体。其实，中国文化的物质载体主要是儒家文庙、传统书院，因为儒教最重要的是教育、教化，所以儒家书院特别重要。今天的传统书院如何继续发挥文化教育功能，是一个更加重要的问题。被列入全国重点文物保护单位的老书院有一百多所，还有许许多多尚未被列入文物保护单位的老书院，庞大的书院群体正在逐渐恢复。我在国家文物局的儒家文化遗产保护规划的专家评审会上说，老书院的保护工作非常重要，但最重要的工作应该是恢复它的功能。很多文庙和书院修完之后，除了供人游览，人们就不知道该拿它干什么。我认为这不是我们花这么大的精力修复书院的主要目的。其实，无论是中国的寺庙、道观，还是西方的教堂，它们延续下来的原因是能够继续发挥其内在的功能。书院是中国文化传统的载体，在修复这些老书院之后，人们最重要的事情就是尽快恢复书院在历史上曾经具有的文化教育功能。我在会上提出，要鼓励社会上各种力量来修复、保护、复兴传统书院，不管是官方力量，还是社会力量，或者是民间力量，都可以各自发挥自己的优势和能力，共同保护书院、建设书院。目前老书院的修复，基本上是地方政府在主导，其实还可以发挥社会团体、企业、公益性组织、企业家个人的作用。古代书院的修建，主要是地方官员、民间士绅、热爱教育的人士共同努力的结果。儒家书院的修复，就是三方共同努力的结果，是大家共同努力建设的。今天仍然可以继续由政府主导，民间的企业、团体、公益性组织、企业家个人等共同努力。无论是政府、企业界，还是各界群众，大家共同努力建设书院，打造人们共同的精神家园。我提出的建议，就是让这些古老的书院在修复之后，成为地方的文化中心，成为地方的精神家园。

其次，是新书院的建设。当代中国，除了修复上述的老书院，全国各地还创办了很多新的书院。那么在传统书院被废弃一百多年后，创办新书院的目的和意义是什么？创办新书院有两种情况，其具体目的可能不一样。一种是在民间社会发挥文化教育功能的书院，另一种是在现代大学的体制内的书院。在当代中国文化复兴的背景下，两种书院可以在我们的教育体制的内、外分别发挥作用。

一是教育体制之外的新书院。这些新书院的修建，就是希望在文化复兴的大背景下，推动地方文化、社区文化、乡村文化的建设和发展，故而需要地方政府、学者、企业、民间社团的通力合作，以推动教育体制之外的民间书院的发展。我们可以看到，许多新书院举办的各种传统文化讲座和读书活动很受欢迎，这确实是因为现代社会对传统文化有着强烈的需求。当代中国无论是少年儿童还是成年人，所接受的传统文化知识、人格教育均有不足，传统书院教育复兴创建新的书院和推动民间的传统文化教育，可以弥补这一缺失。如果新书院办得成功，就可以成为地方文化、社区文化的中心。我们讲文化复兴，确实可以从基层书院做起，让新书院成为当代中国文化复兴的沃土。人需要终身学习，孔子"十有五而志于学"，一直学到老，可见人要不断地学习不停地接受教育，而书院就是我们学习、成长的地方。

二是教育体制之内的新书院。中国古代的书院，除了具备社会教化的功能，还是一种正式的教育机构。晚清之后，作为教育体制内的传统书院被废除，现在教育体制内的小学、中学、大学，是当代中国教育的唯一形态。宋代书院是高等学府，是一种成人教育；现代大学是高等学府，是一种专业教育。现代教育体制的建立，有其合理性，如果近代中国没有教育改革，就不可能培养出合乎现代化需求的专业知识分子，没有专业知识分子就不可能建设现代化国家。我们需要接受来自西方的现代化知识体系，需要建立现代化的教育体制。但是我们建立了现代化教育体制之后，是不是说我们照搬外来的教育体制，就能满足中国教育的全部需要？其实不是。为什么知识界那么怀念传统书院？书院作为一个传统教育的机构，它有着非常重要的、独特的价值和意义，留下了非常丰富的教育经验。中华民族是一个有着悠久教育传统的民族，今天我们要创建世界一流大学，不应该是片面模仿西方大学。如何在现代化的教育体制下，让传统书院在今天的教育体制内继续发挥作用，是一个值得思考和探讨的重要问题。我认为传统书院应该成为当代中国高等教育中非常重要的组成部分。现在高等教育学术领域在花大量精力研究西方现代大学制度和精神，这固然非常重要，但我们也要回过头来研究中国一千多年的书院制度和精神。

教育体制之内创建新书院，同样可以有两种类型。第一种书院，就是专门在现代大学体制内从事人格教育即博雅教育的书院。现代高等教育教书不育人，只负责专业教育，大家关注的是教书、教专业知识，但是人的教育呢？特别是成人的教育呢？制度上并没有落实如何培养人的问题，这就需要传统书院来解决。传统书院的长处是育人，现代大学可以将传统书院人格教育的长处吸收进来，培养出既有专业知识、又有健全人格的现代知识分子。现代中国大学推动的大学生文化素质教育、通识教育，西方的博雅教育，中国书院的成人教育，这些应该均属于完整的人的教育。这种完整的人的教育，在大学需要一个专门机构来开展教育活动。我认为中国现代大学可以通过办书院来解决这一问题。中国书院的成人教育、君子教育，就是能够在专业教育之外，解决如何培养、教育人的问题。

另外一种书院，就是专门培养传统国学人才的书院，因为传统书院承担了传承中华文脉的使命。在现代大学的专业体系中，传统国学一直没有独立的空间，被分割到其他不同的专业体系中，许多中国传统学术成为"绝学"。我们一直在呼吁将中国传统国学纳入现代大学体制之中，成为独立的学科门类。同时我们还一直呼吁现代大学恢复中国传统书院，以国学、经学、儒学作为独立学科，组成书院的教学内容和学术体系。现代大学通过设置书院、国学院，以传承中国传统学术。

可以说，在21世纪实现我们中国的富强之梦，已经不是问题了，只要按照现在的改革开放之路走下去，再过一段时间，我们中国肯定是既富义强。但是，我们还应该特别关注，中国复兴之梦不仅是富强之梦，还应该是中华文明的全面复兴之梦。我们强调书院的复兴，就是要承担文化复兴的重要使命。传统书院承担着中华文化复兴的使命，它本身的复兴就是中华文化复兴的体现。

（《船山学刊》，2019年第3期）

重写中国思想史的文化自觉

20世纪以来，延续百年的中国思想史学科建设，不仅为当代学术发展积累了丰厚的学术成果，也树立了许多杰出的学术典范。同时，中国思想史是一门与时俱进的学术，21世纪的中国思想史学界应该立足于百年的学术基础，积极回应新历史时期的新课题，这样才能推动中国思想史学科的进一步发展和提高。特别是当代世界正在发生着前所未有的变化，引发了人们对文化问题深刻而全面的思考。

21世纪，中国学人重写中国思想史，面临的迫切问题是如何表达当代中国的文化自觉。本文在回顾历史的基础上展望未来，对下列几个与重写中国思想史的文化自觉密切相关的问题进行探讨。

一、中国思想史客观性与主体性的统一

中国思想史学科创建伊始，就确定了一个重要目标，即追求科学性，包括强调研究材料的真实性、研究态度的中立性，以确保最终获得具有客观真理的结论。这种学术追求源于20世纪初的科学主义新文化思潮。所以，尽管20世纪的中国思想史研究领域呈现多元化的学术旨趣与思想主张，但学术主流的观念是一致

的，即强调中国思想史研究的科学性、客观性，这几乎成为这一代学人共同的学术追求。无论是考证思想史料真伪的科学性，还是探寻思想史发展规律的科学性，中国思想史学科的整体学术追求，已经完全不同于传统学术史、道统史的论著。

毫无疑问，20世纪的中国思想史能够取得突出的学术成绩，与这一时期学人追求科学性、客观性的目标密不可分。作为现代学术的中国思想史，应该追求科学性、客观性这一学术目标，其近百年因此而取得的学术成果应该得到尊重，并需要得到进一步继承和发展。但是，如果未来中国思想史研究还停留在这一点上，可能是不够的。中国思想史写作的一个重要特点是：拥有现代思想的中国学人对中国传统思想进行再思想。为什么需要对思想作再思想？这是因为，中国思想史的演化过程，其实就是中华民族对天地世界、人类社会种种问题的思考过程，历史上中国人将自己的思想成果积累和记录下来，就成了今天中国思想史的文献资料。前人的思想，当然是他们所处历史条件下的产物，最初也主要是为了满足那个时代的精神需求，但他们思考的许多问题其实具有普遍性，今天及未来的中国人仍然还要面临同样的问题，现代中国人需要在前人思想成果的基础上，对这些问题作进一步思考。所以，现代中国思想史写作其实是通过对前人"思想"的考察，来体现现代中国人对此普遍问题的"连续性思想"。

既然是连续性思想，就一定会有一个连续性思想的主体。在人类文明史上，中华大地上生存着一个血缘延续、文化传承的文明共同体，一代代中国人在连续性的历史实践基础上，实现对自然、人类等系列问题的连续性思考。思想总是人在经验基础上建构的一套观念形态，无经验的观念可能是无源之水、无本之木，而经验的连续性源于实践主体的连续性。所以，思想史主体能够形成，首先必须确立一个实践主体，由它来承担前后相承的历史经验，同时完成思想活动。这样一个承担前后相承的历史经验、从事思想的主体，当然就是中华民族。中华民族有数千年的社会实践历史，其历史经验、文字符号均是连续性的，其思想也是前后相承的。中国思想史就是体现中华民族相关核心价值、知识体系、观念信仰的历史建构过程。

中国思想史的主体性，体现在前后相承的社会实践与历史经验之中，体现在文化相同的文献典籍与观念形态之中。当殷周发生巨大的政治动荡、历史变革时，周公在此政治剧变过程中积累了"天命靡常"的历史经验，他针对这一局面提出的思想主张就是"以德配天"。事实上，周公遇到的政治境遇与积累的历史经验具有普遍性。在中国历史上，一直有改朝换代的政治剧变，不断改变身份的新统治者均会面对"天命靡常"的历史境遇，周公"以德配天"的思想对他们而言均有启示意义。后世的国人会面临同样的政治境遇，故而会在解读古代文献的基础上对"德"与"天"的问题作进一步思考。这都体现出中国传统思想的连续性。

中国人在长期历史经验中形成的一系列思想观念，被记载在各种文献典籍中，成为后世学人的思想资料。中华民族重视保留前人丰富历史经验与观念系统，三代时期先贤的经验和观念就保存在"有册有典"的历史文献中，所以，中华民族的历史经验是一种连续性存在，中华民族的观念体系也是一种连续性存在。思想史不仅仅是观念史的集合体，确切说它还是连续历史经验基础上的观念集合体。作为中华民族主流的华夏民族，其经验和观念经孔子等儒家整理后，成为后来两千多年中国人一直学习的

"六经"体系。因中国人的社会实践和历史经验是不断延续发展的，所以中国人需要通过对"六经"的不断诠释，来推动中国思想史的演变和发展。中国思想史的文献不仅有经学体系，还有"史""子""集"等各种文献体系，它们共同构成了"中国思想史"的主体内容，在此"学术思想"的基础上，形成了一个庞大系统的中华民族的观念史。

由此可见，中国思想史主体性确立的第一个基本条件，是作为中国思想史主体的中华民族，一直保留着前后相承、源远流长的历史经验与观念系统，并将其保留在经史子集的文献典籍之中。当然，除了文献典籍，中华民族的历史经验与观念体系还会保留并体现为另外两种形态：其一，保留在作为主体的中国人的文化心理、社会习俗之中；其二，保留在作为文化遗产的遗址、遗物之中。这两种形态虽然是中国思想传统的重要载体，但由于人类思想的主要载体是以文字为主的文献典籍，所以，对中国传统思想的再思想，人们仍然主要是对文献典籍展开学术思想的研究，而后面两种形态可能只是辅助性的。

一个仅有前后相承的历史经验与观念系统的社会共同体，并不一定具有真正的主体性意识。社会共同体要真正建立主体意识，就必须具有对自我思想的反思意识。作为社会共同体的思想者要获得该共同体的主体意识，往往会在不同共同体之间展开互动的基础上进一步强化，既能通过思想反思而意识到自己思想的特点，又能通过双向互动而确立交互主体性，这是在自我反思基础上的"自我—他人"互动的相互主体性。"反思"源于黑格尔的《精神现象学》，是专门以"思想"为对象的"思想"，在黑格尔这里，其实就是"绝对观念"以自己为对象的思想。中国思想史的主体性需要建立在以自我为反思对象的基础上。中国思想史的反思意识往往是在有他者的情况下，才可能彰显。魏晋隋唐时期，当佛教已经大规模进入中国本土后，佛学成为中国思想的他者，这个他者激发了从事思想创造的士大夫的反思意识。韩愈的《原道》就体现了"中国思想"的反思意识。

晚清以来，中华文明面对另一个不同文明的他者，一个不同于中国思想传统的基督教信仰体系，不同于中国知识传统的西方科技知识体系，不同于中国传统礼法制度的西方政法制度体系，这时，中国思想史的反思意识开始凸显。但是，使中华民族思想产生反思意义的思想，曾经出现过两种极端形态：或者以自我为中心，或者以他者为中心。最初的文化反思是以自我中心的，因为中国人有一个长期延续的经验和观念的集合，当他面临他者而需要反思自我思想时，他的思想惯性是以自我中心的。当西学大规模传入中国，特别是西方以坚船利炮、科学技术等文明成果取得军事、政治、经济的优势时，中国思想的反思就逐渐以西方为中心了。

在此基础上，源于中华民族历史经验与思想观念的连续性的中国思想史学科也开始出现。中国思想史学科的兴起本来就源于西学的引进，故而中国思想史学科建设一开始就是以西方思想体系为典范，作为诠释、评价中国思想传统的标准。这样，中国思想史学科的发展过程，往往是现代学者以西方思想为标准，来审视、裁剪、评估中国思想传统的过程。与此同时，中国传统的诸子百家、经史子集在进入新学科体系时，往往被看作是中国思想史学科的材料。由于中国的知识体系、思想脉络发生了重大变化，中国思想的概念、范畴必须通过"反向格义"才能够被现代中国人理解。这时，中国思想史似乎不是中国人的自我意识活动的体现，而是他者对中国思想传统的品头论足。中国思想史研究似乎成为以他者眼光对"文物"化了的传统思想的审视，这种客观性研究往往是以损害中国思想史的主体性为代价的。

其实，中国思想史不仅仅是被研究的客观对象，还可以成为思想主体。当现代中国学者在面对作为反思对象的中国思想史时，他不仅仅是一个具有现代经验、现代意识的学人，同时还是传承中华思想文化传统的中国人，他的中国思想史研究必然会在强化反思意识的同时，主体性得到彰显。所以，现代中国学人的中国思想史研究，在坚持客观性的同时还需要鲜明的主体性。主体性并不是主观性，中华民族作为"思想"主体，总是在历史实践中实现中国思想史的延续和发展，这本身就是一个客观化的历史进程。可以说，中华文明的历史建构既是客观的，也是主体性的，这个意义上的中国思想史，应该是客观性与主体性统一的思想史，同时也是文化自觉的中国思想史。

二、中国思想史特殊性与普遍性的统一

近百年中国思想史学科的建设过程，恰恰处于拥有古老文明的中国急切推进现代化建设、全球化进程的大时代。所以，几乎所有参与中国思想史的学科思考与论著撰写的学者，均希望从中国传统学术文本、历史文献中，寻找具有人类普遍性的"思想""哲学"的学术体系。中国思想史界面临一个重大学术问题，即中国思想的特殊性与人类思想的普遍性相统一问题，这既涉及中国思想史的学科形式，也涉及中国思想史的思想内容。

其实中国传统思想本来就有强烈的普遍主义情怀，从追求"天下有道"的人类"普世价值"，到追求"天地之道"的宇宙普遍法则，中国思想家一直在不懈追求普遍性思想。而且，当中国学人遇到其他不同类型的思想形态时，他们最终希望以一种普

遍主义情怀来实现思想文化的综合创新。隋唐佛学大盛，对中国主体思想文化构成强烈冲击，但宋儒以"为天地立心"的宇宙普遍意识和"为万世开太平"的人类普遍精神来化解这种冲突，最终通过以儒学为主体兼容佛道二教的方式完成了一种新的普遍主义文明的综合创新。"五四新文化运动"兴起时也是如此，新文化倡导者继承了中国普遍主义的思想传统，"对立的双方不是从中国需要什么样的民族文化角度展开论战，而是从世界文明的大视野，从普世的人类立场，比较中西文明之优劣，从而在世界文明的整体大趋势中寻找中国文化的道路"，"'五四'的知识分子无论是文化激进主义还是文化温和论者，都延续传统的天下主义情怀，从整个人类文明演化的大背景之中来为中国文化定位"①。

但中国思想史在学科建设过程中，逐渐形成了一种主流看法，就是在接受欧美的知识体系、思想内涵时，将其看作是代表人类知识和思想的普遍性标准。虽然有些学者也意识到欧美思想不能代表人类思想的普遍性标准，但在实际的写作中，他们仍将其看作具有人类普遍性的形态。所以，诸如"中国思想史""中国哲学史"的学科建设，就是以中国历史遗留下来的历史典籍作为材料，装入被认为是具有普遍性形式的欧美"思想史"或者"哲学史"等不同学科的框架之中。因为中国只有学案体等传统的学术史，并无"思想史"，所以当梁启超写出《论中国学术思想变迁之大势》时，就开启了以西学思想解释、评价中国学术思想的路径。后来兴起的中国哲学史写作更是如此。冯友兰明确

---

① 许纪霖：《民间与庙堂：当代中国文化与知识分子》，生活·读书·新知三联书店，2018，第266页。

表述自己的《中国哲学史》是这样写出来的："哲学本一西洋名词，今欲讲中国哲学史，其主要工作之一，即就中国历史上各种学问中，将其可以西洋所谓哲学名之者，选出而叙述之。……所谓中国哲学者，即中国之某种学问或某种学问之某部分可以西洋所谓哲学名之者。"[1]其实不仅仅中国哲学史著作是这样写出来的，许多中国思想史著作也是这样写出来的。因为当时学术界的主流看法，就是认为思想史即哲学、政治学、法学、伦理学等不同学科思想的集合，而这些不同学科又以西学学科为标准。

当然，在近百年的中国思想史、中国学术史的学科建设过程中，也有学者认为各民族文化、思想、学术各有特点，不认同欧美的学术思想代表人类思想的普遍性标准，而认为中国学术思想不同于西学，故而反对完全以西学来理解、解释中国思想传统。如钱穆反对写中国哲学史，他认为中国没有哲学，只有思想。西方的思想体现在三系：宗教、科学、哲学，而钱穆认为："中国思想，有与西方态度极相异处，乃在其不主离开人生界而向外觅理，而认真理即内在于人生界之本身，仅指其在人生界中之普遍共同者而言。此可谓之向内觅理。因此对超越外在之理颇多忽略。不仅宗教、科学不发达。即哲学亦然。"[2]如果仅仅将中国思想史看作一种独特形态，作中国思想史研究就是探讨中国传统学术的独特思想脉络，那么中国思想史是否具有普遍性意义，就仍然存在疑问。

21世纪的中国思想史研究，应该进一步强化这种观念，即无论是中国思想传统，还是西方思想传统，它们都是人类思想文

---

① 冯友兰：《中国哲学史》，中华书局，1961，第1页。
② 钱穆：《中国思想史·自序》，九州出版社，2011，第2页。

化的组成部分，故而都是特殊性与普遍性的统一。在人类文明史上，中华民族作为中国思想史的主体，一直保留着源远流长与前后相承的历史经验与观念系统。中国思想史研究一方面应该充分揭示中华民族的价值信仰、思维方式、精神气质的独特品质；另一方面，还应该在与西方思想的比较中，发现和揭示中国思想包含着的人类普遍性意义。所以，对于中国思想史的普遍性和特殊性的问题，人们应该既承认中国思想的特殊性，也要意识到西方思想传统的特殊性，也就是说，无论是中国思想传统，还是西方思想传统，它们都要通过其特殊性来体现人类思想的普遍性。在建构中国思想史知识与学科的过程中，当代中国学者必须致力于两方面的工作：一方面，必须建立一种真正具有中华民族特色、体现中国文化精神的中国思想史，挖掘中华民族的价值信仰、思维方式、精神气质的独特品质；另一方面，应该以开阔、平和的心态比较中外思想文化，在比较中寻找、发现彼此的优点和缺陷，并且相信任何民族的优秀思想文化均是包涵了人类普遍性意义的思想和文化。

在完成《史记》后，司马迁在《报任安书》中表述自己的学术思想："亦欲以究天人之际，通古今之变，成一家之言。"[①]司马迁的"究天人之际"不仅仅是其本人对学术思想的追求，也鲜明表达了中国思想的特色，体现了人类思想的普遍意义。在中国传统思想中，"究天人之际"是一切思想学术的根本、基础和核心，所有思想均以完成"究天人之际"的"道"为最终目的和最高境界。一切具体的思想或技艺，大到国家的经世大法，小到生产技艺，均可以达到"究天人之际"即"道"的境界。正如

---

① （汉）班固:《汉书》卷六十二《司马迁传》，中华书局，1962，第2735页。

《庄子》中"庖丁解牛"的故事，一个屠夫的解牛技艺也可以达到对"道"的把握。所以，无论是学术思想，还是诗词歌赋，或者是兵农医艺，其实均可以达到"道"的境界。这种"究天人之际"的"道"，在西方的学术体系中被称为"哲学"。中国思想家通过"究天人之际"确立了"道"的普遍意义，而古希腊哲学家通过辩论和思考确立了探索"逻格斯"的哲学。应该说，"道"就是中国思想的特殊性与普遍性的统一。

三、中国思想史多元性与一体性的统一

中国思想史研究往往关注不同人物、学派思想的差异和特点，因为思想家各有不同的社会历史背景，各有不同的社会身份、人生经历，故而会创造出独特的思想与学派，使中国思想史呈现出多元化特色。思想史的研究，无疑应该从不同思想家的社会身份、政治立场来说明不同思想观念的来源，从不同思想家的历史条件、文化背景来分析其思想不同的原因。但我们还得承认，多元思想发展的最终历史结局，并不完全是一派思想战胜并取代另一派思想，而是多元思想共存，不同思想流派会以不同方式、通过不同途径在不同范围内发挥实际历史作用。这些不同思想不仅会被保存下来，同时还会被编入代表中国思想文化的"大典""全书"等文献体系之中。这就涉及中国思想的多元与一体的关系问题。

为什么中国会形成这种既多元又一体的思想文化局面？这是因为，每一个思想家、学派尽管思想不同，但这些不同思想却源于一个文明体系，这些视角不同、立场各异的思想，最终均被归入中华民族思想体系之中。所以中国思想史研究仅仅重视对不同思想流派的探讨，注意分析不同思想流派的差异、对立是不够

的。其实，历史上之所以会存在不同思想，是因为多元思想能够相互补充，共同发挥作用，最终汇聚成一个整体的中华民族思想体系。所以，中国思想史不仅仅是观点不同、学派各异的思想集合，还是由这些观念不同的思想建构成的思想系统。值得我们进一步思考的问题是：这些不同的学术观点，相互冲突的思想主张之间相通的思想基础是什么？如果能发现这一相通的思想基础，就能找到中华民族共同的思想体系。

由于社会阶层、政治集团的多样性，故而具体思想家也是多元的，但任何个体、社会集团又离不开民族共同体。所以，中国思想史的主体，除了思想家个体，还可以从两个维度来考察：其一，特定社会集团、阶层阶级的思想维度；其二，民族共同体的思想维度。任何思想家个体除了有其个人的精神气质、人生经历，还有其特殊的阶级身份、政治立场，故而会提出与其社会身份相关的思想；但思想家也是民族共同体的成员，他提出的思想能够构成共同体思想的组成部分。因此思想家就不仅仅体现为与社会政治身份相关的思想主体，同时还体现为与民族共同体相关的思想主体。历史上的思想家不仅仅是某一特殊社会阶层的代表，还是民族共同体的思想文化的代表，因为任何杰出的思想最终均会被纳入中华民族的整体性思想体系之中。如果将这些观点分歧的思想流派、主旨各异的学术思潮看作是中华民族思想体系的组成部分，那么它们均在参与丰富多彩的中华民族思想体系的建构。

为什么不同时代、不同流派的思想可以构成多元一体的思想体系？我们不妨看看百家争鸣的春秋战国时代。春秋战国诸子之学差别非常大，按照《吕氏春秋·不二》所说，老聃贵柔、孔子贵仁、墨子贵兼，应该说每一个学派均有自己的思想倾向。班固《汉书·艺文志》提出了先秦诸子出于王官论，他认为，春秋战国时期儒家、道家、阴阳家、法家、墨家、纵横家、杂家、农家等不同学派的出现，与三代王官制度有密切联系。如儒家出于司徒之官，道家出于史官，名家出于礼官，墨家出于清庙之守，法家出于理官，阴阳家出于羲和之官，纵横家出于行人之官，杂家出于议官，农家出于农稷之官，小说家出于稗官。后来的学者可能不一定认同此说，因为诸子的个人身份和知识的具体来源，不一定与他们的王官经历有明确联系。但诸子之学与西周文明之间确实存在思想文化的渊源关系，而且西周文明下的不同职官的专业知识背景，确实有可能影响春秋战国的诸子之学。这就给我们一个重要启示，尽管春秋战国的诸子百家思想主张不同，但他们均源于早期中国的整体性西周文明。建构中华文明体系需要不同社会政治职能、思想知识的"王官之学"，而这些"王官之学"，既可以看作是不同个人、职业、阶层的思想，也可以看作是整体的中华文明在不同领域的思想开拓。诸子百家之学其实有共同的思想基础和文化背景。譬如，作为一种人生哲学，它们均肯定现实人生的真实性，主张在现实世界开辟人生道路，而不会将人生寄托于虚无缥缈的六合之外。作为一种政治学说，诸子之学几乎均推崇大一统的政治理念。尽管它们对具体实现大一统的路径有不同看法，但均希望建立一个统一天下的政治共同体，并且均希望以自己的思想去统一天下。因此，诸子的不同思想大多融入秦汉以后统一帝国的主流思想体系之中：一方面是由于儒家、道家、法家、阴阳家等思想有着相通的思想基础，即均倡导大一统思想；另一方面又在于诸子百家各派思想不同，它们可以相互补充，继续在中华文明体系中发挥不一样的作用。关于这点，本文第四部分还会进一步阐述。

311

中国思想史的多元性与一体性，不仅仅体现在宏观的文明体系之中，同时也体现在作为个体的人生之中。中国古代许多思想家、政治家，他们往往可以信奉完全不同甚至相互冲突的思想学说。譬如宋代王安石，其一生就推崇、信奉儒家、道家、法家、释家等不同流派的学说，并且对这些不同流派的学说均有深入的学术思考和人生实践。这些不同流派的思想在王安石这里似乎并不矛盾，而是相互补充融合在一起。其实对王安石而言，这些不同学术流派的思想，恰恰满足了他应对不同人生处境，处理不同问题的需求。因为王安石的人生经历十分复杂，他经历过积极求学、初入官场、拜为宰相、落魄失意等差别很大的人生境遇，他在不同人生境遇中需要儒、道、佛、法的不同思想。这种情况在中国历史上十分普遍，欧阳兆熊曾经概括曾国藩一生思想的变化，说曾国藩早年信奉儒家思想，中年信奉法家思想，晚年信奉道家思想，其特点与王安石十分接近。可见，中国思想史的多元性与一体性，可以完整地体现在一个具有丰富人生经历的个体之中。

另外，还有一个值得注意的现象，就是中国思想史的多元性与一体性，往往会在思想家的理论和政治家的实践中有不同体现。创造学术的思想家往往坚持某一家学说，以保持其思想逻辑的一致性；而注重实用的政治家则喜欢并用各家思想，来强调思想的多样性。一方面，思想家更强调思想的片面深刻性，关心学术的逻辑一贯性，故而历史上那些新思想体系的创造者、新学派的奠基人，往往是将某一种思想观念发展到极端的人，这样他们更能在历史上保留其学者的身份。而那些实践型的政治家则更关注思想的实践操作性与现实有效性，故而往往希望综合、调和不同学派的思想，愿意在实践中运用不同学术流派的思想。所以，敢于标榜"霸王道杂之"的往往不是纯粹的学者和思想家，而是政治实践的帝王与朝臣。这也表明，不同的思想与学术流派，其实均是某一特殊领域、特殊需求的产物，故而思想家可能难以避免倡导极端的思想观念，提出偏激的思想观点；而处于现实实践中的政治家，却可能是不同思想的采纳者和实践者。原本存在观点分歧的不同流派的思想，却能够在许多人的经世实践中得到高度统一，这足以说明不同流派的思想，其实均可以被纳入中国思想体系的整体之中。

四、中国思想史阶段性与连续性的统一

由于历史环境的不断改变，中国思想史常常会呈现为不同问题、不同话语、不同旨趣的学术思潮。现代学者将中国思想史概括为先秦诸子、汉代经学、魏晋玄学、隋唐佛学、宋明理学、清代考据学时，中国思想史似乎成了一个个不同的学术形态、思想体系你方唱罢我登场的舞台。人们会认为，由于时代的变迁，许多繁荣一时的学术形态、思想体系逐渐衰落，随着新时期社会政治需要的变化，又产生了新的思想，而新的思想也会衰落。这种看法强调了中国思想史的兴衰更替，却没有看到中国思想史的传承发展。

确立了中国思想史的主体性，其实也就肯定了不同历史阶段、不同学术形态的思想是一个具有生命活力的延续性存在。中国人的生活实践本来是一个绵延不绝的历史过程，在此基础上，中国人思想观念的变化同样是一个连续的变化。所以，思想在时代兴衰更替的同时又会对中华民族思想体系有着发展传承。学术思潮的兴起和变迁，是前后密切关联的，因此，中国思想史必然会形成前后相承的演变发展理路。这体现出中国思想史的连续性。

中国思想史是人类文化史上少有的一个独立的延续体，其依据在于中华民族是一代代延续的生命体，中华文明是历史前后相承的延续的文明体，这一代代延续的生命体与前后相承的文明体的高度统一，为中国思想史的连续性奠定了基础。这里，我们需要进一步探讨，中国思想史的连续性是如何体现的？这不仅仅是为了思考和研究这种连续的思想史会形成什么特点，同时也是为何以形成没有中断的中华文明提供另一视角的说明和论证。

汉代经学往往被一些学者看作是诸子百家争鸣的中断，汉代经学不过是为了满足汉帝国统一意识形态的需要而扶持的一种思想形态。其实，汉代经学是战国时期诸子百家演变发展的结果，二者之间有着演变和发展的内在理路。先秦诸子百家本来就有不同的思想关注点，它们各自有不同领域、不同侧面的价值合理性或工具合理性。诸子百家都希望自己学派的思想能够一统天下，均隐含着"大一统"的思想。同时，各家思想虽然不同，但可以构成一种互补关系。譬如儒家讲和谐稳定，法家讲富国强兵，兵家讲战略战术，阴阳家讲天文历数，纵横家讲外交联盟，农家讲农业生产，这些对于一个统一的帝国来说，儒、法、兵、农、阴阳等不同领域的知识学问，均有重要价值。所以，从先秦诸子思想到汉代经学，二者初看起来是两种完全不同的思想形态，但是细究其思想内容，就会发现它们其实是一种内在演变，即从各自独立的诸子之学，演变成以儒学为主体，兼容法、道、兵、农、阴阳的一体化思想形态，诸子之学自然演变为汉代经学。

从汉代经学到魏晋玄学，初看起来，二者也是两种完全不同的思想形态。但是如果进一步考察，就可以发现二者之间学术思想的演变理路。一方面，魏晋思想家是沿着汉代经学家的学术道路，通过对先秦学术经典的不断注释解读，来创建自己的思想，

314

所以他们仍然注释儒家经典，特别是对其中的《周易》《论语》表现出特别的兴趣和热情。另一方面，魏晋思想家发现汉代经学存在许多思想缺陷，如理论粗陋、思想单薄，不能够满足士大夫的精神需求和思想兴趣。故而魏晋思想家将《道德经》《庄子》提升到与核心经典《周易》同等重要的地位，合称"三玄"，同时，他们以儒、道经典互诠的方式，实现魏晋思想的新整合。

隋唐佛学的兴起也是如此，初看起来，佛学作为外来思想而兴起于大唐，使得中国思想开始脱离原来的正道。其实，隋唐时期的思想界主流虽然发生了重大变化，但其与先秦、两汉、魏晋仍然有着密切联系。一方面，隋唐的国家学术仍然是汉代传承下来的经学，孔颖达的《五经正义》代表汉代经学在唐代的延续；另一方面，东汉后期传入的佛学，经过魏晋以来的本土化过程，逐渐吸收了大量的儒家、道家（包括玄学）的思想，到唐代已经完成了中国化的思想转型。隋唐之所以出现佛学大盛，恰恰是因为佛学的中国化已经完成，故而出现了禅宗这种中国化佛学典型形态，其代表人物和著作是慧能的《六祖坛经》。可见，魏晋玄学与唐代禅学之间有着明显的发展理路。

经过汉代经学、魏晋玄学、隋唐佛学之后，复兴先秦儒学的宋明理学终于出现了。从两宋主流的理学对汉代经学、魏晋玄学、隋唐佛学的批判来看，似乎中国思想史走了一条弯路，偏离了中国思想传统的正轨。但是从宋明理学思想体系的特征来看，恰恰是由于有了汉代经学、魏晋玄学、隋唐佛学的思想积累和学术演变，才可能出现代表中国思想成熟形态的宋明理学。而宋明理学之所以具有致广大、尽精微的思想特点，恰恰是由于理学家在回归先秦儒学的基础上，全面吸收了诸子学、经学、玄学、佛学的思想成果。宋明理学的产生和成熟，体现了中国思想史连续性发展的成就和影响。

从宋明理学到明清之际的经世实学、乾嘉考据之学的发展，同样体现了中国思想传统的传承和发展的思想理路。宋明理学仍然是一种片面的学术发展和思想转型，因为理学过分强调内圣之学而忽视了外王的经世之学。而明清经世实学与清代考据之学的发展和盛行，既是对宋明理学的一种思想纠偏，也是中国传统思想的进一步发展。

中国思想史之所以是一个连续的存在，是因为其通过对中国传统基本经典的传承作了进一步说明。世界上不同高等文明体系的奠基、形成与发展，均与这一文明的核心经典有密切关系。根据"轴心文明"提出者的说法，在二千至二千五百年前，各主要文明区均出现了奠定文明思想基础的圣哲，以及记载圣哲思想的经典。中华文明与古印度、古希腊、古希伯来一样，出现了代表本文明体系的孔子、老子、墨子、孙子等圣哲，也出现了凝聚这些圣哲思想的经典文献。但是，中华文明与古印度、古希腊、古希伯来文明又有很大不同，就是在春秋战国时期"轴心时代"之前，还有一个十分漫长久远的"前轴心时代"。这一"前轴心时代"留下了大量文献典籍，这些典籍经"述而不作"的孔子及其后学弟子不断整理之后，形成了《诗》《书》《礼》《乐》《易》《春秋》"六经"。"前轴心时代"的"六经"与"轴心时代"圣哲对"六经"的经典诠释和思想创造合为一体，构成了中华文明的核心经典。"六经"虽然是以西周文明为主体，但是这些经典的思想渊源，却可以追溯到文明初期的狩猎时代、采集时代和农耕文明诞生的时代。如果以后来的儒家道统思想溯源，我们会看到代表这些早期文明的伏羲、神农、黄帝、尧、舜、禹、商汤、周文王、周武王、周公等重要人物，他们不仅是中华物质文明的创造者，更是中华精神文明的创造者。前轴心文明的思想史，成为上古时期中国思想的源头。

更重要的是，不像其他文明，或者是前轴心文明的文献典籍未能保留下来，或者是保留下来也成为无人研读的废弃典籍，中国上古时代的"六经"不仅一直被保存下来，并且上至帝王贵族、下至普通文化人，一代代中国人一直在研读、学习。无论是治理国家的典章制度，还是日用常行的礼俗规则，几乎无不以"六经"为其终极依据。所以，"六经"已经成为春秋战国以后各个历史时期的核心经典，这就使得"前轴心时代"的"六经"与"轴心时代"圣哲对"六经"的经典诠释一同延续下来，共同指导中华民族的国家制度、社会关系、日常生活。从表达上古时期的道德观念、思维方法的《周易》象数，到保留夏、商、周三代先王训诫告示的《尚书》，上古先王的道德和智慧凝聚成中华核心经典而一直受到特别尊崇，这正是中国古代思想史的思想底色和思维原型。

（《社会科学》，2021年第7期）

参考书目

一、古籍

［1］李学勤主编《十三经注疏》，北京大学出版社，1999。

［2］周振甫：《周易译注》，中华书局，1991。

［3］（梁）皇侃：《论语义疏》，《儒藏》（精华编·四书类论语属），北京大学出版社，2005。

［4］杨伯峻：《论语译注》，中华书局，1980。

［5］吴毓江：《墨子校注》，孙启治点校，中华书局，1993。

［6］荆门市博物馆编《郭店楚墓竹简》，文物出版社，1998。

［7］杨伯峻：《孟子译注》，中华书局，1960。

［8］（清）郭庆藩：《庄子集释》，王孝鱼整理，中华书局，1961。

［9］陈鼓应：《庄子今注今译》，中华书局，1983。

［10］荀况：《荀子新注》，北京大学《荀子》注释组注释，中华书局，1979。

［11］（清）王先慎：《韩非子集解》，钟哲点校，中华书局，1998。

［12］（清）黎翔凤：《管子校注》，梁运华整理，中华书局，2004。

［13］陈松长、廖名春：《帛书〈二三子问〉、〈易之义〉、〈要〉

释文》，见《道家文化研究》第三辑，上海古籍出版社，1993。

［14］王利器：《新语校注》，中华书局，1986。

［15］（汉）贾谊：《新书校注》，阎振益、钟夏校注，中华书局，2000。

［16］（汉）董仲舒：《春秋繁露》，张世亮等译注，中华书局，2012。

［17］陈广忠等译注《淮南子译注》，上海三联书店，2014。

［18］（汉）司马迁：《史记》，中华书局，1959。

［19］（汉）桓谭：《新辑本桓谭新论》，朱谦之校辑，中华书局，2009。

［20］（汉）班固：《汉书》，中华书局，1962。

［21］（汉）班固撰集，（清）陈立：《白虎通疏证》，吴则虞点校，中华书局，1994。

［22］（汉）王充：《论衡校注》，张宗祥校注，郑绍昌标点，上海古籍出版社，2010。

319

［23］（南朝宋）范晔：《后汉书》，中华书局，1965。

［24］（晋）陈寿：《三国志》，中华书局，1964。

［25］（唐）房玄龄等：《晋书》，中华书局，1974。

［26］（唐）韩愈：《韩愈全集》，钱仲联、马茂元校点，上海古籍出版社，1997。

［27］（唐）吴兢：《贞观政要集校》，谢保成集校，中华书局，2003。

［28］（唐）李林甫等：《唐六典》，陈仲夫点校，中华书局，1992。

［29］（唐）长孙无忌等：《唐律疏议》，中华书局，1983。

［30］（清）范能濬编集《范仲淹全集》，薛正兴校点，凤凰

出版社，2004。

［31］（宋）孙复：《孙明复小集》，文渊阁《四库全书》本，上海古籍出版社，1987。

［32］（宋）胡瑗：《周易口义》，文津阁《四库全书》本，商务印书馆，2005。

［33］（宋）石介：《徂徕石先生文集》，陈植锷点校，中华书局，1984。

［34］（宋）李觏：《李觏集》，王国轩点校，中华书局，1981。

［35］（宋）欧阳修：《欧阳修全集》，李逸安点校，中华书局，2001。

［36］（宋）周敦颐：《周敦颐集》，陈克明点校，中华书局，1990。

［37］（宋）张载：《张载集》，章锡琛点校，中华书局，1978。

［38］王水照主编《王安石全集》，复旦大学出版社，2017。

［39］（宋）沈括：《梦溪笔谈校证》，胡道静校证，上海古籍出版社，1987。

［40］（宋）程颢、程颐：《二程集》，王孝鱼点校，中华书局，1981。

［41］（宋）王开祖：《儒志编》，文渊阁《四库全书》本，上海古籍出版社，1987。

［42］（宋）范祖禹：《帝学校释》，陈晔校释，华东师范大学出版社，2015。

［43］孔凡礼点校《苏轼文集》，中华书局，1986。

［44］（宋）谢良佐：《上蔡语录》，文渊阁《四库全书》本，上海古籍出版社，1987。

［45］（宋）杨时：《龟山集》，文渊阁《四库全书》本，上海

古籍出版社，1987。

　　［46］（宋）杨时：《杨时集》，林海权点校，福建人民出版社，1993。

　　［47］（宋）邵伯温：《邵氏闻见录》，康震校注，三秦出版社，2005。

　　［48］（宋）胡宏：《胡宏集》，吴仁华点校，中华书局，1987。

　　［49］（宋）王明清：《挥麈录》，上海书店出版社，2001。

　　［50］（宋）李焘：《续资治通鉴长编》，上海师范大学古籍整理研究所、华东师范大学古籍整理研究所点校，中华书局，2004。

　　［51］朱杰人、严佐之、刘永翔主编《朱子全书》，上海古籍出版社，安徽教育出版社，2002。

　　［52］（宋）黎靖德编《朱子语类》，王星贤点校，中华书局，1986。

　　［53］（宋）张栻：《张栻集》，杨世文点校，中华书局，2015。

　　［54］黄灵庚、吴战垒主编：《吕祖谦全集》，浙江古籍出版社，2008。

321

　　［55］（宋）陆九渊：《陆九渊集》，钟哲点校，中华书局，2008。

　　［56］（宋）陈傅良：《止斋集》，文渊阁《四库全书》本，上海古籍出版社，1987。

　　［57］（宋）叶适：《叶适集》，刘公纯、王孝鱼、李哲夫点校，中华书局，1961。

　　［58］（宋）赵汝愚编《宋朝诸臣奏议》，上海古籍出版社，1999。

　　［59］（宋）陈旉：《农书》，文渊阁《四库全书》本，上海古籍出版社，1987。

　　［60］（宋）彭龟年：《止堂集》，文渊阁《四库全书》本，上

海古籍出版社，1987。

［61］（宋）真德秀：《西山先生真文忠公文集》，商务印书馆，1937。

［62］（宋）赵彦卫：《云麓漫钞》，傅根清点校，中华书局，1996。

［63］（宋）罗大经：《鹤林玉露》，文渊阁《四库全书》本，上海古籍出版社，1987。

［64］（元）王义山：《稼村类稿》，文渊阁《四库全书》本，上海古籍出版社，1987。

［65］（宋）黄震：《黄氏日抄》，文渊阁《四库全书》本，上海古籍出版社，1987。

［66］（宋）姚勉：《雪坡集》，文渊阁《四库全书》本，上海古籍出版社，1987。

［67］（宋）王应麟著，（清）翁元圻等注。《困学纪闻》，栾保群、田松青、吕宗力校点，上海古籍出版社，2008。

［68］曾枣庄、刘琳主编《全宋文》，上海辞书出版社，安徽教育出版社，2006。

［69］（元）脱脱等：《宋史》，中华书局，1977。

［70］（宋）熊禾：《熊勿轩先生文集》，商务印书馆，1936。

［71］（元）许衡：《鲁斋遗书》，文渊阁《四库全书》本，上海古籍出版社，1987。

［72］李修生主编《全元文》，凤凰出版社，2005。

［73］（清）黄宗羲原撰，（清）全祖望补修《宋元学案》，陈金生、梁运华点校，中华书局，1986。

［74］（清）黄宗羲：《明儒学案》，沈芝盈点校，中华书局，2008。

［75］（明）陈邦瞻：《宋史纪事本末》，河北师范学院历史系中国古代史组点校，中华书局，1977。

［76］（清）戴震：《孟子字义疏证》，何文光整理，中华书局，1982。

［77］（清）永瑢等：《四库全书总目》，中华书局，1965。

［78］汪中：《述学》，《四部丛刊》初编本，上海书店，1989。

［79］（清）袁枚：《袁枚全集》，王英志校点，江苏古籍出版社，1993。

［80］陈文和主编《嘉定钱大昕全集》，江苏古籍出版社，1997。

［81］章学诚：《文史通义校注》，叶瑛校注，中华书局，2000。

［82］（清）皮锡瑞：《皮锡瑞全集》，吴仰湘编，中华书局，2015。

二、著作

［83］顾颉刚编著《古史辨》，上海古籍出版社，1982。

［84］欧阳哲生编《胡适文集》，北京大学出版社，1998。

［85］蒋伯潜：《诸子通考》，上海古籍出版社，2013。

［86］柳诒徵编著：《中国文化史》，东方出版中心，1988。

［87］陈美延编《陈寅恪集》，生活·读书·新知三联书店，2001。

［88］钱穆：《中国近三百年学术史》，商务印书馆，1997。

［89］钱穆：《国史新论》，东大图书公司，2005。

［90］潘吉星主编《李约瑟文集》，辽宁科学技术出版社，1986。

［91］余英时：《中国思想传统及其现代变迁》，广西师范大

学出版社，2004。

［92］余英时：《中国文化史通释》，生活·读书·新知三联书店，2011。

［93］李泽厚：《人类学历史本体论》，青岛出版社，2016。

［94］葛兆光：《中国思想史》，复旦大学出版社，2001。

［95］陈来：《仁学本体论》，生活·读书·新知三联书店，2014。

［96］陈来：《中国近世思想史研究》，商务印书馆，2003。

［97］阎步克：《士大夫政治演生史稿》，北京大学出版社，1998。

［98］邓国光：《经学义理》，上海古籍出版社，2011。

［99］梁涛：《儒家道统说新探》，华东师范大学出版社，2013。

［100］姜鹏：《北宋经筵与宋学的兴起》，上海古籍出版社，2013。

324

［101］［美］弗朗西斯·福山：《政治秩序的起源：从前人类时代到法国大革命》，毛俊杰译，广西师范大学出版社，2014。

［102］徐洪兴：《思想的转型——理学发生过程研究》，上海人民出版社，1996。

［103］黄开国：《公羊学发展史》，人民出版社，2013。

［104］杨泽波：《孟子性善论研究》，中国社会科学出版社，1995。

［105］［德］苏费翔、［美］田浩：《文化权力与政治文化——宋金元时期的〈中庸〉与道统问题》，肖永明译，中华书局，2018。

［106］朱汉民：《玄学与理学的学术思想理路研究》，中国社会科学出版社，2012。

［107］朱汉民：《儒学的多维视域》，东方出版社，2015。

后　记

2019年8月，中共山东省委与教育部共同成立尼山世界儒学中心，本人受邀为学术委员。尼山世界儒学中心计划编辑出版一套儒学研究文库，承中心之雅意，约我编一本文集忝列其中，由山东教育出版社出版。

我长期在被称为"潇湘洙泗"的岳麓书院工作，一直关注儒家义理之学，故而选择主题相近的部分论文编成一集，名《儒家义理的历史衍化》，算是交给中心的一份学习儒学的作业。

感谢尼山世界儒学中心给我这样一个学习、交流的机会。

朱汉民

2022年5月18日于岳麓书院文昌阁